Les couples royaux dans l'histoire
Le pouvoir à quatre mains

ロイヤルカップルが変えた世界史

下

ジャン=フランソワ・ソルノン 神田順子／清水珠代／村上尚子／松永りえ 訳
Jean-François Solnon *Junko Kanda* *Tamayo Shimizu* *Naoko Murakami* *Rie Matsunaga*

フリードリヒ・ヴィルヘルム
三世とルイーゼから
ニコライ二世と
アレクサンドラまで

原書房

ロイヤルカップルが変えた世界史・下

フリードリヒ・ヴィルヘルム三世とルイーゼからニコライ二世とアレクサンドラまで

◆目次

＊いずれも婚姻期間を示す。

ロイヤルカップルが変えた世界史◆上・目次

7 プロイセンのフリードリヒ・ヴィルヘルム三世とルイーゼ（一七九三―一八一〇）アマゾネスと「善人」

「彼女は、この世の人とは思われなかった。目の前を通りすぎても、足が地にふれていないのでは、と思わせる人だ」（騎士ラング）

「王妃は、男性であったとしてもわたしを感心させたにちがいないほどの知性、独立心、ゆるぎのなさをもって議論し、助言をあたえていた」（フリードリヒ・ゲンツ）

「女性である以上、彼女が政治に関心をもつ必要など皆無であった。彼女は自身の野心の報いを受けた」（ナポレオン一世）

フリードリヒ大王の影

一八〇五年一〇月末、ベルリン市民は雨と寒さをものともせず、国賓を出迎えた。彼らの君主夫妻であるフリードリヒ・ヴィルヘルムとルイーゼの客となったのはロシア皇帝アレクサンドル一世であった。これほどのランクの賓客を迎える場合には恒例である舞踏会、ガラ晩餐会、観劇をもってしても、今回の訪問が外交上ことに重要な意味をもっていることは隠しようもなかった。新たな対仏大同盟を組んだばかりのアレクサンドルは、プロイセン国王にも参加するよう働きかけに来たのだ。

プロイセンはこの一〇年間、欧州の一部と革命後のフランスを当事者とする戦争から慎重に距離を置いてきた。しかし多くの国民は、自分たちの君主は中立を守ることに汲々《きゅうきゅう》としていると感じ、これを恥ずかしいことだと思っていた。

大王とよばれるフリードリヒ二世（一七四〇―一七八六）がプロイセンを第一級の強国に仕立て上げたことをだれも忘れていなかった。オーストリア領であったシレジアを征服し、ロスバッハでフランス軍を破り（一七五七年）、ドイツ諸国の盟主となり、畏敬の的となったフリードリヒ大王は、歴史に残る偉大な君主の一人に数えられていた。大王の思い出が頭から離れない者たちは、スタール夫人が「馬に乗ったロベスピエール」とよぶナポレオン・ボナパルトに率いられて征服を重ねるフランスを押しとどめ、プロイセンの栄光をとりもどしたい、と夢見ていた。

ゆえに、一八〇五年秋にプロイセンがロシアと結ぶ協定にも、大王の思い出が動員された。一一月四日から五日の凍《い》てつく夜、フリードリヒ・ヴィルヘルム、ルイーゼ、アレクサンドルはポツダムのガルニソン教会に入り、約二〇年前からフリードリヒ大王が眠る墓所へと階《きざはし》を降りた。一人の従者がもつ松明《たいまつ》の光を頼りに三人はブロンズの墓に近寄った。ロシア皇帝は一方の手で王妃の手を、もう一方の手で国王の手をとり、墓にくちづけし、故フリードリヒ大王を証人として固い友情を誓った。

誓いの言葉の正確な内容は不明であり、二人の君主がフリードリヒ大王の墓前で抱きあったというのも推測の域を出ない。とはいえ、伝説による脚色があるにせよ、実際に三人がこの日の夜に大王の墓を詣でたことに議論の余地はない。これは、同盟を結ぼうとしている君主二人による誓約ではなく、外国の君主とプロイセンの国王および王妃による誓約だった。フリードリヒ・ヴィルヘルムの妻は完璧なホステス役に徹し、二人の君主が戻るのを女官たちと辛抱強く待つこともできたろう。しかし、フリードリヒ二世の墓の前にたたずむ国王の隣に王妃がいることにだれも違和感をおぼえなかった。ルイーゼが国務に大きな関心をよせていることは周知の事実だったのだ。この夜の出来事は評判をよび、プロイセン王国の辺境に住む者たちも、すでに人気が高かった王妃がこれから演じようとしている役目の大きさを理解した。プロイセンが国王夫妻によって統治されていることはだれに目にも明らかだった。そして国王も王妃も、外交協定を結ぶことで反ナポレオンの戦いにプロイセンも参加することの必要性を認めたのだ。

この一〇年間、プロイセンは歴史の傍観者であることに甘んじていた。君主はあきらめきって、オーストリア一国が革命フランスの軍隊に立ち向かうのを見て見ないふりをしていた。一八〇三年、フリードリヒ・ヴィルヘルムはハノーファー、すなわち自国の港をフランス軍が使うことを受け入れた。ボナパルトの命令によるアンギャン公の誘拐と処刑に、欧州の歴史ある王家はいずこも激しい嫌悪感をいだいたが、フリードリヒ・ヴィルヘルムは眉一つ動かさなかった［アンギャン公はフランス革命期に亡命した名門貴族。中立国で暮らしていたところを誘拐されてただちに処刑され、たいへんなスキャンダルとなった。ロシアのアレクサンドル皇帝は宮廷に服喪を命じた］。イギリスとフランスとのあいだにふたたび戦争が勃発してもプロイセン国王は無関心を決めこみ、一八〇五年八月にイギリスがオーストリアおよびロシアとまたしても対仏大同盟を結んでも、自国の平和に固執しているようすだった。プロイセンは永遠に脇役に徹するのであろうか？

フリードリヒ・ヴィルヘルムに対する圧力がなかったわけではない。ナポレオンに敵対する国々の政府はプロイセン国王の受け身の姿勢にいらだちを強め、遠慮せずに嘲弄《ちょうろう》した。駐ベルリンのオーストリア大使は彼を、「よきブルジョワ、よき家庭人であるが、いまの時勢にふさわしい王ではない」と評した。君主の技量を欠いていると思われるフリードリヒ・ヴィルヘルムの消極性と小心ぶりは怒りをまねいた。フリードリヒ大王を大伯父にもつ者が、いつまで内気な弱小君主としてふるまうつもりなのだろうか？

アレクサンドルは一八〇五年一〇月二五日にベルリンに到着し、一〇日滞在する。いまでもベルリンにはこの訪問の記憶がきざまれている。ロシア皇帝に敬意を表して、町の東にあるザンクト・ゲオルク広場がアレクサンダー広場に改名されたからだ。[1] アレクサンドルとプロイセン国王夫妻は既知の間柄《あいだがら》であった。フリードリヒ・ヴィルヘルムとルイーゼがアレクサンドルにはじめて会ったのは一八〇二年六月、ロシア国境近くのメーメル（現リトアニア、クライペダ）においてであった。そのとき、どのようなことが話しあわれたかを考えると隔世の感がある！　当時のフリードリヒ・ヴィルヘルムはなんと、アレクサンドルをフランスとの同盟に勧誘することを狙っていた。メーメルで女としての魅力をふりまくことをおしまなかったルイーゼは、アレクサンドルが自分に対していかに心づかいをみせたかをフランス語で記した。「わたしは彼［アレクサンドル］と大いに語りあいましたが、きわめて礼儀正しく、やさしい心根と高貴な考え方の持ち主であることがなにかにつけて伝わってきました」、「決定をくだすごとに自身の周囲に幸福を（もたらし）、まなざしを投げかけられた人全員を幸せにしました。それもこれも、本人から発散される、この世のものとは思われぬほどのやさしさのお陰です。（…）メーメルにおける会談はすばらしい機会でした」[2]。だがプロイセン国王にとって、この会談は失敗であった。アレクサンドルはナポレオンの敵、イギリスの側にとどまる意向を変えなかったからだ。

それから三年たった一八〇五年一〇月、立場は逆転し、説得する側にまわったのはロシア皇帝であり、懇願とよべるほど必死であった。ベルリン訪問の目的は、いい加減に中立を放棄し、対仏大同盟にくわわるようプロイセン国王をうながすことだった。これを成功させるため、アレクサンドルは王妃に望みを託した。メーメルで互いが相手にいだいた好印象がいささかも減じていなかったのは、あれ以来続いている文通がその維持に大いに寄与していたからだ。ルイーゼには男性を虜《とりこ》にする魅力があったし、アレクサンドルは女性の気持ちを引くすべを知っていた。ゆえに、ベルリンでもポツダムでも、フランスとの友好関係を維持すべきだと考える一派は不安に駆られた。王妃は非公式の場面で反仏感情を表明し、親しい人への手紙のなかでイギリスとの同盟を望む気持ちを明らかにし、夫が中立に固執することはまちがっていると考えて苛《いら》だっていた。プロイセン王国が荒海にぽつんと浮かぶ平穏な小島のままでとどまることはむずかしい情勢となった。好戦的な大臣たちにとってルイーゼは味方であり、ロシア皇帝の訪問は希望であった。

好戦派は失望させられなかった。一一月三日、フリードリヒ・ヴィルヘルムは、仲介者として、欧州に和平をもたらすための提案をナポレオンにもちかけることを受諾し、もしフランス皇帝が提案を断わったらプロイセンも反仏の戦いに参加する、と約束した。これでルイーゼも満足することができた。一一月初め、プロイセンはついに外交の大舞台に復帰した。

不つりあいな夫婦

ホーエンツォレルン家のフリードリヒ・ヴィルヘルム（一七七〇―一八四〇）とメクレンブルク＝シュトレーリッツ公の娘ルイーゼ（一七七六―一八一〇）は円満だが不つりあいな夫婦であった。夫は内向的で消極的であり、自分の考えを述べるのが苦手で、自分に自信がもてなかった。妻は活き活きとして、思ったことはすぐに口に出して実行する質《たち》で、人を魅了することが好きで、ある同時代人が「相手が従僕や乞食でも恋心をいだかせることに成功すれば喜び、誇る」と述べて眉をひそめるほどであった。「光輝くほど美しく」、「ほれぼれとするほど魅力的」なルイーゼは、会う人すべてを虜《とりこ》にした。エチケットに無関心であることが大衆のあいだにおける彼女の人気を高め、自由気ままなところが夫を面白がらせた。一七九三年の二人の結婚は当事者ぬきで決められたものだが、夫婦は互いをうそいつわりなく愛した。フリードリヒ・ヴィルヘルムが情熱あふれる夫ではなく、人目をはばからず愛情を表現する質《たち》でなかったことは確かだが、彼の妻に対する愛は真摯で堅実であり、ほかの女性など見向きもしなかった。ルイーゼは波瀾万丈の小説のヒロインを夢見る女性だったが、夫を大切にすることを学んだ。二人のどちらも気どりのない暮らしを好み――高貴な人たちのあいだでは夫婦でも他人行儀なていねいな口調で話すのがふつうであったが、二人はもっと親しみがこもったざっくばらんな話し方を選んだ――、九人の子ども囲まれた穏やかな家庭生活に幸福を見いだした。

とはいえ、このやさしい妻も、夫の性格のある一点に強い不満をいだいた。優柔不断である。いつも心を決めかね、たえず躊躇《ちゅうちょ》するプロイセン国王は、決定をくだすこと、どちらの側につくか決めること、きっぱりと決断することが苦手だった。そんな彼が唯一気にかけていたのが平和だった。きわめて敬虔なキリスト教徒だったため、戦争を絶対悪とみなしていた。彼は、「だれもが知っているとおり、わたしは戦争をおぞましいと考えている。わたしに言わせると、平和の維持ほどすばらしいものはこの世にない。人類にとってもっとも大きな幸福は平穏である」と本音をもらしている。欧州が反ナポレオンで燃え上がっているときに平和にこれほど執着することは一種の挑戦であった。フリードリヒ大王のプロイセンが、戦いに明けくれる欧州のただなかで、これからも中立を保つことは可能なのだろうか？

それまではどちらかといえば無頓着で、「踊りや乗馬で人の注目を集めることができたかしら、といったことを気にするのに」忙しすぎたルイーゼは、国王が袋小路に入りこんで出られないでいる、と気づいた。夫がしがみついている中立は不名誉なうえ、危険でないともかぎらない。王妃は、「戦争準備が必要だ」とみなして「自分たちで積極的に事態を動かすべきだ」と考える人々の話に耳を傾けた。国王はこれとは反対に、今日《こんにち》の厳しい現実からかたくなに目を逸《そ》らし、事態に流されることを受け入れていた。

一八〇五年一一月四日のしんしんと冷える夜、ルイーゼ王妃は、一〇年の中立によって失われた威光をプロイセンにふたたびあたえることができた、と確信した。

「アマゾネス」と「善人」

フリードリヒ・ヴィルヘルムは、困難を回避する秘伝を習得し、二枚舌のエキスパートとなっていた。彼はなにかに肩入れすることを嫌い、やっとのことで決定をくだしても実行に移す前に反故《ほご》にすることがあった。一八〇五年一一月、彼はロシア皇帝に、スイス、オランダ、ナポリ王国からフランス軍を撤退させることをナポレオンがこばんだ場合、プロイセンは対仏大同盟を軍事支援する、と約束した。しかし、彼はぐずぐずして、ナポレオンに撤退要求をつきつけることを遅らせた。慎重に時間を置いたのち、プロイセンの使者がフランスの司令部に到着したのは、ナポレオンがオーストリア軍とロシア軍を一二月二日にアウステルリッツで破った後だった。プロイセンの使者は、国王から託された最後通牒のかわりに、祝勝の言葉をナポレオンに伝えた。「運命が宛て先を変えた祝いのメッセージである」とナポレオンは皮肉な感想を述べた。[3]
敗北を喫したロシア皇帝は戦場からあたふたと逃げ出し、オーストリア皇帝はナポレオンが押しつけた厳しい講和条件をのんだ。こうして対仏大同盟が過去のものとなると、プロイセン国王はたいして気にすることもなく、自分がナポレオンにつきつけるはずだった最後通牒のことなど忘れたが、フランスとの同盟条約に署名することを余儀なくされた。ナポレオンは、西ドイツの小さな公国の数々をフランスに譲渡するかわりとしてハノーファーをプロイセンに約束した。それでもフリードリヒ・ヴィルヘルムは策略をめぐらした[4]。この条約により、フランスとプロイセンは防衛と攻撃の両面での同盟関係で結ばれるはずだった。プロイセン王は数週間後にこれを批准するが、困難回避が習い性になっていたので、自国の「中立性」を盾にして「防衛と攻撃」の文言を削るという芸の細かさを見せた[5]。

　ルイーゼ王妃は、夫の恒久不変のあいまいさ、優柔不断、時間を稼ぐための工作にもはやがまんできなくなった。一八〇四年春まで、彼女は政治にほぼ無関心であった。しかしいまや、政治が彼女の頭を占めるようになり、心は「欧州の人食い鬼［ナポレオン］」に対する反発でふくれあがった。ルイーゼは一人ではなかった。フランスに対して毅然とした姿勢を示すよう心底から願う王妃に賛同する世論は日に日に高まった。彼女はこうして、ナポレオンに対するレジスタンスの象徴となった。国王の政策に失望した人々や対仏開戦派が彼女の周囲に集結した。国王の従兄弟、弟二人、高級将校、外交官、作家、芸術家たちがルイーゼに、「プロイセンが名誉ある道に立ちもどるのをこの目で見たい」という思いを打ち明けた。こうした思いを吐露するさいに国王を批判しようと考える者は一人もいなかった。そもそも、国王のことなど話題にもならなかった。これとは対照的に、ルイーゼはありとあらゆる賛辞を浴びた。ある者は彼女を「司令部のなかで、もっとも知性的で、もっともエネルギッシュな人物」と形容した。ゆるぎのなさ、思い入れの深さ、尊厳は、彼女が「真心のある女性」であることを示している、と人々はたたえた。

王妃が公衆の前に姿を見せるたびに、歓呼の声があがった。ある竜騎兵連隊は、連隊名をルイーゼに変更することをお許しいただきたい、と願い出た。王妃が竜騎兵のユニフォームを着て連隊を閲兵すると、大喝采がわき起こった。王妃に拝謁した憲兵隊の士官らが熱狂し、一団となってフランス大使館の前におしよせ、サーベルをぬいて大使館の石段で研《と》ぐ、という一幕もあった。こうした挑発は、ナポレオンの耳にも入った。「女どもの有害な影響力」に対する皇帝ナポレオンの怒りは高まった。あいかわらず態度を決めかねているフリードリヒ・ヴィルヘルムなら、一発どやしつければこちらの意向を押しつけることができる。だが今回の自分の主要な敵は意思が強く国民的人気が高いルイーゼ王妃である、とナポレオンはわかっていた。

一八〇六年夏、フランスに対するプロイセン国民の憤怒はさらに高まった。ナポレオンが、中部ドイツと南部ドイツの一定数の国をまとめてライン同盟という国家連合体を樹立させ、自分が盟主となり、ついでにヴュルテンベルク公とバイエルン公に国王の肩書きをあたえたからだ。プロイセン国民の多くは、こうしたフランス保護領成立に、ドイツ全土を臣従させようという計画の先ぶれを読みとった。フリードリヒ・ヴィルヘルムは事前にナポレオンから相談されなかったにもかかわらず、こうした不安を国民と共有することはなかった。しかし彼の妻は正反対で、公《おおやけ》の場で懸念を表明し、隣国と軍事同盟を結ぶことでナポレオンの意図に待ったをかけるべきだ、と夫にせまった。王妃は国王に「(これらの国)の軍隊がわが国の軍隊と一つになって真の驚異を実現し、地上に不幸のみをまきちらしている卑劣なフランス人どもを粉砕することを期待します」と手紙を書いた。こうして妻に激励され、露普軍事同盟を復活させようとのロシア皇帝アレクサンドルの提案に刺激を受けたフリードリヒ・ヴィルヘルムは軸足を移し、新たな対仏同盟を築くためにふたたびロシアに接近した。アレクサンドル一世の働きかけに心を動かされた国王は、さらなる決断をくだした。ルイーゼを閣議にくわえることを承諾したのだ。プロイセンはフランスとの破局へとつき進むのであろうか？

　八月八日、総動員令が発動された。快活な気分が支配的であった。王妃は、フリードリヒ大王の遺産である軍隊の無敵を信じる士官たちに対する自分の影響力を確信していただけに、活発に動きまわった。プロイセンはとうとう、一〇年間の栄光なき中立から抜け出すのだ。自分に仕える顧問はごく小数、という国王は孤立状態なうえ、国を勝利に導く力量が自分にあるのだろうかと疑問をいだきはじめた。しかし、国民感情は傲慢なフランスに対する怒りに支配され、側近たちときたら「勝利はまちがいありません」と断言している。こうした好戦気分に抵抗する力をこの国王は欠いていた。マルボ将軍［ナポレオン戦争で活躍した軍人。王政復古後も軍人として順調なキャリアを積む］はベルリンから次のように書き送った。「フランスに対する幅広い反感が爆発しました。王妃、公子ルイ[6]、貴族階級、軍隊、全国民が声高に開戦を主張しています」

　まったくもって奇妙な国王夫妻であった。フリードリヒ大王の栄光の思い出にとりつかれることをまぬがれたフリードリヒ・ヴィルヘルムは、自軍の力不足を認識していたし、装備と戦術の面で遅れをとっている、と確信していた。それなのに、妻に押しきられ、自国が大規模な戦争に突入するのを許してしまった。他方、ロスバッハでのプロイセンの鮮やかな戦勝[7]の思い出に目が眩《くら》んでいたルイーゼは夫の優柔不断に業を煮やし、ロシア皇帝とともにナポレオンと早く対決しようと勇んでいた。

一八〇六年秋、王妃は勝ちほこっていた。プロイセンはもうすぐ激戦に突入する。彼女はアレクサンドルを、頼りがいのある完璧な同盟者とみなしていた。彼女はロシア皇帝に「これだけはあらためて申上げなければなりません。わたしは神を信じるように、陛下のことを信じております。陛下に対するわたしの友情が終わるときは、わたしの幸福が終わるときです。わたしの心も魂も陛下に捧げます」と書き送っている。恋するルイーゼ！　熱烈な愛国者！　もしくはアマゾネス！　この最後の呼び名は、彼女の無軌道ぶりを断罪するナポレオンの口から出た言葉だ。

ルイーゼは、自身の燃え上がる反フランス感情にしか耳を傾けなかった。九月の終わり、彼女は遠征に出発する夫に同行し、ベルリンをあとにした。その頃に彼女が書いた手紙は、いかに彼女が勝利を確信していたかを物語る。「わたしたちは栄誉の道を進んでいます。わたしたちは栄光が命じるままに歩んでいます。後退するくらいなら斃《たお》れるほうがよい」と記し、これまでのプロイセンの政治方針はあまりにも煮えきらなかった、と暗に批判している。プロイセン軍がフランス軍を破った思い出の地であるロスバッハ村を通りすぎたときのルイーゼは大仰《おおぎょう》な感想をいだいた。「祖国のために栄光と名誉に包まれて命を落とした勇者たちの魂が眠る聖地とよんでもよいこの地を訪れることで、だれもが先祖がうちたてた栄光に自分も貢献したいと熱意を燃やしています」[8]。王妃は司令部の集会に出席し、部隊の兵士たちの前に姿を現わし、勝利を確信している将軍のようにふるいたった。その間に国王は、リスク管理で頭がいっぱいの会計士のようにふるまっていた。

敗北は、それに先立つ愛国的な熱狂が大きかっただけ慘憺《さんたん》たるものだった。一八〇六年一〇月一四日、イエナでナポレオンはホーエンローエ大公に勝ち、アウエルシュタットではダヴーが率いるフランス軍がプロイセン軍に壊滅的被害をあたえ、指揮官のブラウンシュヴァイク公は重傷を負って一か月後に亡くなる。プロイセン側の死傷者一二万人が二つの戦場を血に染め、一万八〇〇〇人が捕虜となった。ものの数時間で、王国はその歴史に残る大敗の一つをこうむった。その後、都市や城塞が次々とフランス軍の手に落ちた。一週間でプロイセンは崩壊した。敗者に災いあれ！［紀元前三九〇年にローマを劫掠したガリア人首領ブレンヌスが言ったとされる言葉］ ナポレオンは王妃の捕縛を命じた。すると、まだフランス軍の侵掠をまぬがれている地方への大あわての逃走がはじまった。敵に踵《かかと》までせまられたが、ルイーゼはベルリンにたどり着き、その後にもっと東部へと逃げた。まずはシュテティーン［現ポーランドのシュチェチン］に、次いで国王とともに東プロイセンのケーニヒスベルクに。ロシア軍の到着をいまかいまかと待ちながら。勝ち誇るナポレオンは、ヴァイマールで発行された大陸軍公報のなかで、「アマゾネス」を罵倒した。「彼女はここで、戦争の火を焚きつけた。美しい女性であるが、賢くはない。自分がやっていることがどのような結果をまねくか予測することができなかった。（…）彼女は、自国にくわえてしまった害、そして、だれもが誠実な人だと認めている国王、すなわち夫にあたえた影響を大いに悔いているにちがいない」

不屈の王妃

一八〇六年一〇月末、ナポレオンはベルリンに入り、ブランデンブルク門をくぐり（この門の上に乗っていた「勝利の女神の四頭仕立て戦車」像[9]をパリに運ばせる）、今度は自分の番とばかりにポッダムのフリードリヒ二世の墓を訪れた。なお、墓参前に無憂宮（サン・スーシ宮）により、大王の私物を失敬した。そのなかには、剣と黒鷲騎士団綬章、そして…セントヘレナ島までもっていくことになるめざまし時計がふくまれていた。大王の墓前でナポレオンが配下の軍人たち述べた言葉――「皆の者よ、この方［フリードリヒ二世］が現在おられたら、われわれもここまで来ることはなかったであろう」――は、大王の後継者たちの政治を十把一絡げに否定するものであった。

　向かうところ敵なしの進軍を停止するための条件をナポレオンが提示すると、プロイセン国王夫妻は声をそろえて拒絶した。二人がナポレオンの要求をはねのけたのは、ロシア皇帝アレクサンドルが援軍を約束してくれたからだ。しかし多くの人は、国王がナポレオンにゆずろうとしない理由はただ一つ、敵との交渉を拒否する王妃のかたくなな姿勢に引きずられているからだ、と思った。その背景には、ルイーゼ一人にプロイセン敗戦の責任を負わせ、戦闘が継続しているのも彼女のせいだ、とするナポレオンのプロパガンダがあった。「彼女に巧みにあやつられた結果、君主はほんの数日間で断崖絶壁の淵までつれてゆかれた」。ナポレオンはまた、ルイ一六世を髣髴《ほうふつ》する、フリードリヒ・ヴィルヘルムの意志薄弱を指摘した。「女が国政に影響をあたえるのを放置する君主たちはなんと不幸なことよ」

　だが、ルイーゼは何があろうとナポレオンに対する抵抗をやめない、と思われた。ケーニヒスベルクで病に倒れたルイーゼは死にかけた。しかしフランス軍の侵攻によって国王一家がさらに東方のメーメル[10]への避難を余儀なくされると、彼女は侍医の懸念を一蹴した。「わたしは、あの男（ナポレオン）の手中におちいるより、神の御手にいだかれて死ぬほうを選びます」。一八〇七年二月、ケーニヒスベルクの南、アイラウでの戦いでフランス軍がまたしても勝利をおさめた――これが辛勝であったのは確かだが――のちも、ルイーゼはあいかわらず講和の提案をこばんでいた。フランス側の交渉役となったベルトラン将軍にルイーゼがとった態度はきわめて横柄だったので、ベルトラン――ルイーゼに言わせると「ほんとうに醜悪な将軍」であった――は腹をたて、「戦争や和平にかかわるのは女性の仕事ではない」と王妃に向かって述べた。

　ルイーゼは国王の役割を演じていた。彼女が待ち望んでいたのは唯一、隣国ロシアの援軍であった。これが彼女の希望であったし、アレクサンドルが彼女の救世主[11]となるはずだった。アレクサンドルに焚きつけられたルイーゼは閣僚人事に介入し、ハルデンベルクの外務大臣復帰や、講和派のフォン・ツァストロウ将軍の罷免を要求した。彼女が国王に出した手紙の文面は、妻が夫をいかに支配していたかを雄弁に物語る。「あなたが彼（ツァストロウ）をしかるべく罰しないのなら――罰することは、あなたの名誉とあなたのつとめの名誉そしてあなたの威光にとって義務です――、あなたはただただ、正しき大義を害するはてしなき陰謀にお墨つきをあたえることになります。（…）お願いですから、毅然としてください、男になってください」

　国王は迷っていた。妻と同じくロシアに望みをつないでいた。ただし、これまで皇帝アレクサンドルは支援を約束するばかりで実際には動いてくれなかった。そもそも、フランスが出した条件は、それほど悪いものとは思われなかった。ロシアとイギリスに背を向けてフランスと組めば、プロイセンはいくらかの領土を回復することができる、というものだった。だからフリードリヒ・ヴィルヘルムは交渉窓口を閉めなかった。彼は、王妃が耳をかそうとしないフランスの提案に関心を示すことで時間を稼ごうとした。しかし同時に、アレクサンドルと秘密協定を結び、プロイセンもロシアも個別に和約を結ぶことはしない、と決め、力を合わせてライン川の向こうまでフランス軍を押し戻そう、と約束した。慎重なプロイセン国王は、一つの可能性にしぼることなく、選択肢をもう一つ残しておくのを常としていた。

ルイーゼもフリードリヒ・ヴィルヘルムも大きな失望を味わう。六月のフリートラントの戦いでまたもフランスが勝利してロシア軍が敗退すると、アレクサンドルは講和を申し入れた。三か月前にロシア皇帝はフリードリヒ・ヴィルヘルムに「われわれのどちらも、個別に降参してはなりません。われわれはともに倒れる、もしくはどちらも倒れない、そのどちらかです」と書き送っていた。ところが今となって、アレクサンドルは「心から願っておりましたのに、あなたのお役に立つという希望さえ失うことは、わたしにとって責め苦です」と書いてよこした。プロイセン国王への約束は反故にされ、あれほど熱をこめて表明していたルイーゼへの友情はなかったことにされ、フリードリヒ大王の墓前での誓いと秘密協定は足蹴《あしげ》にされた！　ロシア皇帝はフランスに講和を求め、ナポレオンと会談することを希望し、フランスの意を迎えてフリードリヒ・ヴィルヘルムを会談に同席させることまで提案した——そしてプロイセン国王はこれを承諾した。王妃の驚愕はたちまち怒りへと変わった。彼女の口をついて出るナポレオンに対する悪罵からは、あれほど敬愛していたアレクサンドルに対する失望が透けて見えた。「あの怪物（ナポレオン）は、これ以上ないほど無垢な関係を壊して引き裂く手段を思いついた」

三人の君主の会談の場は、一八〇七年の六月二五日から七月七日にかけて、ティルジットのネマン川に浮かべられたあの有名な筏《いかだ》の上と決まった。ルイーゼは招待されなかった。しかし彼女は勝負をあきらめず、これは罠《わな》だと口を酸っぱくして夫に警告し、ロシア皇帝には手紙を書き、約束をお忘れなきよう、とせまった。

ティルジットで受けた仕打ち

ルイーゼはナポレオンに対する憎悪を表明していた――「悪の原理そのもの！　地上の災厄」――が、激烈な言葉づかいは彼女のおそれの表われにほかならなかった。夫がフランスの要求をのんでしまう、というおそれだ。彼女はティルジット会談に反対した。彼女は悲痛な手紙を夫に送った。「あなたがロシア皇帝とともにあの非道な男と会うことがどうしても必要だとしたら、会談がいくらかでも益をもたらす、と信じるべきかもしれません」。彼女がなによりもおそれたのは国王の弱気だった。ルイーゼは何通もの手紙で夫に説教し、抵抗するようにうながし、折れてしまった場合のリスクがいかなるものかを警告した。「これで二度目になりますが、あなたにお願いします。どうぞ、可能なかぎりのエネルギーをふりしぼってください…毅然としてください」。そして、どのようにふるまうべきかを指示し、どの大臣を留任させ、だれを罷免すべきかを指示した。「ハルデンベルクを犠牲にしてはなりません。ハウクヴィッツもしくはツァストロウが戻ってくることがあれば、あなたはフランスの奴隷、堕落した不名誉な人物となるからです」

アレクサンドルに対しては、懇願を手段に選んで「わたしにとって家族同然の親しい陛下、どうぞわたしたちを見すてないでください！」と泣きつき、アレクサンドルの同情を期待して「わたしの健康は、ありとあらゆる不安のために痛めつけられています」と訴えたが、あくまでもナポレオンの要求をはねつけるべきだ、との考えに固執していた。「『自分の健康問題など』わたしにとってどうでもよいことです。陛下と国王がすべてに抵抗してくださるのであれば」

プロイセン王妃には不安になる理由があった。やはりというべきか、ティルジットで、プロイセン国王はナポレオンに「まぬけ」扱いされ、端役《はやく》しかあたえられなかった。一八〇七年六月二五日のロシア皇帝とナポレオンとの最初の会談から国王は排除され…岸辺に残された。これを知ったルイーゼは怒りをおさめることができなかった。翌日、フリードリヒ・ヴィルヘルムはやっと筏に乗ることを許された。しかし君主三人の交渉において、彼はアレクサンドルから未成年扱いされ、ナポレオンからは無視されて背を向けられ、会談に続く晩餐会から閉め出された。筏の上に設けられた会談用の亭を飾っていたのはナポレオンとアレクサンドルの頭文字だけだったことを知ると、ルイーゼは外交の慣例にそむいた単刀直入な言いまわしで感想を述べた。「理由もない仕打ちであり、不作法そのものです」

ティルジットでフリードリヒ・ヴィルヘルムは影が薄かった。ナポレオンはプロイセン国王に軽蔑しか感じておらず、プロイセンを「腰抜けなのに虚栄心ばかり強く、根性も活力もなく、負けてばかりいるくせにつねに横柄な国」と評したときに彼の頭にあったのはフリードリヒ・ヴィルヘルムのことであった。証言を残したある人物――ナポレオン親衛隊の一兵卒――の目にフリードリヒ・ヴィルヘルムは、「戦いに敗れ、自分の壊れた王冠の一欠片《ひとかけら》をもらおうとやってきた王」と映った。国王夫妻は、ナポレオンが二人から王位を奪うことさえ考えたとは知らなかった。ナポレオンはすでに、ナポリ王国からブルボン家のフェルディナンド四世を追い出し、兄のジョゼフ・ボナパルトを王座にすえていた。だが、ナポレオンは、プロイセンにはそこまで厳しく対処することは避けることにした。援軍の約束を守らなかったことをいくらかでも埋めあわせしようと考えてフリードリヒ・ヴィルヘルムへの善処を求めたロシア皇帝アレクサンドルに譲歩したのであろう。ゆえにプロイセンは地図から消される運命をまぬがれた。だが、領土がずたずたにされる危機がせまっていた。和約の文言は整った。最終的な署名の前に、ナポレオンはルイーゼに会うことを求めた。だれもがその美貌をほめたたえている女性と知りあいになりたかったからだろうか？　気の強い王妃の実物を見てみたいという好奇心？　女ながら自分に歯向かった敵を徹底的に辱《はずかし》める喜び？

フリードリヒ・ヴィルヘルムはフランスに敗北したうえ、ろくな扱いを受けなかったくせに、天才ナポレオンへの称賛の念を禁じえなかった。「人食い鬼」には人を惹きつける力があり、プロイセン国王はいつのまにか魅せられてしまった。ナポレオンは、国王に続いて王妃の心も征服したいと望んだのだ。ゆえにナポレオンはルイーゼに、ティルジットに足を運んで皆と合流するよう要請した。プロイセン国王は妻に手紙を書いた。「彼［ナポレオン］はわたしにあなたの近況をたずね、あなたが自分のことを好いていないことは承知しているが、あなたも自分と和解することを望んでいないだろうか、と言いました」。王妃は反発し、招待を断わると心に誓ったものの、救うことができるものを救うことができたらと考えてティルジットに行くことにした。

ナポレオンとルイーゼの会談は七月の六日と七日に行なわれた[12]。この会談は、劇に喩《たと》えれば三幕ものであり、序幕としてルイーゼは前大臣のハルデンベルクをよび出し、ナポレオンに投げかけるべき質問を列挙させた。こうして「悪魔」に会うための知的準備を整えた王妃だったが、自分の外見を整えることにも手をぬかなかった。お付きの女官の一人は、「［ティルジット訪問は］王妃さまにとってきわめて辛い日々でしたが、あのときほどお美しかったことはありませんでした」と回想することになる。だれもが称賛する美貌は、勝者の厳しさをやわらげることができるのだろうか？ 気を張りつめたルイーゼは、自分がもてる力すべてを結集した。「わたしはすべてを忘れ、彼［ナポレオン］がわたしについてなにを述べたかは考えず、わたし個人が受けた害悪は忘れ、国王と王国と子どもたちのことのみを考えねばならない」

ルイーゼは妻および母親として、七月六日にナポレオンの面前に姿を現わした。彼女は何度か政治を話題にしようと試みたが、ナポレオンはとるにたらないことしか話題にしなかった。ルイーゼにせまられたナポレオンがついにもらした言葉は「あなたの要求は多大ですが、考えてみるとだけお約束しましょう」であった。これは、ナポレオンがなにも言質《げんち》をあたえなかったことを意味する。一時間も続いた会談は、フリードリヒ・ヴィルヘルムの突然の登場で中断した。プロイセン国王は、ナポレオンが妻に不適切な行為をするのではと危惧したというより、自分はナポレオンから一瞥《いちべつ》されただけなのに妻がさしむかいの会談を享受していることに嫉妬していた。ティルジットの筏の上でアレクサンドルのおまけ扱いされたプロイセン国王はまたしても無視されたのだ。

晩餐会で、ルイーゼはナポレオンとロシア皇帝にはさまれた席に着いた。ここでルイーゼは人妻としての厳粛な折り目正しさをかなぐりすてて、お得意の婀娜《あだ》っぽさを発揮した。ナポレオンは女性への気づかいたっぷりのナイトぶりでこれに応え、一輪の薔薇を進呈した。彼女は受けとることを承諾したが、「喜んで！　ただしマグデブルクもそえてくださいませ」と言いそえ、間近にせまったプロイセンの割譲からエルベ川西岸の領土を守ろうとした。ナポレオンは返事をはぐらかした。

翌日、ナポレオンは自分が出す条件を文書にして示し、即座の署名を求めた。これにより、プロイセンは領土のほぼ半分を失うことになり、ドイツ西部では新王国ヴェストファーレンが誕生し（ナポレオンの弟ジェローム・ボナパルトが国王となる）、プロイセン領ポーランドにはワルシャワ公国が樹立される（ポーランドがつかのまだが復活することになる）。「プロイセンの鷲の二つの翼」がもぎとられた。ルイーゼはマグデブルクを救うことができなかった。ある外交官が「破壊の傑作」とよんだこの屈辱的なティルジット和約は、七月九日に締結された。この講和条約はプロイセンから五〇〇万人の住民を奪い、その領土を一六万平米に縮小し、重い戦争賠償金を課し、最大四万二〇〇〇人へとプロイセン軍の規模に制限をかけた。こうして、一年もしないうちに、プロイセンの偉大な君主たち——大選帝侯（フリードリヒ・ヴィルヘルム）、兵隊王（フリードリヒ・ヴィルヘルム一世）、フリードリヒ大王（フリードリヒ二世）——が築いた強国は過去のものとなった[13]。「ルイーゼ王妃のティルジット到着は遅すぎた。すべては決定ずみだった」とナポレオンは後日、セントヘレナ島で認めている。

たんなる脇役に格下げされたフリードリヒ・ヴィルヘルムは妻に最後の希望を託した。美しい妻は、フランスの要求をやわらげることができるのだろうか？　こうした最後の賭けに出るとは、国王夫妻の甘い考えには驚くほかない。ナポレオンはそんな罠にはまるようなお人好しではなかった。ナポレオンは、「わたしは、貴殿の皇帝アレクサンドルの友情に免じてあたえた以上のものを、プロイセン王妃の美しい瞳のためにあたえるつもりはない」とロシア皇帝の顧問の一人に述べた。ルイーゼが女性としての魅力をいくら発揮しようとも、ナポレオンの意思を曲げることはできなかった。ナポレオンは、妻のジョゼフィーヌに浮気の心配は無用だと伝えている。「わたしは彼女［ルイーゼ］の攻勢からわが身を守るはめにおちいった。自分の夫にわたしがいくらかでも譲歩することを願って、彼女がわたしにせまったからだ。だが（…）わたしは自分の政治方針を固守した。（…）わたしはいわばすべすべした布であり、そうした手練手管《てれんてくだ》は表面をすべり落ちるだけなのだ。女性に甘い男になることは、わたしにとって高くつきすぎる」[14]。ナポレオンはこの話の結びとして、女が政治的役目を担うことがいかに無意味かを説いた。「国家は、女が政務を牛耳《ぎゅうじ》ろうとするや否や滅亡へと向かう」

失望

これほどあいつぐ屈辱や試練は、多くの夫婦の仲を引き裂いてもおかしくない。だがフリードリヒ・ヴィルヘルムとルイーゼの場合は逆で、二人の絆は強まった。プロイセン王妃が書き残した文章を読むと、二人の幸せは少しも傷つかなかったことがわかる。「世界一すばらしい男性である国王は以前にもましてすばらしく、過去にないほどわたしを愛しておられます。（…）この心の通じあいが歳月とともにいっそう緊密なものとなったのは、国王の愛にわたしも深い愛で応えているからです。これはわたしにとって心温まることです。わたしたちは一心同体であり、一方の意思は他方の意思でもあるのです」

ルイーゼは家庭生活の幸せをかみしめていた――一八〇八年と一八〇九年に、最後の二人の子どもをあいついで出産した――ものの、政治面では現実を直視していた。プロイセンの崩壊――これが事実であることは彼女も認めていた――には、国内要因もあった。ナポレオン軍が襲いかかったプロイセンは、過去の無敵伝説の夢を見続けていた。国王夫妻はこれを理解した。「わたしたちは、あの世紀を支配し、新しい時代を築いたフリードリヒ大王の栄光のうえに胡坐《あぐら》をかいていました。わたしたちは時代とともに進歩することを怠りました。これこそ、わたしたちが時代に飲みこまれた理由です。国王はだれよりもこのことを明晰に認めておられます」とルイーゼは書いている。

フリードリヒ・ヴィルヘルムとルイーゼはロシア皇帝に対する苦い思いも共有していた。ティルジットの和約以降、二人はアレクサンドルに見すてられた、と感じていた。夫妻はアレクサンドルの「長い沈黙」――皇帝は一通の手紙もよこさなかった――と、それ以上に彼のナポレオンに対する忠誠ぶりが許せなかった。スペインの反乱でフランス軍がはじめて敗北を喫したことに意を強くしたオーストリアがフランスとの戦闘再開を考えるようになったとき、危険を察知したナポレオンは一八〇八年、ザクセンのエアフルトに同盟国の代表を招いて会議を開催した。プロイセン国王夫妻が住んでいたケーニヒスベルクは同会議に出席するアレクサンドルの通り道であった。再会に先立ってかわされた手紙のなかでルイーゼはまたもアレクサンドルに抵抗をよびかけ、ナポレオンを支持してオーストリアに敵対することはひかえるように勧めた。「あのぬけ目のない嘘つきに警戒なさいませ。そして、陛下のため、陛下の栄光のためだけに語りかけるわたしの声に耳をお貸しください。（…）

オーストリアに敵対するたくらみにいっさい引きこまれないようになさいませ」。ルイーゼはアレクサンドルの心と徳に訴えかけ、そして互いの友情を引きあいに出して説得を試みた。

九月一八日の再会はルイーゼの心を引き裂いた。アレクサンドルはオーストリアと同盟を結ぶことをくりかえし拒否し、王妃の懇願に無関心なようすだった。ルイーゼは政治見解の相違を解消しようと、センチメンタルな思い入れをもってのぞんだ。自分の美貌と魅力に自信をもっていたルイーゼだったが、どちらも効力を失ったことを悟った。彼女はこれまでアレクサンドルを理想化し、自分は彼から愛されていると思いこんでいた。だがいまや、彼女の目の前にいるのは、なにを考えているのかわからない人物であり、チャーミングな女性だが要求がましいプロイセン王妃を喜ばせるよりは自国の利益を気にしていた。優柔不断な夫を押しきることが多かったルイーゼは、自分にはもはやロシア皇帝を説得する力がない、と気づかされた。自分に恋焦がれていると思いこんでいたのに…。王妃は親しい女友だちに次のように打ち明けている。「彼はわたしを愛するすべを知らない。本物の愛が何であるか、魂の愛とは何であるかを知らないのです」。ルイーゼがアレクサンドルに、わたしはあなたを「神を信じるように」信じています、「(あなたを) 知って、完璧というものが存在すると信じることができるようになりました、あなたはわたしの人生に「幸福な影響」をあたえています、わたしは「心も魂もすべて」あなたに捧げています、とくりかえし伝えたのは、たった一、二年前のことだったが、はるか昔のことのように思われた。いまやルイーゼは「神はわたしが歩む道にあの人を置かれました。悪霊を置いて試練をあたえるごとくに」と考えるようになった。

ルイーゼは、フランスとロシアの皇帝二人がエアフルトで意気投合し、プロイセンをさらに追いこむのではとおそれ、病みついた。彼女は、アレクサンドルが「ナポレオンの言いなりになるまい」と考えていたとは知らなかった。アレクサンドルは時間稼ぎのためにフランスに同調するふりをしたが、ナポレオンの要求はことごとく撥ねつけた。「ボナパルト〔君主は苗字をもたない。ナポレオンをボナパルトとよぶ者は彼を君主と認めていないことになる〕」が要求したオーストリアの武装解除にかんして、アレクサンドルは言を左右にした。イギリスとの戦争については、あいまいな態度に終始した。ルイーゼは、次のようにナポレオンが怒りを爆発させているのを聞いたとしたら、どれほど喜んだことか。「皇帝アレクサンドルは騾馬《らば》のように頑固だ。自分が聞きたくない事柄《ことがら》には耳をふさいでいる」[15]（アレクサンドルとの会談に立ち会ったタレイランに述べた言葉）。エアフルトで、騾馬はプロイセンのことを忘れていなかった。ロシア皇帝は、プロイセンにとどまっているフランスの占領軍の撤退をナポレオンから引き出すことはできなかったが、プロイセンにのしかかる戦争協力への負担の軽減と、賠償金支払期限の延期を認めさせることができた。これは、ルイーゼ王妃の懇願を容《い》れたから、というよりも、タレイランがナポレオンに盾つくようにロシア皇帝に働きかけた結果であった。すでに外務大臣を辞任していたが、ナポレオンに請われてエアフルト会議に立ち会っていたタレイランがアレクサンドルにささやいた次の言葉は有名である。「フランスの国民は洗練されていますが、君主は違います。ロシアの君主は洗練されていますが、国民は違います。ゆえに、ロシアの君主はフランス国民の同盟者となるべきです」〔大貴族出身で元高位聖職者だがフランス革命には初期から関与していたタレイランはナポレオンのもとでも政治家として大活躍した。だが、ナポレオンの帝国拡大路線に違和感をおぼえるようになり、ナポレオンを裏切ってアレクサンドルにこっそりと知恵をつけた。なお、タレイランはナポレオンの敗者を痛めつける手法にも賛成できず、ルイーゼ王妃にもきわめて同情的だった」

帰路、アレクサンドルはふたたびケーニヒスベルクに立ち寄った。皇帝の姿を一目見るやいなやルイーゼは苦々しい思いをふりすて、サンクトペテルブルク公式訪問への招待を受諾した。あいかわらず迷ってばかりいるフリードリヒ・ヴィルヘルムは当初、財政困難のおりに外国訪問はよけいな出費だと考え、この計画になんの利点も見いだせなかったが、結局は妻の意向に従った。二人は一八〇九年一月に旅立った。だが、数えきれぬほどの祝宴や行事――「トルコ音楽をたくさん」聞く機会があった――で大歓迎された三週間のサンクトペテルブルク滞在は、プロイセン国王夫妻の期待に応えるものではなかった。皇帝からぜいたくな贈り物を受けとったものの、ルイーゼ王妃は不快な思いをいくつも体験した。体調がすぐれず、病気がちだったうえに、自尊心が傷つけられた。皇帝の公妾であるマリア・ナリシュキナ（ポーランドの王族出身）が堂々と姿を見せていることに憤慨し、あてつけとして皇后エリザヴェータ・アレクセーエヴナに親愛の情をいだいているふりをした。歓迎が熱烈であるだけに、プロイセン国王夫妻は自分たちが敗戦国の君主であることをかえって意識し、誇りを傷つけられた。

アレクサンドルが示す篤い友情のあかしを、フリードリヒ・ヴィルヘルムは大仰《おおぎょう》で、押しつけがましく、あいまいだと受けとめた。ルイーゼは以前と変わらず、アレクサンドルは心変わりすることなくナポレオンに忠実である、と確信していた（これは誤解であったが）。サンクトペテルブルクを去るとき、彼女は私的な日記に次のように記した。「あれだけの華やかな祝宴からわたしがもち帰るのは疲労と苦しみだけ。（…）ここに到着したときとなにも変わらぬまま、ここから戻る。（…）これからは、わたしの心が踊ることはもはやないだろう。わたしの王国はもはや、この世にはない」。ルイーゼに残された時間は一八か月のみだった。戦いと失望の一八か月となる。

最後の戦い

ケーニヒスベルクに戻ったフリードリヒ・ヴィルヘルムとルイーゼは、アレクサンドルに失望し、ナポレオンの勝利に苦しめられ、自分たちの将来に不安をいだいた。心痛でルイーゼは病床にふせった。信頼、友情、愛を捧げたのに、アレクサンドルからはなんのお返しもなかった。人を魅惑する力を失ったと悟ったルイーゼは、自分は無用の存在だと感じた。一部の大臣は、自分と同じようにナポレオンを憎みオーストリアとの同盟を模索していながらも自分に対して批判的であることを、ルイーゼは承知していた。その筆頭は、ティルジット和約後にプロイセンの大改革に最初に取り組み、ナポレオンににらまれて一八〇八年一一月に罷免させられた尊大なシュタイン男爵であり、自分が王妃をどう思っているかを隠そうともしなかった。浅薄で、男性の気を引くことに熱心で、浪費家で無知、というのがシュタインの王妃評であった。

国王夫妻は君主の座を失うことすらおそれていた。イエナの戦いの後、王家の命運は風前の灯火となったが、二人を王座から追い出す考えをナポレオンが放棄したので助かった。だがいまでは、廃位の危険は国内で生まれていた。軍内部では国王の優柔不断な政治方針に不満が高まっていた。堪忍袋の緒をきらした士官たちが反乱を起こすのでは、とフリードリヒ・ヴィルヘルムとルイーゼは危惧した。ロシアとの連携がほぼなにも恩恵をもたらさなかったので、プロイセンの世論はオーストリアとの同盟に傾いていた。このころのオーストリアは、アウステルリッツでの敗戦の傷も癒え、軍隊の近代化によってふたたびナポレオンに立ち向かう用意を調えていた。フリードリヒ・ヴィルヘルムは世論の高まりを感じとり、「もし国民の望む選択肢をとらないとしたら、わたしはもてるものすべてを危険にさらすことになる」と述べた。だが、いつもながら優柔不断な国王には、情勢分析から決断を引き出してナポレオンを挑発する胆力はなかった。

フェルディナント・フォン・シル少佐の独断専行は、国王の政策のあいまいさを炙り出す結果となった。一八〇九年四月末、騎兵将校として鳴らしていたシル少佐は、プロイセン軍を一斉蜂起させ、対仏同盟にくわわるよう国王を追いつめようと考えて行動に出た[16]。当然ながら、フリードリヒ・ヴィルヘルムはこれを快く思わなかった。国王には、シルの軽挙にまったく賛成できないもっともな理由があった。軍隊の規律を担保する自身の権威に固執していたうえ、ナポレオンの怒りをまねくことをおそれていたのだ。王妃は、表向きは批判しながらもこの蜂起に心を惹かれ、シルをプロイセン再起のさきがけとなるロマンティックなヒーローとみなした。

ロシア皇帝アレクサンドルはフリードリヒ・ヴィルヘルムに、慎重であれと忠告した（生涯を通じて慎重を第一に考えていたフリードリヒ・ヴィルヘルムには無用な説法ではあったが）。それだけに、アレクサンドルの最新の裏切りは大きな苦痛をもたらした。すなわち、一八〇九年五月にロシアはオーストリアに宣戦布告したのだ。ナポレオンの要求に応じてのことだった。アレクサンドルが自軍の移動速度を落とさせ、国境を越えるまでの時間を稼いでオーストリア軍との交戦は回避したことは事実だ。だがプロイセンの世論は、ロシアのフランスへの軍事協力はプロイセンの背中に短刀をつき立てる行為、と受けとめた。ルイーゼはただちに、オーストリア皇帝と同盟を結ぶべきだ、と主張した。いつものようにプロイセン国王は迷った。だが、この迷いが国王を救うことになる。ナポレオンの大陸軍はウィーンに進軍し、七月六日にヴァグラムでオーストリア軍を破った。その結果、オーストリアは、広大な領土のフランスへの割譲を決める和約の調印を余儀なくされる。他方、フランスの同盟国ながらあいまいな態度を示したロシアは、形ばかりとはいえ対オーストリア戦に参加した見返りとしてわずかな領土[17]を獲得した。

　プロイセンの国王夫妻は打ちのめされた。フリードリヒ・ヴィルヘルムは自分が王位を失うのではと考えて震えあがった。ルイーゼは重篤な喘息の発作に襲われ、これが彼女の絶望をいっそう深めた。ナポレオンはプロイセンの運命をさらに厳しいものにするのではないだろうか？　運命論者となった王妃は、「すべてが彼［ナポレオン］の上機嫌もしくは不機嫌に、その時々《ときどき》の利害、彼の個人的な憎しみにかかっています」と述べた。ルイーゼはなにもかにもあきらめるのだろうか？　敵対的な環境に圧倒された王妃はついに、「政治的な存在を保つことは、いかに小さな存在であろうと、まったく存在しないより好ましい」を信条とする夫の受け身の姿勢を共有するようになった。フランスが徴収する戦争協力金が巨額であったため、プロイセンは多大な努力をせまられ、国王夫妻も節約生活を余儀なくされた。王妃は「協力金の一部を支払うため、わたしたちはすべての銀器、すべてのダイヤモンドを売却しなくてはならなかった」と説明している。唯一の喜びは、夫妻のベルリン帰還であった。一八〇九年一二月二三日、二人はベルリンに戻り、歓喜にわく群衆に迎えられた。二人の人気はまだ高かったのだ。しかし、ナポレオンの許可がなければ、この帰還もありえなかった。

欧州はあいかわらずフランスの支配下にあり、ロシアは輝かしき次席国であり、オーストリアは従属させられ、プロイセンは服従させられていた。ナポレオン体制に穴があるとはだれも想像することができず、どの国もナポレオンから目をかけられるパートナーになることを狙っていた。だが、プロイセン国王夫妻は深い恨みをいだきつづけ、欧州の支配者であるナポレオンの言動に憤慨した。「ミノタウロス」ともよぶべきナポレオンが、オーストリア皇女マリア・ルドヴィカ［フランス名はマリー＝ルイーズ］を妻にと所望したことは、ルイーゼを憤慨させた[18]。ワルシャワ大公国の拡大を狙うフランスがプロイセンの領土であるシレジアに触手をのばしたときは、国王夫妻の抵抗精神がよみがえった。

閣僚たちは、フランスとの交渉により、シレジア譲渡の見返りとして賠償金免除をとりつけることを願っていたが、フリードリヒ・ヴィルヘルムは態度を硬化させて拒否の姿勢をくずさなかった。ルイーゼも夫の姿勢を支持した。王妃は以前にもまして、フランスによる支配に対する軍事蜂起を夢見、プロイセンを武力で解放することができないだろうか、と思いをめぐらした。しかし同時に、パリまで足を運び、国庫を空にして国民を困窮させる協力金の軽減をナポレオンに懇願することも考えた。

彼女は生涯最後の幸福を、父［メクレンブルク＝シュトレーリッツ大公カール二世］のもとに滞在することで味わった。しかしシュトレーリッツで発熱し、胸部の痛みは耐えがたいほどになった。三週間で病は悪化した。フリードリヒ・ヴィルヘルムは最悪の事態をおそれ、急いで妻のもとに駆けつけた。国王は「彼女がいる場所は、わたしがいるべき場所でもある。彼女はわたしのすべてだ！　地上におけるわたしの唯一の幸福だ！」と書いている。

呼吸困難はますます進行した。一三年間プロイセン王妃の座にあったルイーゼは一八一〇年七月一九日、実家であるホーエンツィリッツ城で死去した。享年三四。

神話

王妃の突然の死はプロイセン国民に衝撃をあたえた。フリードリヒ・ヴィルヘルムは苦悩と混乱におちいった。最愛の人を失っただけでなく、大切な助言者までもなくしたのだ。茫然自失となった王は国務を、プロイセン再建のための改革の主たる推進役であった宰相ハルデンベルクにまかせた。フランスに強い反感をいだいていたものの、ハルデンベルクは状況を冷静に分析した。フランスとロシアのあいだに戦争が起こる可能性が高まるなか、ナポレオンは、ロシア皇帝の側につくことをプロイセンに断念させるための手段をすべてもっていた。ダヴー元帥（フランスのドイツ方面軍総司令官）は、プロイセンの国境でにらみをきかせていた。プロイセンとロシアが協定を結ぶようなことがあれば、元帥の軍団がベルリンをただちに急襲するまでだ！

プロイセンの死滅を意味する危険を察知したハルデンベルクは、フランスとの同盟を国王に進言する一方で、内密の話として欧州他国の君主たちに本心――ナポレオンに対していだいているいつわりない気持ち――を打ち明ける役目を国王に託した。国王も宰相も建前と本音を使い分け、愛国者たちを相手にするときは愛国者となり、フランス大使に接するときは親仏一辺倒であるようにふるまった。[19] 時が満ちたら、ナポレオンに歯向かうのだ。フリードリヒ・ヴィルヘルムは、忍耐を美徳、二枚舌を統治の原則とした。

もしルイーゼが存命だったら、夫に理解を示しただろうか？　一八一二年二月に夫が「呪わしい男［ナポレオン］」と締結した同盟［パリ条約］に賛成しただろうか？　フリードリヒ・ヴィルヘルムは「ナポレオンの大陸軍に参加してロシア軍と戦うことになっても、プロイセン軍は戦うふりをするだけで本気を出さない」とアレクサンドルにこっそりと伝えていたのだが。ルイーゼの一途で燃えるような性格は、このように手のこんだ芝居を認めただろうか？　わかりにくい政治的かけひきとは無縁の将校たちをとまどわせ、こんなことに耐えられないと軍務を離れる者も出ることになるだけに「プロイセン軍士官約三〇〇人が辞任した」。一八一二年五月、フリードリヒ・ヴィルヘルムはナポレオンにあいさつするためにドレスデンにおもむいた。フランス皇帝はこのとき、ネマン川に向かって隊列を組んで進んでいる「二〇か国軍［プロイセンをふくめ、フランスに従属させられた国はすべて、軍隊を出してロシア遠征に協力することを求められた］」の指揮をとっていた。川を越えればロシア遠征のはじまりだ。九月、プロイセン国王はナポレオンのモスクワ制圧に祝いの言葉を贈る。

一〇月、大陸軍のロシアからの撤退がはじまった。例年より早く訪れた冬将軍、ミハイル・クトゥーゾフによる焦土作戦、コサック兵の執拗な攻撃が退却の厳しさに拍車をかけた。ナポレオンは同盟諸国から見放された。プロイセンのヨルク・フォン・ヴァルテンブルク中将は大陸軍を見すて、自分の判断でロシア側と停戦交渉をはじめて自分の部隊を中立化し、東プロイセンが反仏で立ち上がるきっかけを作った。フリードリヒ・ヴィルヘルムはその後も数週のあいだ迷ったが、反対陣営に移ることを決意した。一八一三年二月、プロイセンはロシアと同盟を結び、フリードリヒ・ヴィルヘルムは有名な「わが民への呼びかけ」を行ない、あらゆる愛国者――貴族、ブルジョワ、作家、学生――を熱狂させた。ルイーゼが存命だったら、さぞ喜んだことだろう。

これで、プロイセンの抵抗精神と再生の守護神としてのルイーゼ王妃の神話が誕生する土壌が整った。民衆は彼女を国のヒロインとして崇め、作家は筆で彼女をたたえた。プロイセンの過去の栄光を高らかにうたいあげた有名な戯曲「ホンブルクの公子フリードリヒ」の作者、ハインリヒ・フォン・クライストは、もしルイーゼが生きていたとしたら、この傑作を彼女に捧げたことだろう[20]。一八一三年、ナポレオン凋落の決定打となるライプツィヒの戦いをへて、フランス軍をドイツの地から追いやる祖国解放戦争に邁進するプロイセン国民の頭にはルイーゼの記憶があった。猪突猛進であることから「前進元帥」とよばれたプロイセン軍総司令官ブリュッヘルは、一八一四年に敗戦国フランスの首都パリにフリードリヒ・ヴィルヘルムと皇帝アレクサンドルとともに入城したとき、「いまやっと、ルイーゼの仇を討つことができた」と述べて亡き王妃の名誉をたたえた。

フリードリヒ・ヴィルヘルムは妻の死後、三一年も生きることになる。一八二四年、すなわちルイーゼとの死別から一四年後にアウグステ・フォン・ハラハと貴賤結婚し、アウグステにリーグニッツ公爵夫人の肩書きをあたえる。だが、王はルイーゼ王妃の死後すぐから最愛の妻の記憶を後世に伝えようと考え、シャルロッテンブルク宮殿の庭園に霊廟を建設することを決めた。

プロイセンのすぐれた芸術家たちが、この計画に参加するようながされた。だが霊廟の設置場所とデザインを決めたのは国王本人であった。やがてドイツの新古典主義建築を代表する建築家、およびすぐれた画家、舞台美術家としてたたえられることになるカルル・フリードリヒ・シンケルが、柱廊をそなえたドーリア式の小ぶりな神殿風の建物の工事を指揮した。シャドウ、カノーヴァ、トーヴァルセンといった当時の第一級の彫刻家たちも候補にあがったが、最終的に選ばれたクリスティアン・ダニエル・ラウホが、国王の希望にそって王妃の横臥像を彫った。石棺の上に横たわったルイーゼの像は、上半身を軽くもちあげた姿勢で、頭を右側に傾け、両手を胸元で組んでいる。この霊廟を訪れたシャトーブリアンは、「プロイセン王妃はここで、もはやボナパルトの思い出にかき乱されることない平安を享受している[21]」と記している。六〇年後となる一八七〇年七月の終わり、彼女の息子であるヴィルヘルム一世は、アルザスに向けて進軍していたプロイセン軍に合流する前日、ここを訪れて母に祈りを捧げる[22]。

国民の記憶のなかで生きつづけ、作家たちにたたえられ、その姿を大理石にきざまれたルイーゼは、プロイセンの至高の象徴、プロイセンのみならずドイツのナショナリズムの「創世神話」としてその名をとどめた。舞台裏もしくは舞台の前面において彼女が演じた政治的役割は、同時代人のみならず後世からも称賛された。現代でも、フリードリヒ・ヴィルヘルム三世の名前を知らない人はいても、だれひとりとしてルイーゼ王妃の名前を忘れていない。

〈原注〉

1　アルフレート・デーブリンの傑作小説『ベルリン・アレクサンダー広場』（一九二九）および、この小説を映像化したファスビンダーのテレビ映画で、その名は多くの人の記憶にきざまれた。

2　参考文献として以下の二冊をあげておく。Joël Schmidt, *Louise de Prusse, la reine qui défia Napoléon*, Paris, Perrin, 1995. Jean-Paul Bled, *La Reine Louise de Prusse. Une femme contre Napoléon*, Paris, Fayard, 2008.

3　Michel Kérautret, *Histoire de la Prusse*, Paris, Le Seuil, 2005, p. 267.

4　条約は、アウステルリッツの戦い（一二月二日）からすぐ後の一二月一五日に署名された。

5　Thierry Lentz, *Napoléon et la conquête de l'Europe 1804-1810. Nouvelle histoire du Premier Empire*, Paris, Fayard, 2002, p. 194.

6　国王フリードリヒ・ヴィルヘルム三世の父、フリードリヒ・ヴィルヘルム二世の従弟にあたるルイ・フェルディナント・フォン・プロイセン。

7　七年戦争の初期、一七五七年一一月五日に、スービーズ元帥が指揮するフランス軍に対して、フリードリヒ二世があげた有名な勝利。フリードリヒ大王はこの日、天才軍師ぶりを発揮した。スービーズ元帥は、ルイ一五世の愛妾ポンパドゥール夫人に気に入られただけがとり柄の、凡庸な軍師であった。

8　Joël Schmidt、前掲書、p. 96-97.

9　ドミニク・ヴィヴァン・ドゥノン〔著述家、版画家、官僚。ルーヴル美術館を整備したことで有名〕の指示によりベルリンで実行された数多い美術品略奪のなかでも、彫刻家シャドウによる有名な「四頭立て戦車」の押収はベルリン市民にとって「恥辱の象徴」となった。この像は一八一四年八月七日にベルリンへの帰還を果たし、国王フリードリヒ・ヴィルヘルム三世の命を受けた彫刻家シンケルが勝利の女神の兜と二つの盾を鉄十字紋章と翼を広げたプロイセンの鷲に置き換えた。戦車を駆る女神はもともと、ベルリンに君臨すべき平和の勝利を意味していた。この像が東、すなわちベルリンの方向を向いているのはそのためである。ヒトラーは征服の意図を表明するために、この像が西を向くようにすえなおさせた（Cyril Buffet, *Berlin*, Paris, Fayard, 1993）。
10　現リトアニアのクライペダ。ドイツ語名のメーメルの語源は、ニエメン川である。ニエメン川デルタのすぐ近くに位置している。
11　カール・アウグスト・フォン・ハルデンベルク侯爵。ハノーファー出身。一七九五年にバーゼルの和約を交渉し、ハウクヴィッツの後任として一八〇四—一八〇七年に外務大臣をつとめた。ハルデンベルクを嫌っていたナポレオンは、彼の罷免を要求した。
12　Jean-Paul Bled、前掲書、p. 180-186.
13　Henry Bogdan, *Les Hohenzollern. La dynastie qui a fait l'Allemagne (1061-1918)*, Paris, Perrin, 2010, p. 238.
14　Jean-Paul Bled, *Histoire de la Prusse*, Paris, Fayard, 2007, p. 254, 256 ; T. Lentz、前掲書、p. 320.
15　Marie-Pierre Rey, *Alexandre Ier*, Paris, Flammarion, 2009, p. 256.
16　Jean-Paul Bled, Histoire de la Prusse、前掲書、p. 271.
17　東部ガリツィア。
18　ナポレオンとマリー＝ルイーズは一八一〇年四月一日に民事結婚し、翌日に教会で式をあげた。
19　Michel Kérautret、前掲書、p. 285.
20　Jean-Paul Bled, *Histoire de la Prusse*、前掲書、p. 275. クライストは一八一一年一一月に自殺する。王妃と同じく、享年三四。
21　Chateaubriand, *Mémoires d'outre-tombe*, t. III, éd. Jean-Claude Berchet, Le Livre de poche, p. 102.（『墓の彼方の回想』真下弘明訳、勁草出版サービスセンター、一九八三年）

22　Jean-Paul Bled, *La Reine Louise de Prusse*、前掲書、p. 252.

8　ヴィクトリアとアルバート
（一八四〇―一八六一）
女王と王配殿下

「イギリス国民は、アルバートが少しでも権力をもつ、もしくは国政に介入するのでは、と考えてたいそう神経質になっています」（ヴィクトリア）

「かのドイツ人公子は、わが国の歴代の国王がだれひとりとして示すことができなかったエネルギーと聡明さをもって、二一年間にわたってイギリスを治めた」（ディズレーリ）

これほど固く結ばれ、これほど相思相愛が濃密なカップルは、ほかに思いあたらない。この完璧すぎるほど完璧な夫婦仲を唐突にさいたのは、一八六一年一二月のアルバート（一八一九―一八六一）の早すぎる死であった。結婚二一年目のことであった。寡婦となったヴィクトリア（一八一九―

一九〇一）の喪服姿は絵画や写真によって後世にも伝えられた。それからのはてしない四〇年間、女王は喪服を脱ぐことなく、二度と戻ってこない幸福を回想して嘆き悲しんだ。長女に書いた手紙の一節を紹介しよう。「［父親を亡くした］かわいそうなわたしの娘よ、なぜ大地はわたしたち二人をいっしょにのみこまなかったのでしょう？　これからわたしはどうやって生きてゆくことができるのでしょう？」[1]。アルバートを襲った病は、ほんの数週間で熱烈な夫婦愛を引きちぎってしまった。

　想像するのもむずかしいことだが、これほど完璧な結婚であったのに、その準備段階にはロマンティックな要素がいっさいなかった。結婚前の二人は――一方はロンドン、他方はコーブルクから手紙を書いて文通していたころ――どちらも結婚など考えてもいなかった。ヴィクトリアの家族は、数年前にちらりと顔合わせしたことがある、ザクセン＝コーブルク家とゴータ家の血を引くこの公子（ヴィクトリアにとっては母親を通じての従弟であった）を婿候補として考えていたが、一八三七年に即位した若い女王は結婚を急いでおらず、「ただちに結婚するとなると、わたしの疲労は増すばかり」が本音であった。さらに、アルバートがまだ二〇歳にもなっていなかったこともあり、「わたしが年端のゆかぬ若者と結婚するのは不適切」と考えていた。ヴィクトリアはとりすました態度をとりつづけた。「わたしがアルバートのことを気に入るとしても、今年中に婚約することはむりでしょう。この種の出来事は、早くても二、三年後でないと起こりえません」と考えていたからだ。二人のどちらも、相手のことを夢見ていたわけではなく、早く会いたいと恋い焦がれていたわけでもなかった。ヴィクトリアはいたって冷静に花婿候補者のリストを点検し、本人の率直な述懐によると、アルバートに対して「幸福には欠かせない感情」をいだくことはなかった。アルバートが夢見ていたのはただ一つ、自国での穏やかな暮らしであり、自分はおそらくドイツ人のやさしい女性と結婚することになるだろう、と考えていた。

伝説的となるこのカップルは、大恋愛のすえに結ばれたのではなく、一八三九年一〇月に二人が再会してからたった四日という猛スピードで結婚が決まったのだが、夫婦のあいだに起こりうることはすべて経験することになる。たくさんの子どもの誕生――一七年のあいだに息子四人と娘五人が生まれた――も、たびたびの夫婦げんかも。アルバートとヴィクトリアは相思相愛の仲であったが、このことは夫婦げんかの封印を意味しなかった。結婚から数か月もたたないうちに諍《いさか》いがたびたび起こり、いがみあいが長引き、女王がすね、夫が厳しく妻を非難した。ヴィクトリアはすぐにかっとなる質《たち》だった。アルバートは「彼女はわたしの言いたいことを最後まで聞こうとせず、激怒して、わたしに非難をぶつける」と嘆いた。アルバートも言いたいことは言うほうであった。「あなたはまたしても、不必要に自制心を失いました。（…）あの話をはじめたのはわたしではありません。あなたは、部屋から部屋へとわたしの後を追い、話を続けました。（…）あなたが自分のことばかり考えるのをもう少しひかえたなら、あなたにとって大いに有益でしょう[2]」

女王の激しやすい性格と、アルバート公の家庭内における権威的な態度のどちらについても、イギリス国民はまったく知らなかった。イギリスはアルバートの死後、ヴィクトリア時代の美徳を体現しているとみなされたこのロイヤルカップルをたたえる機会を一つも逃さなかった。二人は、ヴィクトリアに先立つ国王たちの不品行を打ち消す解毒剤であり、将来の世代が模倣すべき模範的な夫婦のお手本とされた。今日にいたるまでロンドンの誇りである、一八七一年落成の堂々たるコンサートホールは、ヴィクトリアの王配殿下へのオマージュとしてロイヤル・アルバート・ホールと名づけられた。そして、二人の名前をならべることで夫妻をたたえている、有名なヴィクトリア&アルバート博物館は、イギリス人にとってきわめてなじみ深い存在であるので、二人のイニシャルをとってV&Aの愛称でよばれている。慈悲深き君主《グレイシャス・クイーン》の臣下たちは、アルバート・オヴ・サクス＝コバーグ公子が妻の国でどれほど冷ややかな歓迎を受けたのか、どれほど長いあいだ――死ぬまで！――外国人とみなされていたかを忘れたがっているようだ。

一八四〇年、ヴィクトリアが議会に自身の婚約を告げたとき、イギリスの多くの政治家はアルバートのことを、世界中の欠陥すべてを一身に集めた人物、と受けとめた。危険な急進派と考える者もいれば、素寒貧《すかんぴん》で持参金めあてのドイツ人とみなす者もいた。くわえて、アルバートは、初代ベルギー国王レオポルドの甥である、というとんでもない欠点の持ち主だった。なお、レオポルドはヴィクトリアの叔父および助言者でもあった［アルバートの父親、およびヴィクトリアの母親は、レオポルドの兄と姉にあたる］。レオポルドは自分の甥をイギリスの王位を狙える地位につけようと画策しているにちがいない、と決めつけられた。「保守派」とよばれはじめていたトーリー党は、ライバルであるホイッグ党に肩入れしているヴィクトリアを抑えつけることができるしっかりした男性が女王の夫となることを心底望んでいたが、アルバートは自分たちが推す花婿候補ではなかったので反アルバートキャンペーンをくりひろげた。一般のイギリス国民はヴィクトリアの婚約者に無関心であったが、一部の者は彼が若すぎると難色を示し、カトリック教徒ではないかと疑う者もいた。

人々の共通認識がこれほどまちがっていたロイヤルカップルはほかに例がない。ヴィクトリアの位《くらい》の高さ、性格そして長寿ゆえに、人々は女王が夫を絶対的に支配していたと考えた。アルバートが公式に王配殿下の称号を認められたのは結婚から一七年目であっただけに。だがアルバートは、妻のいいなりにならなかったばかりか、自身の権威をしだいに確立したこと――結婚当初はわずかな権威しかあたえられなかったが、やがて、家庭の状況もあってヴィクトリアの同意を得て権威を固めることができた――はあまり知られていない。女王の夫となったのは知名度が低い外国の公子であったが、王室にとって不可欠な人物であることをみずから証明したのだ。政党間の争いに容喙《ようかい》することを避けて王室の権威を保持する、という賢明な行動方針をヴィクトリアがとったのは、第二の祖国となったイギリスの政治慣習を尊重するアルバートの助言のお陰であったことを知っている人がどれだけいるだろう?

最後にもう一つ言いそえると、いわゆるヴィクトリア時代の美徳――勤勉、厳格な道徳規範、倹約、篤信――の推進者はヴィクトリアというよりもアルバートであった。模範的ロイヤルカップルのこれまでのイメージは見なおしてしかるべきである。

不つりあいな結婚

アルバートにはじめて会ったとき、ヴィクトリアはまだ一七歳であった。一八三六年五月、彼女が寡婦である母親(ケント公爵夫人)と暮らすロンドンのケンジントン宮殿には、花婿候補者が次々と訪れていた。若いプリンセスは、オランダ王族であるオラニエ家の公子二人は醜く愚鈍だと思ったが、ザクセン＝コーブルク公の二人の息子、エルンストとアルバート［ドイツ名はアルブレヒト］はとても感じがよい、とくにアルバートは「とてもハンサム」だと思った。しかし、宮廷生活に不慣れで舞踏会に無関心なアルバートはほとんど姿を見せず、部屋にこもりがちだった。初の出会いは実りをもたらさなかった。キューピッドの弓矢は矢筒に残ったままだった。

だがヴィクトリアは結婚する必要にせまられていた。父方の伯父であるウィリアム四世（在位一八二〇—一八三七）は七〇歳を越えて病弱であったため、いつ死んでもおかしくなかった。そのうえ、老王には嫡子が一人もいなかったのでヴィクトリアが王位継承者になることは決まっていた。一歳で父親をなくして以来、いまだに母親と同じ部屋で寝起きしていたヴィクトリアが必要としていたのは夫よりも父親であった。幸いなことに、母親の弟であり、一八三一年に初代ベルギー国王となったレオポルドが父親がわりとなって助言をあたえてくれていたので、夫を早く見つけなければと焦る気持ちはさらさらなかった。ウィリアム四世の死去にともない、即位したのは経験不足の若いプリンセスであった。経験を欠いていたが、なかなか我の強い娘であった。幼少期から素直でおとなしい子どもではなく、「少しでも意に沿わないことがあるとハノーヴァー家特有のかんしゃく玉を爆発させていました」[3]と教育係はのちになって回顧している。幼少時代のヴィクトリアは、家令のジョン・コンロイに依存していた母親の監督下で、どちらかといえば世間から孤立した生活を送った［母親のケント公爵夫人は、異国であるイギリスで寡婦となり孤立していたために家令ジョン・コンロイに頼りきりとなった。二人は愛人関係にあった、という噂もあるが、ヴィクトリアは、母親は信仰心の篤い人だったのでありえない、と一蹴している］。少女ヴィクトリアは宮廷とは切り離され、彼女が即位したら影からあやって権力をにぎろうと考える野心家たち[4]――母親や家令をはじめとするその側近に、ドイツ人の教育係ルイーゼ・レーツェンがくわわる。女男爵の称号をあたえられたレーツェンは、家令コンロイの影響からヴィクトリアを守ったが、彼女もヴィクトリアに別の意味で強い影響力をあたえるようになり、これがのちにアルバートとの確執を生む――の玩具《おもちゃ》となっていた。ヴィクトリアはとても頼りなげだった！　背が低く、ふっくらとして、美人とはよべないヴィクトリアだったが、そうした外見上の欠点を、優美な仕草、濃い青の瞳、陽気で活き活きとした性格で埋めあわせていた。

　一八三七年六月二〇日にウィリアム四世が崩御した。一八歳の女王は一人で、彼女が後継者として即位したことを公式に告げに訪れた故王の使者を引見した。首相のメルバーン卿[5]を接見したときも一人であり、「以降、わたしの大臣たちを引見するときは、例外なくこうするつもりである」と述べて、公式の席でだれの後見も受けるつもりがないことを表明した。枢密院のメンバーの誠実宣誓を受けときも一人であり、はじめての枢密院会議を以前から経験があるかのように堂々と主宰した。入れ知恵をしようとしたり、策略を練ろうしたりする母親をうまく躱《かわ》して遠ざけることに成功したヴィクトリアは、自分は君主のつとめを果たすのにじゅうぶんなだけ成熟していることを示そうとした。

　とはいえ、彼女は指南役を必要としていた。彼女が父と慕う叔父のレオポルドは助言をおしまず、ブリュッセルからアドバイスがたっぷりつまった手紙を毎日のように書き送った。ヴィクトリアからひき続き国政を託されたメルバーン卿は、何時間もかけて新女王に国務のイロハを教えた。一九五二年に即位するエリザベス二世に、時の首相、ウィンストン・チャーチルが行なうように。ヴィクトリアは物覚えのよい生徒であり、熱心に学んだ。彼女は女王の仕事に対してありあまるほどのエネルギーと情熱を傾けた。大量の文書をしたためたり、署名したり、裁可したりすることに疲れもしなければ、あきもしなかった。精神疾患と白内障に悩まされたジョージ三世、放蕩者のジョージ四世、「愚鈍でうぬぼれや」のウィリアム四世の後に登場したうら若き女王は、イギリス王室再生の希望をあたえてくれた。[6] 彼女が全幅の信頼をよせるベルギー国王レオポルドと首相メルバーン卿も、歴代の国王のせいで不具合がめだつ君主の機能を立てなおすよう励ましてくれた。首相は「すべての措置と人事案件がまずは陛下に提出されるよう、注意深く監督なさいますように」と奏上した。

ヴィクトリアは、レオポルドとメルバーンと同様に、国王大権の保持と強化に努めなければならない、と考えていた。これにかんする女王の強い意思を示す事件が一八三九年に起きて大騒動となった。議会での勢力争いに勝って政権につこうとしていた保守党が女王の寝室女官たち［彼女たちの夫は、これまで政権党であったホイッグ党の議員であった］を罷免しようとしたところ、女王はこれを拒否したのだ。女王付き女官の夫たちはもはや庶民院の議員ではない、もしくは野党議員となってしまった、という理由で、トーリー（保守党）は彼女たちの更迭を求めたのだ。これは「寝室女官事件」とよばれる政治危機であり、ロバート・ピール卿[7]が、みずからが率いる保守党の国会議員の妻たちを女王の女官に任命しようとしたことが発端であった。ヴィクトリアは拒否の姿勢をつらぬき、最終的に凱歌をあげる。女王は、宮廷の機能に容喙《ようかい》しようとした保守党の動きを、自分を子ども扱いして意のままにあやつる、もしくは牛耳ることができるか試そうとするもの、と受けとめたのだ。ヴィクトリアは寝室女官たちを守り、女王の意思に逆らおうとしたピール卿は、首相を拝命したばかりだったが、この大役を拝辞することになる。その結果、メルバーンが首相に返り咲く。だれもが、女王陛下の意思を尊重せざるをえない、と理解した。［政権交替にともなって宮中にも異動があることは慣習であったのに、若いヴィクトリアはそれを理解せずに我をとおしたため政治危機をまねいた。後年、ヴィクトリア自身も「あれは若気のいたりだった」と認めている］

だれを夫に選ぶのか、いつ結婚するのかを決めるのはヴィクトリアであって、他人は指図できなかった。だがヴィクトリアは決心が固まらなかった。独り身が淋しいことは確かだが、自分の自主独立はなにものにも代えがたかった。自分の身分に見あった若者にであう機会がない以上、同い年の従弟であるアルバート・オヴ・サクス＝コバーグが結婚相手として適切ではないだろうか。叔父のベルギー国王レオポルドもこの結婚を望んでいた。それに、ヴィクトリアとアルバートは文通する間柄《あいだがら》であった。だが、手紙のやりとりは婚約やら結婚やらの言質《げんち》をあたえたことを意味しないと考えていたヴィクトリアは、アルバートとはなんの約束もしていない、と叔父にくりかえし伝えた。一八三九年七月の段階でも、彼女は「今年中にわたしが決定的な約束をすることはいっさい考えられません」と断言し、アルバートは英語が得意でない、と指摘した。「（彼は）完璧に英語を話せるようになるべきでしょう。まちがいをおかさずに英語を書き、話せるようになるべきでしょう。現状は、それとはほど遠いですね。わたしに言わせると、残念ながら、彼のフランス語もまだまだです」[8]。叔父が推《お》している花婿候補に対して、ヴィクトリアは学校の先生のようにのぞんで厳しく採点した。そこそこで甘んじるつもりはなかったのだ。

外国語でヴィクトリアから辛い点をつけられたこのドイツの従弟は一八三九年一〇月一〇日にウィンザー城を訪問したが、それがどんな結果を生むのかはだれも予想できなかった。もっとも、レオポルドはヴィクトリアに、お気に入りの甥であるアルバートの長所をたえずほめたたえていた。アルバートはヴィクトリアと同様に、ほんとうの意味での家庭生活を知らずに育った。両親は早い時期に離婚し、別の男性と再婚した母は彼が一二歳にならないうちに死亡した。彼は、ひなびたコーブルクの小さな宮廷しか知らずに青少年時代を送ったのではない。父親から叔父レオポルドのもとに送りこまれたので、ブリュッセルで立憲君主制のあり方をじっくりと観察することができた。その後、ボン大学で学位を取得した。休暇はスイスや北イタリアですごした。ひかえめでつつしみ深い若者であり、だれもがほめたたえる容姿の持ち主だった。ヴィクトリアとは正反対に、疲れやすい質《たち》で、むりは禁物であった。ヴィクトリアがにぎやかな宴《うたげ》が好きであるのに対して、アルバートは早寝を励行していた。その一方で、彼もヴィクトリアと同じように、他者を支配したいという意思を隠すことがなく、遠慮なく批判することをためらわなかった。サロンでかわされるとりすました会話にはうんざりさせられ、宮廷の作法には無関心だった。女性に愛想よくふるまうこともなく、儀式や儀典の決まりごとは無意味だと考えて嫌った。間断なく公式の場に姿を見せなければならない女王の夫にふさわしくないことこのうえもない男性ではないか！

だが、一八三九年一〇月に二人が再会したとき、以上のハンディキャップは魔法でも働いたかのように消え失せた。ヴィクトリアはアルバートの虜《とりこ》となり、日記に次のように記した。「彼の目はとても美しく、鼻は気品があって、繊細な口髭とごくごくうっすらとした頬髭に飾られた口元はとても愛らしい。シルエットも優雅で、肩幅は広く、ウエストはほっそりしている」。美人とはほど遠く、低身長のヴィクトリアは、自分の話を聞いてくれる人をつかまえては、自分の従弟の「なみはずれて心を打つ」、「心をときめかす」美貌をほめたたえた。「アルバートは完璧です。すべての点において完璧——その美貌ゆえに——そしてすべての長所ゆえに」と書いたヴィクトリアは、恋のために盲目となったためか、「長所」の一つとしてアルバートのダンスの才能をあげている！

心をキューピッドの弓矢で射貫かれたヴィクトリアが、アルバートに自分の決意を知らせるまでにかけた時間はたった四日間だった。アルバートのほうもヴィクトリアの容姿を気に入ったので話はまとまった。「あなたたちは、自分たちの幸福のために最良の選択をしました」と、ベルギー国王レオポルドも手放しで喜んだ。このときのアルバートはまだ、叔父が約束する幸福の道は山あり谷ありである、とは知らなかった。

「棘《とげ》だらけ」の未来

結婚の準備の段階からさまざまな屈辱を味わうことになった将来の夫はいらだち、女王は心を痛めた。議会はドイツ人プリンスの帰化を認めることに吝《やぶさ》かではなかったが、女王の夫にどのような公的身分をあたえるかで意見が割れた。メルバーンは、帰化を議論するさいに、女王の夫にイギリス王国臣下たちに優先する上席権をあたえるべきかという問題をからめるのが妙手だと判断した。前例がない、という理由で野党は答を出すことを拒否した。問題に答が出なかったので、女王が王令を出し、「すべての機会において、および、すべての行事において、（プリンスは）女王の上席権に次ぐ上席権をもち、占め、享受する」と決定した。ヴィクトリアはこうして君主の権限を行使することで、王国内における夫の儀典上の位を認めさせた。しかし、議会の同意が得られなかったために、国外での上席権問題はかたづかなかった。大ブリテン島の境界を越えての夫妻の旅は、アルバートにとって腹立たしいものとなる可能性が残った。

イギリス政界はアルバートを歓迎しなかった。議会は、肩書きも、軍隊における階級も、貴族院議員の資格もアルバートにあたえない、と発表した。アルバートは五万ポンドの王族費を求めたが、三万ポンドしか認められなかった。イギリスにおけるアルバートは、たまたま女王の夫である外国の公子にすぎなかった。彼の心は深く傷ついた。一五年たっても傷口は癒えなかった。一八五四年にアルバートは次のように記すことになる。「ピールはわたしの王族費を削った、ウェリントン[9]はわたしにふさわしい位をわたしに認めなかった、王族はわたしのことを外国からの闖入者《ちんにゅうしゃ》だと言いつのり、政権にあったホイッグ党はわたしの活躍の場を最小限にとどめた」

ヴィクトリアもすべての点で未来の夫を満足させることに熱心とはいえなかった。アルバートはヴィクトリアに「あなたの一筆で、わたしは貴族院議員となれるし、わたしにイギリスの王族としての名前をあたえることもできるのです」と訴えたが、メルバーンに焚きつけられた女王は婚約者の求めに応じようとしなかった。「イギリス国民は、アルバートが少しでも権力をもつ、もしくは国政に介入するのでは、と考えてかなり神経質になっています」というのが理由だった。貴族院議員の資格をあたえることは、アルバートが政治的役割を演じることを認めることになる。アルバートに恋をしていたが、自分の特権をだれとも共有するつもりがなかったヴィクトリアはこれをこばんだ。女王が頑《がん》として耳をかさないので、アルバートはあきらめ、「わたしは自分の名前を保持し、これまでのわたしのままでとどまります」と祖母に伝えた。

それだけでなく、自尊心を傷つけるちょっとした出来事も多々起きた。個人秘書と側近を任命する権利も認められず、女王とメルバーン卿が人選にあたった。結婚式の後、すくなくとも二週間はハネムーンを楽しみたいというアルバートの希望は、度を超している、と一蹴された。しかも、ヴィクトリアの言い草ときたら！「愛《いと》しいあなた、わたしが君主であることをお忘れなのかしら。国務には休みがなく、どのような場合も待ってはくれません。（…）わたしがロンドンを留守にすることは、絶対に不可能です」。こうして権力の現実をつきつけられたアルバートは、三日間のハネムーンでがまんすることにした。

だが、こうした摩擦も結婚の喜びを曇らせることはなかった。結婚式はセイント・ジェームズ宮の王室礼拝堂で一八四〇年二月九日にあげられ、宴席が設けられたのはバッキンガム宮殿であった。これは、国民に公開されたはじめてのロイヤルウェディングであった。これまでの王族の結婚式はすべて非公開であった。新郎新婦はただちにウィンザー城におもむいた。背はそれほど高くないがハンサムなアルバートの隣で、子どものように背が低いヴィクトリアは喜びに満ちあふれていた。そして自分がいかに幸せであるかを隠そうともしなかった。女王から受けとった短い手紙をメルバーンが広げると、「甘美そのもので、わたしの頭を混沌とさせた夜」との文言が目に飛びこんだ。ヴィクトリアは親族に、「結婚がどれほど甘美なものか」想像でもできなかった、と打ち明け、「地上において、これほどの幸福を味わうことが可能だとは考えてもいませんでした」と綴った。この幸福の源泉が何であったかは、ヴィクトリアの日記を読めばわかる。「わたしたちは昨夜、一睡もしませんでした」

「わたしたちにとって、活動的な男性など無用の長物である」[10]

女王の夫は、無為な生活を送ることを余儀なくされるのであろうか？　アルバートは、ロンドンに戻るやいなや、これをおそれた。ヴィクトリアは女王の仕事にふたたび没頭し——しかも楽しそうに——、なにもやることのない夫を放置した。妻が毎日、首相と長時間話しあっているあいだ、アルバートは政府が君主に提出する文書にアクセスできないことにフラストレーションをおぼえ、しびれをきらしていた（君主宛ての政府文書をおさめていた有名なレッドボックスの鍵を渡してもらうには、一二月まで辛抱することになる）。ヴィクトリアは宮廷内の事案についても夫になにも知らせず——教育係であったレーツェン女男爵は、ひき続きヴィクトリアに対する大きな影響力を保ち、王室の事案は彼女がとりしきっていた——、夫に相談するにしても、まずはメルバーンとレーツェンの意見を聴いた。アルバートは政務から遠ざけられたのみならず、宮廷の運営管理も彼の手からすりぬけたことになる。「わたしは家庭人としてとても幸せで満ち足りている。（…）しかし、わたしは夫にすぎず、家長ではない」とアルバートは嘆いた。政治活動はもとより「こまごましたこと」（アルバート本人の表現）にいたるまで、アルバートは妻から信頼されていないことが悔しく、苦痛を感じた。

ヴィクトリアは夫を熱愛しているものの、アルバートと権力を共有することをかたくなに拒否していた。アルバートは国務にかんする文書を一通も閲覧できず、ヴィクトリアは夫ぬきで大臣たちを引見し、夫と政治問題を話しあうこともこばんだ。しかしながら、見識のある人々は、アルバートを本人の意思に反して無為の状態に放置するのはまずい、と考えた。自分の甥のすぐれた資質を知っていたベルギー国王レオポルドは、これを女王のために役立てるべきだ、と説いた。「彼［アルバート］は、彼女［ヴィクトリア］の生き字引となり、彼女が知らないことすべてについて助言すべきである。（…）なにごとについても、彼になに一つ隠すべきではない」。こうした意見に、当時の男性優位の先入観が反映されていた可能性はおおいにある。しかしなによりも強かったのは、アルバートの能力を活用しないのはもったいない、という思いであった。さして時間がたたないうちに首相メルバーンもこれに気づいた。ひかえめで忍耐強いアルバート公は妻によい影響をおよぼしうる、と理解した首相は、アルバートが把握したがっているレッドボックスの中身を当人に見せるように女王をうながした。それだけでない、首相自身も政務、とくに外交問題についてアルバート公の意見を聴こうと努めた。

メルバーンの賢明な助言にもかかわらず、ヴィクトリアは折れようとしなかった。政治問題に少しでも夫が関心を示すと女王はいらだった。この方面で、自分の能力のほうがおとっているかもしれないと、おそれたのであろうか？　それとも、「まことに愛しいわたしの天使」であるアルバートとすごす貴重な時間が、お堅い政務の時間に蚕食《さんしょく》されるのを嫌がったのだろうか？　自分がこうして女王としての権威をふりかざすことから起こる夫婦げんかをおさめるため、ヴィクトリアが思いついた妥協は奇妙なものだった。「わたしが署名するとき、アルバートにはインク吸い取りパッド係として助けてもらいます」

ヴィクトリアは自分がイギリス女王、そして英国教会の長であることを決して忘れなかったが、女であることには変わりがなく、後継者を産む義務をまぬがれなかった。はじめて妊娠したとわかったときは大喜びしたが、妊娠中は夫のサポートが必要になるとは予測していなかった。また、お産による死という最悪の事態も可能性として無視できなかった。まだ皆が覚えている前例があった。一八一七年、ジョージ四世の娘で、父親の後継者とみなされていたシャーロット王女が男児を死産したのちに亡くなった。ヴィクトリアが後継者として浮上したのも、シャーロット王女がこうして死去したためだった。ヴィクトリアに同じことが起きないと断言できない以上、アルバートの公的身分を見なおす必要が生じた。王室の求めに応じ、貴族院と庶民院は必要な場合にはアルバートを摂政に任命することを全会一致で決定した。アルバートは兄に次のように書き送った。「これがいかに重要であるか、このことが、この国におけるわたしの立場にまったく新しい意味をもたらすという事実を、お兄さまもおわかりになるでしょう」。実際のところ、この昇格は、女王が悲劇にみまわれた場合に発動されるセーフガードであり、とりあえずはアルバートの身分にはなんの変化もなかった。

その一方で、ヴィクトリアは夫の自尊心を満足させる手立てを講じ、これだけ譲歩すればアルバートも大喜びだろうと思った。すなわち、議会で儀式が行なわれるときには王座の横にアルバート公のための肘かけ椅子を用意させることにし、君主執務室の自分の机の近くに夫用の机を置いたのだ。さらに、夫にいくつかの公務を託すことにも同意した。反奴隷制度協会の会長となったアルバートは一八四〇年六月、まだ完全にマスターしていなかった英語ではじめて公式の演説を行なうことになった。アルバートが音楽好きであることは知られていたので、王室主催のコンサート〔Concerts of Ancient Music〕の運営が託された。以上の名誉職や、夫婦の執務机をならべるといったほほえましい光景は、アルバートが妊娠した妻を補佐するという構図からほど遠かった。だが、ヴィクトリアは夫に、レッドボックスの中身を仕分けして重要な文書を読み上げてほしい、と頼むようになった。アルバートはこうして、妻が見守るなかで国家文書にアクセスできるようになった。「わたしはこの数か月、ヴィクトリアに大いに満足している。彼女がすねたのはたった二回だ。（…）全体として、彼女がわたしによせる信頼は日ごとに大きくなっている」というのがアルバートの感想であった。

公務に情熱を燃やすアルバート公はこうして勝ちとった信頼をバックに大胆になり、一八四〇年に英仏が対立する外交問題が起きると、メルバーン卿宛てに毎日のように覚え書きを書き送るようになった。同公の提案を一〇〇％受け入れたわけではないが、メルバーンは「アルバート公の指摘」をふまえたメッセージを女王に伝えた。アルバートはまだ権力に参加することを認められていなかったが、一歩近づいた。一八四〇年一一月二一日に二人のはじめての子ども――母親と同じくヴィクトリアと名づけられ、やがてヴィッキーの愛称でよばれるようになる――が生まれると、アルバートの立場はさらに改善された。産褥期を私室ですごすことを余儀なくされた女王は、自分の代理として枢密院会議に出席する任務をアルバートに託し、外交関係の書類をアルバートに届けさせた。アルバート公は大喜びし、「わたしは多忙をきわめています。ヴィクトリアの政治案件も担当しているので」と兄に知らせた。

政府文書の内容を把握したアルバートが、妻に助言をあたえるようになったのは自然な流れだった。妻が女王として機嫌をそこねる危険はあったが。そのヴィクトリアは、床上げしたかと思ったらふたたび妊娠し、身体面でも心理面でも打撃を受けた。夫の支えは女王にとって不可欠となったが、夫の存在感が高まることにはいらだちをおぼえた。一八四一年の夏のさなか、庶民院議員の選挙でトーリー（保守党）が勝利し、メルバーンがロバート・ピールに首相の座をゆずることになった。政権交代によって「女王寝室女官事件」が再来する危険が高まった。慣習に反して、ヴィクトリアはまたも宮廷人の入れ替えに反対し、立憲君主制の危機をまねくのであろうか？　辞任したメルバーンに頼まれたアルバートは、ことを丸くおさめるように妻の説得に努めた。ホイッグ党を積極的に支持した宮廷人のみが異動の対象になるのだ、と説明して。ヴィクトリアは、「わたしに妥協を強いた」と言って夫とメルバーンを非難しながらも、最終的に譲歩した。

妻の君主としての特権を全面的に尊重しながらも、アルバートは第二の祖国となったイギリスの政治的伝統をゆるがすことを認めようとしなかった。イギリスの立憲君主制は、王室が政治の闘技場に降りてきて政争に参加することや、どの政党をひいきしているかを標榜することを禁じていた。王権は政党間の争いから距離を置き、一段と高いところから見守るべきである、これは立憲君主制の正当性保持に欠かせない、とアルバートは確信していた。王室はホイッグでもトーリーでもない。選挙で多数を得た政党と協力し、党派的な動きに出ることを自制すべきだ。アルバートはこの見解をある覚え書きのなかで明らかにしている。「一つの政党に属すことが必要だとは思われない。（…）不偏不党の姿勢で、それぞれの政党のすぐれた点を学びとることで、より賢明で、より正しい考えを育むことができる」。しかしヴィクトリアにはまだ、このような論理を聞き入れる用意がなかった。意固地となった女王は一八四一年八月、保守党（トーリー）が多数派となってはじめての会期の開会式を主宰することを拒否した。彼女は軽率にも、慣例を無視して前首相のメルバーンとの書簡のやりとりを継続し、実質的に彼を顧問としてひき続き重用した。法律に従えば、この役目を担う資格があるのは、多数派の新リーダーであるロバート・ピール卿のみだった。これがどれほど大きなスキャンダルとなって妻の立場を悪くするかを理解したアルバートは、メルバーンに書簡のやりとりを中止するようせまった。メルバーンはこれを受け入れ、ヴィクトリアに「アルバート公に指南役となってもらうのがよいでしょう」と勧めた。

いまや、だれもがアルバート公に一目置くようになった。彼の生真面目でひかえめな人柄は好感をあたえた。一八四〇年六月に女王夫妻が命を狙われるはじめての事件が起きたときに彼が見せた冷静な対応は、アルバートの大衆的人気をそれなりに高めた。[11] メルバーンは女王に「（自分はアルバート公）の判断力と性格を高く評価する」ようになったと正直に告げ、「（アルバート公の判断力と性格を）活用されるのが（陛下にとって）なによりでございます」と勧めた。新首相のロバート・ピールも、称賛をおしまなかった。ピールは組閣に際してアルバートの意見を聴き、女王が妊娠後期に入ると、庶民院の論戦と政府内の論議にかんする報告書を毎晩、アルバート公に届けた。私室にこもらざるをえなくなったヴィクトリアは、夫がこうした役割を果たすようになったことに満足していたようで、「わたしの愛しい天使は、とても頼りがいがあり、政治の世界で起きていることすべてに強い関心をよせています」と述べている。女王陛下はこうして夫の政務への関心をほめたたえながらも、どことなくアルバートを格下扱いにしていた。夫が政務に関与しはじめたという事実を素直に認める心境ではなかったのだ。

ヴィクトリアはこうして権限の一部をしぶしぶ夫にあたえたが、夫婦は私生活において平等であった。それゆえに二人はしばしばぶつかった。一八四一年一一月に男児――将来のエドワード七世――誕生にイギリスは歓喜でわいた。歴史研究者モニカ・シャーロットが指摘するように、イギリスの歴史上、女王が王太子となる男児を生んだのはこれがはじめてであった。[12] こうして家族の規模が大きくなったので、王室の管理を引きしめなければと思ったアルバートは、これを担当していたレーツェン女男爵の不手際は目もあてられない、と厳しく批判し、彼女の解任を要求した。これが、結婚を危機におとしいれかねない夫婦の対立をひき起こした。ヴィクトリアは、産褥期から脱したばかりでまだ体力も気力も回復していなかったうえ、長女ヴィッキーの健康が悪化をたどるばかりなので心を痛めていた。女王はヴィッキー王女の病気の原因は食事だと考えていたが、アルバートはレーツェンが乳母や侍医をきちんと管理指導していないせいだとみなしていた。一八四二年一月、王女は衰弱してやせ細り、最悪の状態となった。治療法についても意見が一致せず、両親は王女の枕辺で言い争った。女王は夫に怒りをぶつけ、かつてないほどきつい言葉づかいで責めた。アルバートは自制心を発揮していったん怒りを抑えた。だが、二度目の口論――ヴィクトリアが泣いてしまうほど激しいものだった――の後、アルバートは自分が考える問題点を列挙した書面を作成し、遠慮会釈なく妻の非を責めた。「クラーク医師があの子にほどこした治療は不適切でした。(…)そして、あなたのせいで、あの子は栄養不良となりました。わたしはもう面倒を見きれません。あの子をあなたのところにつれていって、好きなようになさい。もしあの子が死んだなら、あなたは自責の念に駆られることでしょう」。そしてレーツェンを「陰謀好き、たわけ者、下品で愚か、権力欲にとりつかれている」と評し、そんなレーツェンに無分別にも依存している、と妻を非難し、ヴィクトリアは子どものころからレーツェンに支配されている、「受けた教育の欠陥」がいまでも影を落としている、とまで言いきった。

アルバートは宮廷を去る覚悟も見せた。これにおびえたヴィクトリアは謝罪した。自分の言葉づかいにはいきすぎがあった、と認めた。「わたしがかっとなったとき、彼（アルバート）はわたしの口から出るばかげた言葉を真《ま》に受けてはならないのです。たとえば、結婚したことを後悔しているとわたしが言うときや、気分が悪いときに頭に浮かんだその他の言葉をわたしがとっさに口にするときは」と女王は自己分析している。怒りっぽい気性のせいで、自分は不愉快きわまりない人間になり、人を傷つけることがある、と認めたうえで、ヴィクトリアは「自分を抑えるようにします」と努力を約束した。けんかの引き金となった問題について、ヴィクトリアは譲歩した。子どもたちの養育体制を見なおし、レーツェン女男爵には暇を出すことが決まった。アルバート公の勝ちだった。

王冠なき国王

アルバートはヴィクトリアの個人秘書および私的事案の管理者となった。一八四二年末より、彼は王室改革にのりだした。べらぼうな額の金が吸いこまれる底なし沼のような状況だっただけに、アルバートは王室の無秩序と職員の腐敗を厳しく糾弾した。より健全な管理が不可欠だった。王室が所有するいくつもの城や宮殿を快適で衛生的な状態に改善することは大仕事であり、王家の安全を確保することは優先課題だった。城や宮殿の外および中で王家のメンバーが襲撃されることがたびたび起こっていたので、アルバートがとった措置には正当性があった。女王の命を狙った事件は一つとして、政治的な理由によるものではなかった。すべてが精神のバランスがくずれた者による犯行だっただけに、予防はむずかしかった。撲滅にはいたらなかったものの、アルバートによる王室の体制改革で犯行の間隔は空くようになった。アルバートはまた、たった数年で王室のさまざまな組織を自分の監督下に置くことに成功した。アルバートは女王個人秘書の職務にくわえ、王室監督官の役割も担うようになった。

だがアルバートはさらなる活躍の場を望んでいた。妻は君主という最高の地位にあったが、アルバートは自分も同等の地位に上りつめたい、さらには——当時の偏見が当然視していたこともあり——妻を支配したい、と思っていた。そのためには、国務へのかかわりを強める必要がある。ヴィクトリアの最初の懐妊は、そのチャンスをもたらした。続く八回の妊娠により、アルバートは女王の政治顧問としての地位を固め、ほぼ常任大臣のような存在となった。アルバートはいまや、女王が大臣たちを引見するさいに同席するようになった。彼はメモをとり、会話にくわわった。偏執的なほど書くことが好きだったので、数かぎりない報告書を作成し、分厚いメモランダムをまとめ、ヴィクトリアのために手紙を下書きした（女王は多くの場合、よりこなれた英語に直すだけで、内容に変更をくわえなかった）。だれよりも情報通でありたかったので、すべての新聞雑誌に目をとおし、内容を妻に伝え、妻のために記事の切りぬきを用意した。アルバートはこうして妻の仕事の負担を減らすだけでなく、大臣たちと議論するための資料を自分のために作成した。女王はやがて、自分の決定を側近たちに告げるのに、当初使っていた「わたしは」を放棄して、「わたしたちは」と言うようになった。王権は夫婦二人で行使するものとなった[13]。

ヴィクトリアはいまや、自分が疲れているときに夫が一人で大臣たちや首相を引見して「わたしたちの問題について議論する」ことになんの疑問もいだかなくなっていいし、王室のレセプションで夫が自分の代役をつとめることも当然だと思うようになった。「プリンス［アルバート］への奏上は、わたしへの奏上と同等だとみなされるべきです」と女王は釘を刺した。枢密院の書記をつとめ、当時の記録を後世に伝えたある人物は、アルバートは実質的に国王であった、と述懐しているが、これを否定する者はいないだろう。

ヴィクトリアは、女王の仕事をこなすうえで、だれよりも信頼に値する夫のサポートを受けることに満足するようになっただけでなく、夫の才能が認められることに喜びを感じた。外国への公式訪問は、そうした機会の宝庫であった。夫妻は一八四三年、年季が入ったイギリス贔屓《びいき》であるフランス国王ルイ＝フィリップに招待されて訪仏した。一五二〇年にヘンリー八世がカレー近郊でフランソワ一世と会見した「金襴の陣」［両国の王が会見会場となった平原に豪華な布のテントを張ったことからこのようによばれる］以降、イギリスの君主は一人もフランスを訪れていなかった。くわえて、ヴィクトリアにとっては王国の外に出るのはこれがはじめてであった。この訪仏は大成功であり、アルバートはフランス国王夫妻からヴィクトリアと同等の扱いを受けた。翌年、今度はルイ＝フィリップがイギリス王室の賓客となった。百年戦争のさなか、一三五六年にポワティエの戦いで敗れて捕虜となり、ロンドン塔に閉じこめられたかわいそうな善良王ジャン以降、現役のフランス君主がドーヴァー海峡を渡ったのはこれがはじめてだった。ルイ＝フィリップは「アルバート公はわたしにとって国王です」と述べてヴィクトリアをたいへんに喜ばせた。

きらびやかな席であろうと、地味な場面であろうと、ヴィクトリアは夫がほめたたえられると毎回のように喜んだ。アルバートがケンブリッジ大学から民法博士号を授与されたときのセレモニーで

「夫が大いなる知識と才気を示して新たなテーマについて語るのを聞いているあいだ、女王は見るからにうっとりとしていた」。狩人としては凡庸だといわれていた夫が狐狩りで才能を発揮したとき、ヴィクトリアは自分の文通相手全員にこれを自慢した。一八四四年にイギリスを公式訪問したロシア皇帝ニコライ一世がアルバートを「ほめちぎると」、女王は皇帝に好意のこもったまなざしを向けた。夫婦げんかがあっても、ヴィクトリアの夫への愛が薄れることはなかった。一八四四年一月、父親の葬儀のためにアルバートがコーブルクに発つことになったとき、またも妊娠していたために同行できないヴィクトリアは「わたしは一晩もあの人と離れていたことはなかったので、このように離ればなれになると考えるだけでとても辛いのです」と絶望の思いを吐露した。

そんなヴィクトリアだったので、一八四五年秋に夫妻がドイツを訪問したときに夫が受けた侮辱にはことさらに胸を痛めた。あるオーストリア大公――ハプスブルク家の皇帝の叔父の三男にすぎなかった――が、アルバートよりも上位の席次をプロイセン国王に要求した。ヴィクトリアの外交上の地位を考えると論外な要求だったが、プロイセン国王はオーストリア皇帝への配慮からこれを認めた。ヴィクトリアは二度とベルリンに行かない、と心に決めた。この年の初め、彼女は夫にイギリスの公式の肩書きをあたえようと試みていた。女王は慎重に計画を進めていたが、新聞がかぎつけて暴露すると、大衆はアルバートに寛容な反応を示さず、ある庶民院議員がこの話を議会でとりあげた。この騒ぎでヴィクトリアの計画はお流れとなった。アルバート公は大臣や高級官僚たちからほぼ君主だとみなされていたが、その地位に見あった肩書きは一つももっていなかった。彼はほぼ「副王」と同等の敬意をはらわれ、ヴィクトリアと一心同体であるといわれていたが、外交儀典上の地位にかんする論争がもちあがるごとに屈辱を受ける可能性があった。女王夫妻は、一八四三年七月にある女性王族の結婚式に列席するためにロンドンにやってきたハノーファー国王エルンスト・アウグストがアルバートよりも高い席次を確保するために見せた卑小で挑発的なふるまいを忘れることができなかった。ヴィクトリアの叔父であったエルンストは教会で、アルバートよりも自分が上位にあることを強引に示そうとして、結婚記録簿にヴィクトリアが署名すると、アルバートを押しのけて自分が次に署名しようとした。七〇歳を越えていた叔父よりもすばやい動きができるヴィクトリアが体を張って阻止し、あきらめさせたのだが。

アルバートがそうした儀式に臨席するよりも執務に励むほうを好むようになったことは、彼の日々の働きぶりを間近に見ている者たちにとって驚きでもなんでもなかった。たえず情報入手に努め、見たところ疲れも見せずに複雑な案件に取り組み、妻が決定に迷えばいつでも手助けする用意があった。ようするに、仕事の鬼という印象をあたえていた。ヴィクトリアはひんぱんに妊娠していたので、一時的とはいえ、たびたび女王の仕事を中断していた。アルバートは間断なく自分の役目を果たしていた。アルバートという伴侶を得たことで、ヴィクトリアは以前にもまして公務に熱心に取り組むようになった。

アルバートのお陰で――彼女自身が年齢を重ねたためでもあるが――、ヴィクトリアはイギリスの不文憲法が君主に認めている権威の範囲がいかなるものかについて認識を深めることができた。政府の決定に賛成して後押しすることも、特定の計画の採用を思いとどまるよう働きかけることも自分には許されていると知った女王は、自分の意見を聴くことを大臣たちに求めた。女王が事前に中身を把握していない外交文書を外国政府に送ってはならないし、女王の同意ぬきで要職にだれかを任命することは許されない。ヴィクトリアは、政府に対して自分がどれほどの裁量権をもっているかを、アルバートが事前に準備してくれる資料をとおして推しはかることができた。彼女はあるとき、感謝の気持ちで胸がいっぱいとなり、「わたしを君主として育ててくれたのはあなたです」とアルバートに述べた。以前はホイッグ党贔屓《びいき》だったヴィクトリアは夫のお陰で、政党間の争いを超越した君主となった。それだけでなく、アルバートがその力量に心底感嘆していたロバート・ピール卿との距離を縮めるまでになった。

周知のとおり、ヴィクトリアはかつてメルバーン卿を寵愛し、一八四一年に同卿が首相の座を降りたあとも、アルバートの必死の説得がなければ、自身の非公式顧問として身近にとどめておくところであった。ところが、メルバーンに信頼をよせつづけた妻を叱り、不偏不党を説いていたアルバートが、なんとピール卿と政治的に共鳴するようになった。一八四五年、自由貿易にかんする議会での論議でロバート・ピールはむずかしい立場に追いこまれた［ジャガイモ疫病によってアイルランドに大飢饉が発生したので、外国から穀物を安価で輸入できるようにピールは保護主義的な穀物法の撤廃を提案した。このために自党の保守的な議員たちから猛反発を受けた］。ヴィクトリアはピール卿から申し出があった辞任を受け入れなかったものの、ホイッグ党のジョン・ラッセル卿に組閣を命じた。[14] だが、ピール卿の手腕を生かせなくなることをアルバートは残念に思った。そこで、これまで信念としていた王室の政治的中立の原則に反して、ピールにラッセルの動きをこっそりと伝えた。自党（ホイッグ党）の有力政治家の協力を得られなかったためにラッセルは組閣をあきらめた。その結果、ピール卿は首相の座にとどまり、アルバート公は大いに満足して「この内閣危機をのりこえることができて、われわれは心の底から喜んでいる」と記した。この喜ばしい危機打開の影で、アルバートは不偏不党の原則を逸脱していたのだが。

一八四六年二月に議会の会期がはじまった。一部の世論が約一〇年前から求めていた、保護貿易主義の穀物法の撤廃が焦点であった[15]。ピールはトーリー（保守党）であったものの、反穀物法派の主張に賛同していた。しかし、トーリーの一部がピールに反旗をひるがえした。中心となったのは、保護貿易主義者の旗頭である才気煥発《さいきかんぱつ》な若手議員、ベンジャミン・ディズレーリだった。彼らは、穀物法廃止は不当であり、地主貴族階級を破滅に追いこむものだ、と批判した。議会における穀物法廃止法案への賛成と反対の勢力は五分五分であった。アルバートは、庶民院の傍聴席に陣どって堂々と姿を見せることで、ピール卿支持の旗幟《きし》を鮮明にした。これはアルバート公にとってはじめての政治的あやまちであった。議員たちは憤慨し、アルバートの傍聴は、法案に女王が個人的に賛同しているとほのめかすものである、と糾弾した。そうした紛糾にもかかわらず穀物法は撤廃され、イギリスの驚くべき繁栄の礎《いしずえ》が築かれた[16]。それまで一貫して奉じていた王室中立の原則にそむいてしまったアルバート公はそれ以降、二度と庶民院に足をふみいれることがない。

アルバートはまたしても、王冠なき君主の役割を担っていた。五人目の子どもを妊娠したヴィクトリア――議会での論戦が大詰めを迎えていた一八四六年五月二五日に女児、ヘレナが誕生する――が、自身の権限を夫に委託したのだ。アルバートは、ロバート・ピールとかわした会話の内容を伝える手紙や覚え書きのなかで、女王と自分をさす「わたしたち」という言いまわしではなく、「わたし」

を好んで使うようになった。夫にこうして支えられ、ヴィクトリアは満足だった。「わたしはあの人なしでは生きてゆけない、と感じます。あの人の支え、保護、励ましがなければ、わたしのきわめてむずかしい立場にともなう心配事、面倒事、嫌悪感にわたしは押しつぶされてしまうでしょう」

一八四八年一一月に、メンターであり父親がわりでもあったメルバーン卿が亡くなったことが、ヴィクトリアの夫への依存に拍車をかけたのは確かだろう。その二年後の七月、今度はロバート・ピール卿が死去する。これはアルバートにとって大きな衝撃であり、ヴィクトリアによると、第二の父親を亡くしたかのようだった。友人でもあった貴重な助言者二人を失っただけに、夫妻は絆をいっそう固めねばならなかった。幸せで穏やかな家庭生活がこれを可能とした。

「天国の予兆」

ヴィクトリアは、アルバートとの結婚は「天国はこのようなところでは、と思わせる」と述べていたが、これは彼女の率直な気持ちの表明であった。琴瑟相和《きんしつあいわ》すこの結婚生活に唯一影を落としているのは、間隔を空けることなく続いた九回の妊娠であった。妊娠は、女王に「女性であることはうらやましいとはいえない」と言わしめる、「辛い試練」、「個人的な敵」であった。妊娠のごとに自分の自由がさまたげられる、と感じた。二五歳にしてすでに四児の母であった。三〇歳で、子どもの数は七人となった。最初の二回の出産（長女ヴィッキーと、バーティを愛称とする将来のエドワード七世）ののち、若い母親は鬱状態におちいった。その後の七回の出産（アリス、アルフレッド、ヘレナ、ルイーズ、アーサー、レオポルド、ベアトリス）は、経緯がより順調であった。それでも、一八五三年のレオポルド（生後まもなく、血友病であることが判明する息子）出産後は、夫はじゅうぶんな思いやりを自分に示してくれない、と不満をもらしている。また、お産の床で死ぬのではという恐怖は、何度出産を経験しても払拭できなかった。

女王は、夫を愛し、キリスト教徒としての義務の遵守に努める妻であったが、妊娠出産をわずらわしいものと感じ、これが女性にとってどれほど負担であるかを、長女が結婚するときに包み隠さず伝えている。とはいえ、ヴィクトリアとアルバートは死産や子どもの夭折といった悲しみを一回も味わうことがない。そして、子どもたちは全員、結婚する。二人は要求度は高いが愛情深い両親であり、子どもたちと遊ぶのが好きで、夫婦いっしょになって子どもたちの教育に心をくだいた。もっとも、子どもたちの将来を決める主導権をにぎっているのはアルバートであったようだ。一八五八年、アルバートは多忙なスケジュールを調整してかなりの時間をひねり出し、プロイセンの王子フリードリヒとの結婚をひかえた長女ヴィッキーにお妃教育をほどこし、同時に、プロイセンの現状にかんするおびただしいメモランダムを作成して将来の娘婿に渡した[17]［プロイセンはドイツ統一を果たして一八七一年にドイツ帝国となり、ヴィッキーの夫は一八八八年にフリードリヒ三世として皇位につくが三か月後に死去する］。勉強嫌いの長男バーティ（アルバート・エドワード）の教育にかんして、夫妻の意見は割れた。王太子にはほかの子どもたちに対するより厳格だったアルバートがバーティのために考えた教育プログラムを、ヴィクトリアは窮屈すぎると思った。不肖《ふしょう》の息子バーティは、アルバートにとって死ぬまで頭痛の種となる。次男のアルフレッド（愛称アッフィ）の将来にかんしても両親の意見は一致しなかった。アルバートは、海軍に入隊したいという次男の意思を尊重したが、ヴィクトリアは息子たちのなかでいちばんのお気に入りだったこの子が遠洋航海に出ることを嫌がった。

ヴィクトリアにとって、夫がかたわらにいることはなにものにも代えがたかった。子どもたちでさえも夫のかわりとはならなかった。彼女の日記には次のような一節がある。「わたしたちはヴィッキーと夕食をとった。ヴィッキーはたいてい一〇時に退出するので、その後は、愛しいアルバートと二人きりという貴重な幸福の時間をすごすことができる」。アルバートの不在は、いかに短時間であっても、女王にとって苦痛であった。「愛しい旦那さまがいないと、わたしは孤独だと感じる。(…)あの人がいないと、すべてがつまらなくなる。たった二日であっても、あの人と離れることはわたしにとってこれからも耐えがたい苦しみとなるだろう」。年月がたつにつれ、夫妻は以前ほど一心同体ではなくなった。同じ部屋で二人が机をならべていた時代は終わり、執務室は別となった。しかし夫妻は、可能なかぎり公務をやりくりして二人だけの時間を作った。アルバートは毎朝八時に「エス・イスト・ツァイト、シュテー・アウフ!」(さあ、起きる時間だよ!)の掛け声で妻を起こした。家庭内ではドイツ語が話されていたのだ。二人は昼食をともにした。午後はどちらにとっても公務が目白押しだったので、夜になって二人がふたたび顔をあわせ、いっしょにデッサンしたり、絵を描いたり、ピアノを連弾したりする嬉しさはひとしおだった。家庭生活はヴィクトリアを喜びで満たしたので、「(わたしの国の安全がおびやかされていないかぎりですが)わたしのなかの優先順位で政治は二番目」、と口にすることもままあった。先々代と先代の君主の放縦な私生活が波紋を広げたイギリスに、アルバートとヴィクトリアは、ヴィクトリア風とよばれるようになる美徳を重んじる堅実なブルジョワ風王室のイメージを作り出した。ヴィクトリア自身も、「わたしよりも愛された君主はこれまで一人もいなかった（わたしはこれをあえて口にします）といわれています。その理由はわたしたちの家庭にあり、わたしたちの家庭が模範を示しているからです」述べている。

　実際のところ、有名なヴィクトリア風美徳の推進者はヴィクトリアというよりもアルバートであった。一八六一年に夫を亡くして「ウィンザーの寡婦」とよばれるようになってからの女王は、厳格な「ヨーロッパの祖母」［娘たちがドイツを中心としたさまざまな王家に嫁ぎ、多くの孫や曾孫が生まれたのでこのようによばれる］、抑圧的な道徳の擁護者となるが、若かったころのヴィクトリアは熱烈にアルバートを愛し、宴や娯楽も大好きだったことを忘れてはならない。ただし、彼女が、しなをつくって男性の気を引くようなタイプでなかったことは確かだ。若いころも、鼻にかけるような美貌の持ち主でなかったうえ、服装にもあまり興味を示さなかった。そもそも、彼女に似あわない衣装が多すぎた。ヴィクトリアの寝室付き女官であったカニング伯爵夫人は「パリから取りよせた何枚かのドレスは、ほかのドレスよりもさらに（女王に）似あわない」と嘆いた。ボンネット帽はヴィクトリアを年寄り臭く見せるし、ペチコートが「モスリンドレスの裾からのぞいていた」。ただし、隆《りゅう》としているがかたくるしく見える夫と比べるとヴィクトリアのほうが自然体であった、ともいえよう。

　女王夫妻はどちらも義務を果すことをおろそかにしなかったが、アルバートのほうがより仕事熱心で、もともと壮健ではなかった身体を酷使するほど執務に打ちこみ、案件の精査がいい加減だ、と不当に妻を非難することさえあった。二人は旺盛な知識欲を共有していた。アルバートが情熱を燃やす科学やテクノロジーに女王がやや疎《うと》かったのは本当だが、芸術や歴史の知識ではヴィクトリアのほうがまさっていた。アルバートは生涯、ドイツ語訛りがとれず、英語の誤用も完全には払拭されなかったが、女王はドイツ語（母親の母語であった）、英語、フランス語、イタリア語を流暢に話した。二人はアマチュア画家で、どちらも水彩画を描いた。音楽も共通の趣味であり、どちらもピアノをたしなんだが、アルバートはオルガンも弾いた。

流布されているイメージとは違ってヴィクトリアは形式にとらわれておらず、比較するとアルバート公のほうがエチケットを重視し、宮廷の作法をゆるがせにしなかった。ヴィクトリアは、本人がよぶところの「親密」で「ぬくぬくした」雰囲気を好み、可能となればいの一番に荘重で大仰《おおぎょう》な格式を回避した。彼女は伝統には限界があることを見ぬいていた。ゆえに、日曜を安息日とする伝統の厳守にくりかえし異を唱えた。退屈な「英国の日曜日」には社会全体が停止する、と不満を述べ、日曜にワイト島の王室離宮でしばしば小規模な野外舞踏会を開催した。ヴィクトリアは敬虔なキリスト教徒だったが、信心にこり固まった人とはうまが合わず、厳格な国教会信徒であった首相グラッドストンの妥協のなさは女王にとって耐えられないものだった[18]。

ようするに、女王は見た目にも夫ほどは生真面目ではなかったし、歴史にきざまれたイメージと比べてはるかに鷹揚《おうよう》であった。性倫理にかんして過剰にお堅かった、と一般に思われているが、醜聞の火種などいっさいないほど夫を一途に愛していた、と言うべきだ。母親である以上に妻であり、夫から抱きしめられるのが好きで、人前だからはしたないと遠慮することもなかった。ヴィクトリアは生涯をとおして、美しい男性に心を惹かれた。結婚の少し前、のちにアレクサンドル二世となるロシア大公と踊って陶然となり、宮廷中が眉をひそめたことがあった。若き日の女王は、五八歳という年齢にもかかわらずエレガントで魅力たっぷりのメルバーン卿から強い印象を受けたし、一八四四年六月に訪英したロシア皇帝ニコライ一世の「無骨な美しさとメランコリックな瞳」に魅了されたことを隠そうともしなかった。ヴィクトリアは日記や手紙のなかで、ことあるごとに男性訪問客の外見をあれこれ月旦《げったん》した。自分のコレクションを増やすため、もしくは夫に贈るために彫刻や絵画を芸術家に注文するとき、裸体を忌避することなどいっさいなかった。

アルバート公が倹約家であったことは有名だ。この「ヴィクトリア風」美徳ゆえに、当然のなりゆきとして、同公は王室の私有財産の管理をまかされた「アルバートは王室費のむだを徹底的に排除し、資産運用にも手腕を発揮した」。当時「惨憺《さんたん》たる状態」であったウィンザー城やバッキンガム宮殿の不便さや、ブライトンのロイヤル・パビリオンの奇妙奇天烈《きみょうきてれつ》な異国趣味に不満をもった女王夫妻は、休息や安らぎをあたえてくれる別邸を取得することを決心した。そこでワイト島のオズボーン・ハウスを買い求め、一八四五年から工事をはじめてイタリア風の離宮に改装した。ヴィクトリアとアルバートはここをイギリスのリヴィエラにすることを夢見ていた。オズボーン・ハウスは王家の私邸であった。女王にとってここは「わたしたちの家」であり、建物の改装や増築、内部の装飾や家具の選択のいっさいを夫にまかせた。ヴィクトリアはここではじめての海水浴を体験する。傾斜した埠頭を下ってそのまま海に入る「屋根つきの海水浴馬車」に乗っての水浴びであり、女王が海水浴流行の先鞭《せんべん》をつけた。ヴィクトリアもアルバートもこの島で水入らずのひとときを楽しみ、女王は天にも昇る心地となった。「愛しいアルバートがたびたびそばにいてくれるとき、あの人によりそってどこにでもゆけるとき、わたしはいちばん幸せです」

三年後の一八四八年、欧州大陸をゆさぶる騒擾《そうじょう》の悪夢［この年、欧州各地で暴動や反乱が起こって旧体制の屋台骨がゆらいだ］をはらいのけようと思ったのか、アルバートはスコットランドに城を購入した。バルモラル城である。改修工事が必要であった。アルバート公は改修のプランを練り、工事を監督した。増築の礎石が置かれたのは一八五三年であり、二年後に王家は広くなった城にはじめて滞在した。塔や銃眼のある城壁が林立するバルモラルは広大な城である。ヴィクトリアにとって、ここですごす夏のひとときは、群衆の目をのがれての自由、骨休め、野外活動の同義語であった。日々の暮らしは格式ばった決まりとは無縁で、子どもたちは自分たち専用のポニーに乗り、アルバート公はアカライチョウを狩り、女王はきついスコットランド訛りの英語を理解しようと努めながら「飾り気がなく、とても率直な」村人とのおしゃべりを楽しみ、スコットランドの民族舞踊の手ほどきを受けた。ヴィクトリアはハイランドの住民たちを「決して下品ではなく、気がきいていて、とても頭がよく、謙虚で礼儀正しい」と評してほめた。バルモラルを訪れるごとに、女王は少しずつスコットランド贔屓《びいき》となった[19]。

王立技芸協会の会長であったアルバートは一八四九年七月、ヘンリー・コールという名の公文書館員が提唱した、国際的な商業見本市のロンドンでの開催というアイディアに関心をいだいた。アルバートは、この野心的なプロジェクトに賛同し、そのプロモーターとなり、ロバート・ピールの支持と、世界に自分たちの製品を紹介するというアイディアに熱狂したイギリスの製造業者たちの積極的な後押しを得て実現させた。こうしてはじめての万国博覧会が欧州で誕生し、新時代の建築の傑作である水晶宮（クリスタルパレス）に世界中の手工芸品および工業製品が結集した。四〇か国から一万四〇〇〇もの出品があり、入場者は六〇〇〇万人を超えた。大成功であった。アルバートは粉骨砕身《ふんこつさいしん》した。責任を他人に委託するのが嫌いだったのでほかの仕事を放り出し、自分の健康もかえりみずに、このイベントの成功のためにあらゆる局面で陣頭指揮をとった。

これほどの規模のプロジェクトの実現には当然ながら困難がつきまとう。アルバートはこうした困難を緩和するために熱心に、かつ粘りづよく働いた。ヴィクトリアも夫を支えつづけた。二人のどちらも、これだけ大量の物品を一堂に集め、「世界の工場」であるイギリスの力を見せつける機会がいかに重要であるかを認識していた。一八五一年五月一日、万博は公式のオープニングを迎えた。ヴィクトリアはこの機をとらえてスピーチを行ない、自国の経済力をたたえ、自由貿易が自由と諸国民の連帯を担保するとの期待を表明し、アルバート公が果たした役割を称賛した。女王は、自分がいかに夫を誇らしく思っているかを日記に記し、身近な人に伝えた。「アルバートは、わたしがそうであってほしいと願っていたように敬愛されています」。万博はアルバート公の勝利であり、彼の公的キャリアの頂点であった。この万博――女王は毎日のように来場した――は保護貿易主義に決定的な引導《いんどう》を渡しただけに、ヴィクトリアはアルバートの名は「不滅となった」と喜んだ。万博の成功は王室の人気を高めた。アルバートの功績である。彼には「不滅の栄光」が約束された、との声があがった。追従者《ついしょうしゃ》の気楽な予測にすぎなかった。

国民から背を向けられたアルバート公

栄光はほんの数か月で唐突に雲散霧消した。それだけに人気の凋落は辛かった。おまけに、万博開催にともなう仕事量の増加で、アルバートの健康は相当に傷んでいた。周囲の者の目にも彼の疲労困憊ぶりは明らかで、本人も自身の状態を「生きているというよりは死んでいるようだ」と言うほどだった。りゅうとした男性であったのに急に老けこんで三〇歳代に入ったばかりなのに五〇歳に見え、体重は増え、胃痛と不眠症に苦しみ、憔悴していた。あれほどの努力が報われないとは！　イギリス世論は、女王の夫が国務、とくに外交問題にかかわることに反感を示した。国民的英雄である老ウェリントン［ワーテルローでナポレオンをやぶった］が亡くなる前にイギリス軍総司令官の肩書きを提案したものの、アルバートは賢明にも辞退したのだが、世論はこれに感銘を受けることすらなかった。

ヴィクトリアが外交問題に関心をもっている裏には夫の働きかけがある、とだれもが推測していた。若くて経験が浅かったころ、ヴィクトリアはアルバートの助言にしたがい、豪腕の外相パーマストン子爵[20]に外務省の方針や施策について報告するよう求めた。女王は正確な報告、真摯な説明を望んだ。まるで、外相には女王陛下に対して自身の政策の正当性を証明する義務があるかのように。アルバートのほうは、自分の名前で直接パーマストンに書簡を送り、返答を待った。夫妻は外交を王室の専権事項とすることを望んでいた。だが、トーリーだろうと、ホイッグだろうと、これを是《ぜ》とする閣僚は一人もいなかった。外交分野であっても、女王は君臨すれど統治せず、というのがイギリス政界の理念であった。外務省が外国駐在の大使や公使に送る文書の内容を女王が把握するのは当然である。しかし、女王が他国の君主と直接手紙をやりとりすることは禁じられているし、女王の考えが外務省の方針と一致しない場合に最終判断をくだすのは政府である。ヴィクトリアが外国の君主に書き送ることができるのはさして重要でない公式の手紙にかぎられ、しかも関係する大臣をとおして送る、と決まっていた。その一方で、アルバートは外国の国家元首と書簡をやりとりし――憲法には彼に沈黙を強制する決まりがなかった――、イギリス外務省に長いメモランダムを大量に送りつけていた。

イギリスの国益を守るという強固な信念に裏打ちされて独立不羈《ふき》の意思をつらぬくパーマストン子爵のような大臣が相手だと、意見衝突の種はつきなかった。そもそも、パーマストンは首相にさえもつねに自分の方針を説明したり、結果を報告したりするわけではなかった。ゆえに、女王の意見などほぼ無視していた。パーマストンとヴィクトリアの意見が一致する外交案件などないも等しかった。ヴィクトリアとアルバートはフランス王ルイ＝フィリップと親交を深めていたが、パーマストンにとってフランスは――国家元首がだれであろうと――あいかわらずイギリスの歴史的な敵国であった。そして、ルイ＝ナポレオンが一八五一年一二月二日のクーデタを成功させると、イギリス外務省は女王の指示にそむいてこれを承認した。ポルトガルが内戦でゆれていた一八四六年、アルバートはいがみあう二派の仲裁役をつとめようと試みたが、パーマストンは、力で反乱を制圧しようとするブラガンサ朝のマリア二世[21]に批判的な姿勢を明確にした。イタリアへの対応も意見対立を生んだ。パーマストンはオーストリアの支配下にある公国や王国におけるナショナリズム運動に好意的だったが、ヴィクトリアとアルバートはオーストリア皇帝を支持していた。一八五一年一二月に圭角《けいかく》が多いこの外相が解任されると、王室はほっとした。

しかし、パーマストンが辞任したのはアルバートのせいだ、という声が上がった。アルバート公攻撃の激しい報道キャンペーンがくりひろげられた。同公のふるまいは憲法違反である、と非難された。女王が大臣たちを引見するときに、議論にくわわっているではないか。外国の君主たちと手紙をやりとりしているのは、「女王陛下の正当な顧問たちが打ち出す政策を阻止する意図」があるからではないか。以上の批判にくわえ、「外国からやってきたよそ者」に対する反発といった、いったんはおさまった不平不満が再燃し、「イギリス人のように馬を乗りこなすことができない」といった珍奇な言いがかりまで登場した。アルバートは悪意が渦巻く急流にのみこまれたかのようだった。パーマストンに敵意をいだいている、オルレアン家［フランスのルイ＝フィリップ］と親しい、プロイセンと通じている、ロシア贔屓だ、といった調子で、ありとあらゆる非難が浴びせられた。女王をあやつってむりじいすることで国家と国民の弱体化に寄与している、とまでいわれた。

こうした攻撃はじつにばかげた噂が生まれる土壌となった。一八五三年六月にドナウ川沿いのオスマン帝国領を侵略したロシア［クリミア戦争］との戦争を避けようとアルバートは努力したが、これは国家への裏切りを意味する、とささやかれた。一〇月、黒海沿岸のスィノプ港の沖でトルコ艦隊がロシア海軍の攻撃で沈没する［スィノプ海戦］と、インドへのルートの保護に神経を使っているイギリスは警戒心を強めた。イギリスの懸念を共有しない者は、国益を裏切る者にちがいない！　アルバート公は女王をだました、国家反逆罪でいまにも逮捕される、すでに逮捕されてロンドン塔に収監されている！　ヴィクトリアはこうした噂や誹謗中傷を鎮めようと動いた。庶民院でも貴族院でも、影響力のある大臣たちがアルバートを擁護した。

議会では与党も野党も、アルバートが標的となった「常軌を逸した嘘」を否定したものの、国民のあいだでのアルバートの不人気は継続した。叔父のベルギー国王レオポルドは「イギリスでは罵詈雑言がほぼ人生の目的だから」と言ってくれたが、新聞雑誌が夫に浴びせかける「おぞましい中傷」で心に深い痛手を負ったヴィクトリアにとってたいした慰めとはならなかった。彼女は確信していた。ああした中傷の発生源はパーマストンにちがいない、それ以外はありえない、と。悪意に満ちた記事――アルバートが獲得した権威、なににでもかかわろうとする彼の性向、そしてヴィクトリアへの影響力が遠慮会釈もなく糾弾されている記事――を執筆したのはパーマストン本人ではないだろうが、おそらくはヒントをあたえたと思われる。いずれにしろ、パーマストンはこうした記事の内容を否定しようとしなかった。

イギリスがクリミア戦争（一八五三―一八五六年）に突入したとき、ロシアとの交戦を支持する国民世論に反して、さらには、好戦的な高揚感をおぼえている妻とも異なり、アルバート公が戦争突入に賛成していないことを国民は知った。女王自身も、イギリスが軍事介入し、フランスとともにオスマン帝国の側についてロシアと戦うことは「これ以上は想像することもできないくらいに国民に支持されている」と認識していた。戦いは回避できない、と判断したヴィクトリアは、最低三万人の兵員増強を要求し、プロイセンの中立をあからさまに非難し、プロイセン国王フリードリヒ・ヴィルヘルム四世に外交の慣例に反した口調の手紙を書いた。「いままでわたしは、プロイセンは偉大な強国の一つとばかり思っていました」。ヴィクトリアはプロイセン国王が自身の地位にともなう義務を放棄していると非難した。「あなたは同時に、プロイセンに対する役割も放棄しています。このような悪例を模倣する者が出現したら、ヨーロッパ文明はあらゆる試練にさらされるでしょう。法を体現する者は探してもみつからず、抑圧される者に手を差しのべる仲裁者もいなくなるでしょう」

ヴィクトリアの攻撃的な態度とは対照的に、アルバートは慎重であった。アルバートがロシア海軍の黒海へのアクセスが拒否されたことに驚いてみせると、もしくは、イギリス軍遠征の準備不足がいかなるものかを力説すると、ヴィクトリアはいらだった。女王は、イギリス人兵士の戦死者がどれほど多いか――セヴァストーポリ要塞陥落の代償はイギリス兵二万人の戦死であった――も、歴史上初の従軍記者W・H・ラッセルが伝えるイギリス兵の苦しみも知らなかったわけではない。しかし、バラクラヴァの戦いにおける軽騎兵旅団指揮官カーディガン伯爵の突撃、インケルマンの戦いを勝利に導いた陸軍元帥ラグラン男爵の活躍、といった栄えある武勲の物語に興奮した。

アルバート公は、戦死もしくは負傷した兵士の家族の支援を使命とする愛国基金王立委員会の委員長となった。彼はまた、敵前での勇敢な行為を顕彰するヴィクトリア十字章を制定する勅許状の文言を考え、この勲章のデザインにも協力した。だが、妻、政界、国民の愛国的熱情を共有することはなかった。クリミア戦争を終わらせるパリ協定調印の三週間前、新たな軍事作戦を起こせば「もっと有利な停戦条件が確保される」と期待していたヴィクトリアは、講和に対する「嫌悪感」を表明した。いまや首相となり、女王と和解したパーマストン子爵が、戦闘終結がなぜ正しい判断であるかをヴィクトリアに説明するはめとなった。しかしヴィクトリアは、講和は「時期尚早」だとの判断を変えなかった。

外国人差別と愛国心の高揚を背景に、世論はアルバート公の戦意の欠如をののしり、彼の女王への影響力をおそれた。ひとことでいえば、同公の役割がしだいに大きくなることにいらだち、その原因はありがちな個人的野心だ、と批判した。そういった面もなかったとはいえないが、当時の政界が不安定だったことも要因であった。どの政治勢力も内紛続きで、政治家たちは一つの政党に忠誠をつくすよりも策謀に明けくれる傾向にあった。派閥の合従連衡《がっしょうれんこう》は日常茶飯事で、議員が任期をまっとうすることがまれなほど庶民院はたびたび解散となった。これとは対照的に、君主制はゆるぎない大黒柱さながらで、女王は国の安定を保証する存在だった。王権が以前よりもイニシアティブを発揮するようになった裏には、アルバート公の積極的関与があったことは確かだ。これをかぎとって非難する世論は、大臣たちでさえも同公を貴重な相談相手とみなしていることを知らなかった。女王を説得するための仲介役になったもらえたらと期待してアルバートに会いに来る大臣もいれば、彼の多方面にわたる能力とすでに年季が入っている彼の経験を恃《たの》んで意見を求める大臣もいた。こんなアルバートは、女性君主の配偶者、女王の個人秘書、王冠なき国王のままで一生を終えるのだろうか？

ついに王配殿下！

ずっと以前より、ヴィクトリアはアルバートにその役割に見あった肩書きをあたえたいと願っていた。女王は夫を愛していたし、そうした形で彼に報いるのは自分の義務だとわかっていた。自分と肩をならべることができる地位までアルバートを引き上げて、自分の正規の顧問として公式に認知させねばならない。だが、首相であったアバディーン伯爵（ジョージ・ハミルトン＝ゴードン）からは、「それはたやすいことです。しかしいまは機が熟していません」と言われてしまった。いつかは、機が熟すのであろうか？　議会はあいかわらず、実質的に女王と権力を共有しているアルバートを公認することをこばんでいた。男性君主の妻は夫に次ぐ高い地位を獲得できるのに、女王の夫が法律から無視されているのは納得できない、とヴィクトリアは論陣を張った。あらゆる女性と同様に、わたしは結婚するときに夫につくし、夫に従うと約束した。「それなのに彼［アルバート］は、法律で裏打ちされた肩書きも地位ももっていません。これは奇妙だし矛盾しています」と女王は強調した。王家の年長者たちが、ヴィクトリアが結婚したときにアルバートに上席権を認めようとしなかったことは事実だが、そうした者の大半はすでに鬼籍に入っているし、彼らの子どもたちはまだ若い。くわえて、欧州の君主たちと顔を合わせることがますます増えているので、外国への公式訪問をいつも後味の悪いものにしている屈辱を断ちきるためにはアルバートの肩書きをきちんと決めることが必須だ。アルバート公の自尊心を傷つける屈辱的扱いは、イギリス王室にくわえられた屈辱、とも解釈できるではないか、とヴィクトリアは巧みに論理を展開した。一七年の結婚生活、王位継承権をもつ子どもたちの誕生、夫婦二人による王権の行使。こうした実績があるのに、イギリスの王座についているのは「女王と、ザクセン＝コーブルク家とゴータ家の血を引く外国人公子の夫」という状態を放置することは考えられない！

ヴィクトリアは、自分の夫がイギリス人であるとみなされ、イギリスの肩書きを享受し、置かれている状況にふさわしい地位を法律で保証されるべきである、そして自分にはそうなるよう要求する権利がある、と思っていた。ただし、自分と同じ肩書きと地位をあたえること、すなわちアルバートを女王と対等な国王とすることは不可能だった。だが、議会における最高の地位と、女王陛下に次ぐ位を意味する「王配殿下」の肩書きをアルバートのために要求することは理屈にかなっている、とヴィクトリアは思った。しかし内閣はまたしてもあれこれと理屈をこね、アルバートをあいかわらず受け入れていない世論の映し鏡である議会が反対するのは目に見えている、と警告した。そこでヴィクトリアは、伝家の宝刀である勅許状によって目的を果たそう、と決意した。こうして一八五七年六月二五日、アルバートは王配殿下の肩書きを得た。

翌月、ベルギー王女のシャルロット［ドイツ語名はシャルロッテ］とハプスブルク家の大公マクシミリアン［皇帝フランツ・ヨーゼフ一世の弟］の結婚式がベルギーでとりおこなわれた。これに列席したアルバートには、オーストリアの大公たちに優先する上席権を認められた。また、一八五八年一月二五日に長女がプロイセンの王子とロンドンで挙式したときも、その新たな地位にふさわしい待遇を享受した。ドイツの家族宛の手紙のなかで、アルバートは自分の儀典上の昇進について「いまのわたしは、皆さんにとって見ず知らずの人間となりました。王配殿下です」と、ユーモアをまじえて伝えた。だが家族以外の人には、この肩書きが認められたのは遅すぎた、と本心を打ち明けている。「これは、わたしたちの結婚のときに認められてしかるべきでした。しかし、当時のイギリスの国政がどのようなものであったかはご存じのとおりです。保守派は庶民院においてわたしの王室費を削り、貴族院はわたしの地位を引き下げました。そして王族はわたしのことを闖入者《ちんにゅうしゃ》とみなしていました」。

永遠に癒えない傷というものは存在するのだ。

アルバートをむしばむ苦渋の燃料となったのは、新たな祖国として選びとったイギリスのために多くのことをなしとげたのに、大半の国民はこれを認めることをこばんでいる、という思いであった。だが彼が鬱々《うつうつ》としていたのは、健康状態がすぐれないためでもあった。それでもあいかわらず仕事の鬼であり、忙しすぎて女王のかたわらにいられないことも多かった。ヴィクトリアのスケジュールはつねに夫を優先していたが、アルバート公は自分が不在だとどれほど妻が孤独だと感じているかを理解していなかった。アルバートを愛するあまり、ヴィクトリアの独占欲は日を追うごとに強まった。二人のあいだの強い絆はいささかもゆらいでいなかったが、夫婦げんかは起こった。ヴィクトリアは夫のかたわらで安心を得たかった。だがアルバートは忍耐心を欠いていた。時がたつにつれ、彼の妻に対する影響力は大きくなる一方だった。ヴィクトリアは夫に子ども扱いされると激怒し、息子や娘たちの前で叱られると腹をたてた。アルバートが妻の感情の昂《たか》ぶりを鎮《しず》めようと努めたことは確かであるが、そのやり方は問題児に説教する教師さながらであった。すなわち、ヴィクトリアのどこが問題かを箇条書きした長いメモ——各段落には番号がふられていた——を作成していた！

一八五〇年代が終わるころから、家族内の心配事と国際情勢の不安が重なるようになった。一八五七年、インドでセポイの反乱（インド大反乱）が起きてヴィクトリアを戦慄させた。反乱鎮圧の結果、東インド会社の権限が王室に移され、ヴィクトリアはインド女帝とよばれるようになるのだが。一八五八年一月、フェリーチェ・オルシーニというイタリア人愛国者がナポレオン三世の命を狙う暗殺未遂事件を起こしたことで、英仏の関係がぎくしゃくした。オルシーニはそれまで亡命者としてイギリスで暮らし、イギリスで製造された爆弾を所持していたからだ。イタリア統一をもくろむピエモンテ＝サルデーニャ国王のオーストリアに対する戦いをナポレオン三世が支持すると、両国の亀裂はさらに深まった。ヴィクトリアもアルバートも、紛争が拡大し、ナポレオン一世で終わったはずのフランスの覇権主義がふたたび頭をもたげてくるのでは、とおそれた。一八六〇年、女王夫妻はプロイセンを訪問し、ヴィッキーが前年に産んだ長男ヴィルヘルム（将来のドイツ皇帝ヴィルヘルム二世、難産だったために片腕が萎縮してしまった）を抱くことができた。同時に、ヴィクトリアはふたたび妊娠していたヴィッキーを励ました。だがアルバートはこの外遊中に父親の再婚相手が死んだことを知り、ヴィクトリアは帰国後の一八六一年三月に母親、ケント公爵夫人を亡くす。フログモア・ハウスで暮らしていた母親の死去に、ヴィクトリアは母親と家令コンロイにしばられていた少女時代の辛さを忘れ、何日も涙を流した。

こうした心配事が重なったヴィクトリアには、アルバートの健康状態を深刻に受けとめる余裕がなかった。あいかわらず過労気味だったが公務の負担を減らすことをこばんでいたアルバート公は体調不良におちいることが増えてきた。一八六一年六月、同公の健康状態は悪化した。顔色は青ざめ、憔悴しきったアルバートは、咳に苦しみながらも王立園芸協会展オープニングセレモニーをとりしきった。だが、一一月にまことに嘆かわしいニュースが同公の耳に入った。以前より勉強嫌いの問題児で心配の種であった長男バーティは、ある女優とただならぬ関係をもっていた。王太子の数々の不行跡はしだいに大衆の知るところとなり、デンマーク王女アレクサンドラとの結婚話が暗礁にのりあげる危険が生じた。アルバートは四日間、この醜聞を反芻《はんすう》し、「これまでの人生で味わったことがないほど大きな悲しみをもたらした問題に思い悩み、心も重く」、息子に手紙を書くことにした。アルバート公は打ちのめされ、女王も夫の「顔色が悪い」と気づいた。一二月、チフスの症状が現われた。治療のほどこしようがなかった。一流の医師たちが王室の求めに応じ、アルバート公を診察した。だが、どのような治療も――ブランデーをたっぷりと飲ませても――、同公の苦しみをやわらげることはできなかった。それまでは楽観的だった王室の広報も、病状の悪化を認めざるをえなくなった。アルバートの意識は長期間にわたって清明であり、これまでと変わらず、あらゆることについての情報を求めた。一八六一年一二月一四日、同公はウィンザー城で崩御した。享年四二。

「わたしをヴィクトリアとよんでくれる人はもうだれもいない。わたしの人生の幸福はすべて消えさり、戻ってこない！　もはや、わたしにとって生きる意味はない」と女王は悲痛な思いを吐露した。愛しいアルバートの早すぎる死が終止符を打った二一年間の結婚生活は、ヴィクトリアの長い寡婦生活によっていっそう伝説化する。女王はこの後も四〇年間も生き、亡くなるのは一九〇一年だ。この四〇年のあいだに、子どもたちから数多くの孫が生まれ、いずれもが一九世紀末にさまざまな王家や皇室と結婚の絆で結ばれるため、ヴィクトリアは「ヨーロッパの祖母」とよばれるようになる。ヴィクトリア女王は人とのまじわりを避けた。ロンドンから遠いオズボーンもしくはバルモラルで悲しみに包まれて暮らしたので、大臣たちは拝謁のために長距離を往復することを余儀なくされた。五年間、女王は政治の舞台から姿を消し、子どもたちとのふれあいに慰めを見いだしていた。王太子のスキャンダルはあいかわらずその手の新聞雑誌をにぎわしていたが。一八六五年一二月、慕っていた叔父で助言者でもあったベルギー国王レオポルドが亡くなり、ヴィクトリアの苦悩はさらに深まった。

一八六六年、女王は政治の表舞台に復帰した。はじめはめだたぬ形であったが。長い服喪期間をへて、ヴィクトリアは少しずつ自分の居場所をとりもどし、君主としての公務を再開した。才能にあふれる魅力的な首相ディズレーリ[22]が、アルバートの死で失ってしまった頼れる男性の役目を果たすようになる。無骨な従僕ジョン・ブラウンは、ヴィクトリアが必要としていた保護者となり、女王の日常に欠かせない存在となる。肥満してどっしりとしたシルエットの老婦人となったヴィクトリアだったが、厳格そのものの外見は仮面であり、その下には以前と同じく、男性に魅せられがちな女心が鼓動していたのだ。女王は閣僚に自分の意見を聴くことを求めたが、若いころのような短気は影をひそめ、与党とぶつかることを自戒しつつ（ただし、グラッドストン首相のことは嫌った）、調整役としての影響力を発揮し、イギリス政界への関与は少しずつ後退させていったが、国民のあいだで得ている威光によってこれを相殺《そうさい》した。

年の功もあって、ヴィクトリアは女王としてのつとめを果たしつづけたが、夫があたえてくれた安心感や自信は欠いたままだった。家族や政治にかかわる試練にみまわれるごとに、女王はアルバートの名前を口にした。ヴィクトリアは「あの不吉な日が戻ってきた」と嘆き悲しんだ。奇《く》しくも、夫の命日と同じ一二月一四日であった。ヴィクトリアは「あの不吉な日が戻ってきた」と嘆き悲しんだ。アイルランド独立をめざす暴動、大英帝国の安定をおびやかす危機、内閣の不安定、ドイツ帝国の野心、君主制に対する異論など、年老いたヴィクトリアを悩ます問題は多く、女王は「わたしには頼れる人がいません」と嘆息をついた。寵愛したディズレーリは一八八一年に亡くなり、同じく女王の寵が厚かったスコットランド人従僕のジョン・ブラウンも二年後にこの世を去る。以降、メランコリーが女王の忠実な伴侶となる。大臣や貴族の名を汚すスキャンダルが次々にあばかれると、国民の王室に対する敬意を維持するためにアルバートがいかに自分を助けてくれたかを思い返した。何十年にもおよぶ君臨をふりかえったヴィクトリアはノスタルジーに胸をしめつけられた。「わたしを残して他界した人々のことを思うと動揺するばかりです。（…）とくに、わたしが全面的に恩をこうむっている愛しいアルバートのことを思うと」。ヴィクトリアは、アルバートと権力を共有することを受け入れた。アルバート亡きあと、君主の仕事は以前の魅力を失ってしまった。ヴィクトリアが十全に女王でいられたのは、アルバート公と手をたずさえているあいだだけだった。十全に幸せだったのが、アルバート公がかたわらにいたときだけだったように。

〈原注〉

1　フランス語で出版されたヴィクトリア女王の伝記のおもなものを以下にあげる。Elisabeth Longford, *Victoria. Reine d'Angleterre. Impératrice des Indes*, Fayard, 1966 ; Stanley Weintraub, *Victoria. Victoria. Une biographie intime*, Paris, Robert Laffont, 1988 ; Monica Charlot, *Victoria. Le pouvoir partagé*, Flammarion, 1989（アルバートの死までを描いた伝記）; Roland Marx, *La Reine Victoria*, Fayard, 2000 : Jacques de Langlade, *La Reine Victoria*, Perrin, 2009. アルバートの伝記としては、以下の一冊をあげておく。Stanley Weintraub, *Albert, Uncrowned King*, Londres, Murray, 1997.

2　一八五三年の夫婦げんか。

3　一七一四年、ハノーヴァー朝（ドイツのハノーファー朝）のジョージ一世が、断絶したステュアート朝の跡を継いでイギリス国王となり、ハノーヴァー朝を開いた。
4　こうして少女ヴィクトリアを支配しようとした母親と家令コンロイのたくらみは、ヴィクトリアらが住んでいた宮殿の名前から「ケンジントン・システム」とよばれる。
5　メルバーン子爵、ウィリアム・ラム（一七七九―一八四九）は、一八三四年、そして一八三五年から一八四一年にかけて首相をつとめた。
6　Stanley Weintraub、前掲書、p. 111.
7　準男爵ロバート・ピール（一七八八―一八五〇）は、一八四一年七月から一八四六年六月まで首相をつとめた。
8　一八三八年一月二四日付けのレオポルドへの手紙。
9　ワーテルローの戦いの勝者であるウェリントンは当時、貴族院の院内総務（議長）であった。
10　メルバーン卿。
11　精神疾患がある若者が、馬車で移動中の女王夫妻に向けて二発、拳銃を撃った。アルバートは妻を馬車の床に押し倒して守った。これは、精神的に不安定な者がヴィクトリアの命を狙う数多い襲撃の第一号となった。
12　メアリ一世は子どもを産むことなく死に、エリザベス一世は生涯独身をつらぬき、オラニエ公ウィレム（オレンジ公ウィリアム）の妻であったメアリ二世は子どもを産まず、その妹のアン女王の子どもたちは全員夭折した。
13　Monica Charlot、前掲書、p. 268.
14　ジョン・ラッセル卿（一七九二―一八七八）はホイッグ党のリーダー。翌年（一八四六年）の六月に首相となり、一八五二年までその座にとどまる。

15　有名なリチャード・コブデンを筆頭とする製造業者、自由貿易理論家、非国教会信徒などが、国内農業の利益を守ろうとする保守主義者に対抗して展開した運動。

16　一八四九年に航海条例が撤廃されると、イギリスは全面的に自由貿易主義の国となる。

17　ヴィッキーの愛称でよばれたヴィクトリア王女（一八四〇—一九〇一）はヴィルヘルム一世（一七九七—一八八八）の息子で後継者となるフリードリヒ（一八三一—一八八八）と結婚する。フリードリヒは、フリードリヒ三世の名で皇位についてから八九日後に喉頭癌で死去する。

18　ウィリアム・グラッドストン（一八〇九—一八九八）は、イギリスを代表する大物政治家の一人であり、一八六八—一八七四、一八八〇—一八八五、一八九二—一八九四年の三回、首相をつとめた。

19　Elisabeth Longford、前掲書、p. 220-221.

20　ヘンリー・ジョン・テンプル、第三代パーマストン子爵（一七八四—一八六五）は、一八三〇年から死去するまで——一八三〇—一八四一および一八四六—一八五一年は外務大臣として、次いで一八五五—一八五八および一八五九—一八六五年は首相として——イギリスの外交政策に辣腕をふるった。彼がイギリスの外交をリードした時代は「パーマストン時代」とよばれる。パーマストンが好んだ格言の一つ、「イギリスには恒久の敵も味方もいない、あるのは恒久の国益のみ」は、彼の伝説的なプラグマティズムを要約している。

21　一八二六—一八二八および一八三四年から死去するまで女王としてポルトガルに君臨したブラガンサ朝のマリア二世（一八一九—一八五三）は一八三六年に、ベルギー王レオポルド一世の甥であり、ヴィクトリアおよびアルバートの従兄であるザクセン＝コーブルク＝ゴータ公子フェルディナント［ポルトガル名はフェルナンド］と結婚した。

22　イギリスの首相として名声の高いディズレーリ（一八〇四―一八八一）は、三三歳で議員となり、三回財務卿をつとめ、一八六八年および一八七四―一八八〇年の二期、首相の重責を担った。一八七六年、ビーコンズフィールド伯爵に叙されて貴族院議員となる。

9 ナポレオン三世とウジェニー（一八五三―一八七三）

夫婦のあいだの歩み寄り

「わたしはいままで政治に口を出す女ではありませんでしたし、これからもおそらくそうです。そのような女は二重人格ですし、まったく親しみを感じませんね」（ウジェニー、一八六一年）

「皇妃は衣装屋くらいしか言うとおりにできないばかな女だ。皇帝が死んで摂政になるのをいまかいまかと待っている」（プリンス・ナポレオン［ナポレオン公、通称プロン＝プロン、ナポレオン三世の従弟］）

「あの苦しい時代がはじまってから、わたしは皇妃に二度会った。皆に彼女のような勇気があったら、フランスは救われていただろう」（プロスペル・メリメ）

ドイツの画家フランツ・クサーヴァー・ヴィンターハルターが「侍女に囲まれたウジェニー皇妃」[1]という題の大きな絵を届けたとき、みずから注文したこの作品に皇妃は目を細めた。画家は、鬱蒼と茂る木々を背景に、宮廷に仕える八人の優雅な若い美女を、皇妃のまわりを囲むように描いた。全員が肩と腕をあらわにし、こった髪型をし、いずれもリボンや花をちらしたサテンやレースのゆったりしたドレスを着ている。皇帝夫妻はこの絵をひじょうに気に入り、一八五五年の万国博覧会で特別めだつところに展示された。

しかしながら人々の称賛と裏腹に、批評家たちは辛口だった。「(当時流行していた)スミレ水で描かれた」この絵の気どった女たちや、全体の「ホイップクリームのように」甘ったるい感じを人々はあざ笑った。パウリーネ・フォン・メッテルニヒは皇妃の友だちだったが、「(この画家は)女たちをばかにしているわ。でもあの人たちはおかまいなしよ。髪結い師のところにある見本と同じ髪型にしてもらえば、あの人たちは皆と同じで安心するのだから」[2]との感想を述べた。この言葉がすべてを物語っているようだった。絵からは宮廷の浮ついた雰囲気が伝わり、外見にばかりとらわれている美女たちの中心にいるウジェニーはうわべだけのつまらぬ社交界を体現していた。チュール、イギリス風巻き髪、大きくふくらんだクリノリンドレス(第二帝政期[一八五二—七〇]に流行したドーム形状のドレス)の女たちが中身のない会話をしているらしいさまは、フランスの皇妃ウジェニーを揶揄した戯画だった。

その数年後、一枚の版画に、地味な黒衣のウジェニーが数少ない臣下に見送られながら、テュイルリー宮殿を去る場面が描かれた。テュイルリー宮殿はまもなく暴徒に襲われることになる。ウジェニーはルーヴル宮の列柱の前で、たった一人の朗読係の女といっしょに、辻馬車に乗りこもうとしているところだ。動乱からのがれてフランスを離れようとしていた。普仏戦争を戦ったナポレオン三世がスダン（セダン）で降伏した直後の一八七〇年九月四日、午後にはパリ市庁舎で共和国の成立が宣言され、ウジェニーは——プロイセンの捕虜になった夫が不在だったので——フランス帝国の没落の象徴となった。フランスは戦禍で荒廃し、その責任はウジェニーひとりの肩にかかろうとしていた。

幸せだった頃の彩り豊かなイメージと、悲劇にみまわれたときのモノトーンなイメージは当時の人々の脳裡に焼きついている。第二帝政の崩壊後に第三共和政をうちたてた者たちがウジェニーの生活や役割についていだいた考えを、これらのイメージは一般的に要約している。一世紀半をへても、多くの現代人はたいてい、二つのひじょうに対照的なイメージしか思い浮かばない。クリノリンドレスと敗北である。

共和政支持の歴史家が非難の目を向けたのはウジェニーだけでなく、帝政とその指導者である。「一目惚れで結婚した」ウジェニー皇妃の軽率な性格を断じることは、伯父ナポレオンから見ればいかにも小物のルイ＝ナポレオンが伴侶選びをしくじったことを揶揄することにほかならない。ウジェニーの政治的立ちまわりを非難することとすなわち、ナポレオン三世は陰謀好きな女のあやつり人形だと貶《おとし》めることになる。ウジェニーの「スペイン式」（ウジェニーはスペイン貴族出身）カトリック信仰と頑固な保守主義が、政治体制の進化をはばみ、フランスを戦禍と敗北におとしいれたというわけだ。軽率なのか疫病神なのかはともかく、ウジェニーはすべての不幸の原因だった。

宮廷を思うままにしていた頃のウジェニーは無為な生活を送り、ただ「浅はかな本能」に従うだけ

いな

の「ちゃらちゃらした女」といわれていた。[3]「ウジェニーが知的だとか教養があるとか言う人はいない、といわれていた」し、「美装本のつまった」書庫をもっていても、「ほとんど読まなかった」。ウジェニーが政治にかかわったとき、公式の場で皇后としてふるまうことで満足するべきなのに権力を簒奪《さんだつ》している、という批判が起きた。美しいウジェニーと結婚し国政に口出しさせたナポレオン三世は何重にも過ちをおかした、[4]というわけだ。

難攻不落の女

一八四八年一二月に行なった普通選挙で、ルイ＝ナポレオン・ボナパルト（一八〇八―一八七三）は第二共和政［一八四八―五二］の大統領に選出され、エリゼ宮に入った。二月革命と流血の六月暴動をへたフランスがようやく秩序と安定をとりもどした頃である。彼はひとりだった。四〇歳になってもまだ独身だったのだ。それまで居の定まらない生活を送っていたので、身を固めることとは無縁だった。つねに陰謀をくりかえしてきた彼は、一八三六年に国外追放され、その四年後ブローニュで一揆を起こしたが失敗して終身刑に処せられ、脱獄してイギリスへ逃亡したというありさまで、このような策謀家の身で家庭を築くことなど考えられなかった。

ナポレオン二世[5]が亡くなってから、帝位継承者を自任するようになったルイ＝ナポレオンはフランス帝国の復興をひたすら念じていた。一八五一年一二月二日にクーデタに成功し、共和国は葬られ、翌年一一月に帝国再建が宣言された。ナポレオン三世となった彼はテュイルリー宮殿を住まいに定めた。しかし、エリゼ宮にひき続き、伴侶はまだいなかった。その位が代々引き継がれる皇帝としてフランスの新しい指導者となったナポレオン三世は、帝室を創始する必要があった。妻すなわち皇妃が彼とともに玉座につき、男児を産まねばならなかった。皇妃候補として、元スウェーデン国王の孫カロラ・ヴァーサ、ヴィクトリア女王の姪アーデルハイト・ツー・ホーエンローエ＝ランゲンブルクといった他国の王女たちの名が浮上したが、適任者はいなかった。そもそも若いときに、自由主義的改革を目的とする秘密結社「カルボナリ党」に共鳴し、権威にたてつく社会主義者とみられてもおかしくないサン＝シモン主義者だったこの奇妙な君主に、由緒正しい王家は警戒心をいだいていた。ナポレオンという名前だけでもヨーロッパの平和を乱す気配が感じられ、クーデタによって成立した政治体制はいまだに不安定に思われた。こんなあてにならない男に娘を嫁がせようという君主など一人もいなかった。ところがじつは、当のナポレオン三世は別の縁談をみずから温めていたのである。

まだいささか野暮ったい独身のプリンス大統領としてエリゼ宮にいた頃、彼は賓客をもてなす達人というべき従妹を指南役として頼った。ナポレオン一世の末弟ジェローム王の娘マティルド・ボナパルト（一八二〇―一九〇四）は上品で才気と教養にあふれ、社交界のしきたりを心得ており、女主人としての役割を完璧にはたしていた。一八三六年――マティルドはまだ一六歳だった――彼女は従兄のルイ＝ナポレオンと婚約した。若い二人は永遠の愛を誓い、ロマンティックにも髪をひと房交換し、固い約束をかわし、結婚の日を待つばかりの状態だった。ところがルイ＝ナポレオンが唐突にストラスブール一揆を起こし、アメリカに追放となり、この良縁は破談になった。しかしマティルドはかつての恋人をひたむきに愛しつづけ、自分が逃した結婚という絆をほかの女性が狙いに来ないかぎり、いつでもおしみなく助言や支援をあたえるつもりでいた。ライバルはなかなか登場しなかったので、マティルドはルイ＝ナポレオンの放蕩を面白がって見るだけの余裕があった（彼女自身、暴力的だったロシアの大富豪デミドフ公との結婚に破れたあと、自由気ままな生活を送っていた）。美貌で大金持ちのミス・ハワードも気にならなかった。ルイ＝ナポレオンは（マティルドが得意とした）会食者の座席配置や招待客の選択など以外のことをミス・ハワードに求めていたからである。

あちこちで民衆の歓呼を受けながらフランスをめぐったあと、ルイ＝ナポレオンは一八五二年末に帝政の復興を表明した。元老院が帝政復興の宣言を行ない、国民投票により有権者らが圧倒的多数で承認した。ルイ＝ナポレオンはナポレオン三世になった。何はともあれ、新皇帝は妻をめとり、帝室を創始しなければならなかった。

ナポレオン三世がどんな女性を選ぶか、好奇の視線が集まった。彼が女性とゆっくり会話をしていたというだけで、カップル誕生かと皆は色めき立った。彼の一挙一動が注目され、あれこれ勘ぐって言われた。どんな美女があのどうしようもない女たらしの手に落ちるのか？　そしてだれがうまく立ちまわって婚約を勝ちとるのか？　一八五二年後半、テュイルリー宮殿の賓客らの関心はつきることがなかった。

ナポレオン三世が、いつも母親といっしょにいる優雅でひときわめだつ若い女性にご執心のようだと多くの人が気づいた。彼女が、ルイ＝ナポレオンからフォンテヌブローの森の狩りやサン＝クルーの舞踏会に招ばれたり、有名な「シリーズ」の初日にコンピエーニュに招待されたりしているのを見かけた人々もいた。これはのちに皇帝夫妻が選んだ招待客を定期的に城によび集める会となった。件の若い美女は、猟犬を使う狩りにくわわり、みごとに馬を乗りこなしてみせたり、あるいはルイ＝ナポレオンから贈られた二丁の精巧な猟銃で獲物を狙ったり、パリから来た劇団の軽喜劇に手を打って喜んだり、庭園を散歩したりした。モンティホ（モンティジョ）嬢というその若い女性に魅力を感じる者は多かったが、美人に目がないプリンスにせまる玉の輿狙いのしたたかさをただちに見ぬいた者もいた。

ウジェニー（一八二六―一九二〇）は並の美貌ではなかった。ただならぬ美しさだった。背が高くほっそりして足が長く、目は青く、輝くようにみずみずしい肌をしており、髪は「つやつやしたきれいなブロンド」、あるいは赤みをおびた茶色か、時とともに「濃い目の金髪」となった。肩の線は完璧といってよかった。つねにはっとするほど美しい装いのウジェニーは抜群のセンスの持ち主といわれていた。その卵型の顔はスペインの香りがただよい、何事にも夢中になる性質はアンダルシアの血を感じさせたが、まさにウジェニーは一八二六年五月五日――ナポレオン一世の命日からちょうど五年後の同日――、地震が起きた時刻にグラナダで生まれた。

スペインの名門貴族の家系だったが、フランスとのつながりもあった。ウジェニーの父、ドン・シプリアーノ・デ・テーバ・イ・グスマンは大貴族だったが資産は少なく、ナポレオン戦争時代にフランス軍に従軍し、左腕と片方の目を戦場で失った。弟ナポレオン一世によって束《つか》のまスペイン王にすえられたジョゼフ・ボナパルトを支持したためにafrancesado（フランスびいき）とよばれたスペイン人の一人であり、亡命したジョゼフにつきしたがった。王として復位したボルボン家［ブルボン家のスペイン語名］のフェルナンド七世が絶対君主制を敷くスペインに帰ったテーバ伯爵は、なんどか投獄の憂き目にあい、自由主義をあくまで唱道したために居住地拘束を受けながら暮らした。一八一七年、ナポレオン一世を崇拝してやまなかったテーバ伯爵は、スコットランド系の裕福なワイン商の娘マヌエラ・キルクパトリックと結婚した。貴族の家系と自称していたが平民であり、完璧な社交界の女性だった。かなり不つりあいなカップルから二人の娘、パカとよばれたフランシスカとエウヘニア（ウジェニーのスペイン語名）が生まれた。

テーバ伯爵夫妻――モンティホ伯爵の称号はドン・シプリアーノの長男が受け継いだ――は、ほとんどすれ違いの生活を送っていた。夫は政治に没頭し、妻は社交に明けくれるといった具合だった。家庭の状況、金銭的余裕、国を荒廃させた内戦[6]といった事情にしたがって、テーバ伯爵夫人と娘たちはマドリードに住みあるいはパリに滞在した。彼女たちがはじめてパリに来たのは一八三五年だった。「モンティホ嬢たち」は格式の高いサクレクール女子修道院に通ったが、伝染病が流行したため退去させられ、イギリスに行ってブリストル近郊の学寮に入り、さらにフランスに戻って家族ぐるみのつきあいだったプロスペル・メリメの教育を受けた。一八三九年に父が亡くなると、母娘はスペインに帰った。母娘は一〇年以上スペインにとどまりつつ、ヨーロッパ各地の名所といわれる湯治場に出没した。ウジェニーは美しく成長した。根っからの乗馬好きだったが、剣術や水泳にも同じくらい熱中した。年頃になると初々しいときめきや失恋も経験した。ウジェニーははっきりした性格で、直情的でかつ繊細でもあった。「たいへん愛想のよい」人柄で「しっかりした判断力」をもった女性であることはすぐにわかった。しかしウジェニーの奔放なふるまいは周囲を驚かせ、やや突飛な行動はときおり不快感をあたえた。ウジェニーはいっこうにまわりに頓着しない娘だった。

婚期を迎えたウジェニーのもとに求婚者が引きもきらず現われたが、彼女はなかなか首を縦にふらなかった。一八四八年一二月、母親がスペインの宮廷と袂を分かって再度マドリードを離れてパリに移ったとき、ウジェニーは二二歳になっていた。二人の母娘――長女パカは結婚していた――はヴァンドーム広場に居を定めた。おりしもパリではその年の二月、たった三日間で王政が崩壊してルイ・フィリップが退位し、共和政が成立しており、革命の興奮冷めやらぬ頃だった。動乱の一年の終わりを迎えたフランスに、由緒ある名前の――前ホラント王ルイ・ボナパルトとオルタンス・ド・ボアルネの息子であり、皇帝ナポレオン一世の甥であり、ジョゼフィーヌの孫でもあった――大統領が誕生した。パリでこそ、マドリード以上にうまくウジェニーに良縁が見つかるのではないだろうか？

一八五二年一二月、ウジェニーがプランス＝プレジダン（公子＝大統領）ルイ＝ナポレオンの関心を引きつけたことは疑いようがなく、だれもが艶福家ルイ＝ナポレオンの愛人の一人として彼女が舞い降りたと思いこんだ。すでに三年前からルイ＝ナポレオンは、従妹マティルドのクルセル通りの屋敷で開かれた晩餐会で会ったウジェニーに目をつけていた。ルイ＝ナポレオンは二三歳のこの女性に気をそそられた。「彼はなんともいえない目でわたしを見つめた」とウジェニーはのちに書いている。数週間後、ウジェニーと母親のもとに、ルイ＝ナポレオンが避暑用に使っていたサン＝クルー城への招待状が届いた。「正装」の二人の女性を出迎えたのは、ルイ＝ナポレオンと、ルイの親戚であるバチョッキ伯爵のみという、奇妙なおよばれだった。すなわちひじょうに内輪だけの夜会だった。ウジェニーは生意気な態度でエチケットについてたしなめ、そそくさとパリに帰ってしまったので、ルイ＝ナポレオンはもやもやした思いが残り、かなり落胆した。モンティホ嬢も失望して、姉に自分がいかに当惑したかを打ち明けた。「わたしはあの方の気持ちをまるっきりかんちがいしていたわ。素敵な友情、もしかしたら恋のはじまりかもしれないと思っていたのに、あの方は遊び相手が一人増えたとしか思っていなかったの」

新たな招待がすぐに来た。今度はサン＝クルーでの失敗を埋めあわせするかのようにエリゼ宮に招かれた。母娘はうかがいますと返事した。ルイ＝ナポレオンは礼儀正しくふるまった。一八四九年の夏がすぎた。ルイ＝ナポレオンは政治に没頭し、ウジェニーと母親はスパ（ベルギーの地名）に湯治に行った。秋にパリに戻ると、ウジェニーと母親はふたたびマティルドの邸宅での夜会に招かれた。ルイ＝ナポレオンがいた。彼は「ここ数か月、あなたに会いたくてたまらなかった」とウジェニーに言った。

いつもどおりマティルドのサロンですごした大晦日の夜、ルイ＝ナポレオンは同じ過ちを犯した。

「夜中の一二時！　皆さんキッスしあいましょう！」

そしてウジェニーに近づいた。

「フランスでは習慣ですよ…」

「スペインでは習慣ではありません！」とウジェニーははねつけ、恭《うやうや》しくもよそよそしく、深々とお辞儀をした。

ウジェニーはそうそう簡単に陥落しなかった。しかし彼女がこばめばこばむほど――巧みなこばみ方だった――簡単に警戒を解く美女たちばかり相手にしてきたルイ＝ナポレオンには新鮮だった。せっかちな色男ルイ＝ナポレオンはがまんしなければならなかった。ウジェニーが主導権をにぎる恋のかけひきは長引くいっぽうだった。二人は文通した——母娘と親しかったメリメが代筆した——。モンティホ嬢と母親はパリにいないことも多かったからである。スペインに旅行したり、ヴィースバーデンの温泉に行ったり、天候の悪い季節にパリに戻り、またロンドンの万国博覧会を見に行ったり、ふたたびパリ経由でマドリードに帰ったり（一八五一年一二月二日のクーデタのことはそのとき知った）、バスク地方のオーボンヌ（湯治場）に通いつめたりしていた。二人の母娘は一つ所におちついていなかった。二人がピレネー山脈越しにあちこち移動しているあいだ、ルイ＝ナポレオンは議会と袂を分かち、共和制に終止符を打ち、新憲法を発布し、帝国再建への民衆の期待を一身に集めていた。

絶対権力掌握の念願を果たしたあとも、ウジェニーのことは忘れなかった。ゆえにウジェニーはフォンテヌブロー、サン＝クルー、コンピエーニュと、あらゆるところに招待され、いまや皇女とよばれるようになったマティルドのところに足繁く通った。「この年（一八五二年）、あの人はすごくきれいになりましたよ。しきりにわたしにとりいろうとして。わたしは毎晩おもてなしをしていましたし、舞踏会やコンサートを開いていました。プランス（ルイ＝ナポレオン）は常連でした。二人がお互いにどんなかけひきをしているか、わたしには手にとるようにわかりました」とマティルドはウジェニーについて述べている。ナポレオン三世はもう待てなくなった。しかしウジェニーは第二のラ・ヴァリエール[7]（ルイ一四世の愛人）になることをこばみ、結婚というゴールしか認めそうになかった。

いまだかつてない恋に落ちたナポレオン三世は、ウジェニーと結婚する決心をした。側近に結婚の意志を伝え、一八五三年一月一五日、ウジェニーの母親に正式に申しこんだ。結婚の噂はすぐに広まり、激しい誹謗中傷が起きた。ウジェニーは、顔はきれいだが（これは否定できなかった）、それをしのぐ愚かさだとか、純潔かどうかすでに疑わしいなどと言われた。「あばずれ女」と皆が口にした。「手練手管《てれんてくだ》に長けた」「野心的」「ヒステリック」といった形容詞がいろいろつけくわえられた。マティルド皇女はウジェニーをナポレオン三世に紹介したことを悔やみ、「モンティホ嬢とは寝ることはあっても結婚はありえない」ときつい言葉を書いている。「帝国を再建したのは皇帝を尻軽女と結婚させるためではない」と内務大臣ペルシニも非難した。誕生したばかりの宮廷は「モンティホ嬢」支持派と排斥派に分かれた。

もっとも舌鋒鋭かったのはマティルドの弟、プロン＝プロンとよばれたナポレオン＝ジェロームで、前ヴェストファーレン国王ジェローム・ボナパルトの息子であった。かつて美貌のウジェニーに言いよったもののこばまれたことを根にもち、いっそう敵意をあらわにしたのかもしれない。しかしふられて傷ついたプライドより、この敵意の背景にはさらに根深い理由があった。共和主義に共鳴していたにもかかわらず、プロン＝プロンは皇位継承順位第二位とみなされており、ナポレオン三世の結婚と世継ぎの皇子の誕生をおそれていた。プロン＝プロンのウジェニーに対する恨みはけっして消えなかった。

ナポレオン三世の伴侶の選択が公表されるや、この結婚を歓迎した人々もいた。ナポレオン三世の異父弟であるモルニー公爵はまっさきに賛成にまわった。外務大臣ドルアン・ド・リュイスや、イギリスの意が迎えられそうな王女との結婚話を進めようとして失敗した駐英大使ワレフスキー伯爵など、最初は反発あるいはためらいをみせた者たちも支持に転じた。反対の声に聞く耳をもたないナポレオン三世は一刻も早く結婚したがっていた。恋に逸《はや》る彼は、この話は「頭に血がのぼった」ための軽挙だという者や、「まちがい」を犯したことを責める者には、「わたしが惚れたんだ」と言って黙らせた。

正式な婚約発表から数日後、ナポレオン三世は弁をふるってみずからの選択を正当化した。一月二二日にテュイルリー宮殿で、居ならぶ高官、議員、大使らを前に、政略結婚が君主国同士の和睦に役立つという固定観念を批判した。じつのところ、政略結婚は「いつわりの安心感をあたえるだけであり、えてして国全体の利害が一族の利害に置き換えられる」と彼は主張した。フランスの新しい指導者となったナポレオン三世は、驚くほど率直に、自分の出自を明らかにした。「古い家柄と見せかけ、ごり押しで王家の仲間入りをしようとしても受け入れられるものではない。むしろ、立派な国民の自由選挙によって到達した以上、みずからの出自をつねに忘れず本然を保ち、名誉ある称号を一挙に手にした成り上がりの立場でヨーロッパと真っ正直に向きあうのだ」。居あわせた外交官たちは、ナポレオン三世が成り上がりの境遇を弁護し強調するのは他国の王朝から軽視されることにつながるのでは、と眉をひそめたが、そうした懸念は、彼の「わたしは、会ったこともない女性と結婚し、利益ばかりか犠牲を生むよりも、自分が愛し尊敬する女性を選ぶ」というひと言によって一蹴された。ナポレオン三世にとって、ナポレオン一世とオーストリアの大公女マリー＝ルイーズとの再婚は悪しき前例であるはずだった。しかし、ウィーン、ロンドン、サンクトペテルブルクの宮廷では旧 制 度《アンシャンレジーム》の伝統的な価値観があいかわらず幅をきかせており、王家の血の入ったプリンセスらに目もくれず結婚を個人的な問題とする態度は、悪趣味もはなはだしく、先が思いやられる型破りと受けとられた。

ナポレオン三世の決断で、結婚式は早々と行なわれた。法的な結婚式は一八五三年一月二九日にテュイルリー宮殿で、宗教上の結婚式は翌日にノートルダム寺院で挙行され、ナポレオン三世はテーバ伯爵令嬢を妃とした。彼女はウジェニー・ド・モンティジョとよびならわされることになる。ナポレオン三世は四五歳、ウジェニーは一六歳年下だった。ウジェニーは美しかったが、ナポレオン三世は「二枚目」とはいえなかった。もっとも好意的な同時代人でさえ、短足でX脚、肩幅は広いがなで肩、首はがっしりしており、顎の下まで伸びたひげは奇妙だったと述べている。しかし老けた感じのこの男は人に好かれた。彼のほほえみには「好意、善意、やさしさ」が感じられた。ややぼんやりしているが澄んだ小さな目は、夢見るように「包みこむ」まなざしをそそいでいた。人柄にはヴィクトリア女王を魅了した――母オルタンス妃ゆずりの――魅力が感じられた。ドイツ語圏で一〇代をすごしたためにナポレオン三世は「ゲルマン訛り」がぬけず、風刺文作者にからかわれるもとになり、ウジェニーのスペイン語っぽいイントネーションとともにいっぷう変わった響きを耳に残した。

「小皇妃《プティットアンペラトリス》」たち

ナポレオンは妻となったウジェニーに、愛情と、儀礼上の役割をつとめる才覚を求めた。国中から世継ぎ誕生の期待が皇妃によせられていた。アレクサンドル・デュマ・フィスによると、「偏見に対する愛の勝利」であり「政治に対する感情の勝利」であったこの結婚は、当人たちを満足させたのだろうか？　あらぬ中傷を受けていたモンティジョ嬢は夫となるナポレオン三世に、ほかの殿方に心を奪われたことはありますが、わたしはまだ生娘ですとはっきり言った。[8]ナポレオン三世はすでに女を知っていたし、いついかなるときも性欲は旺盛だった。「肉欲にさいなまれている」と言われていた。ナポレオンはウジェニーに欲望を感じ、激しく言いよった。愛と区別がつかないくらい欲望は強かった。この美しい女を手に入れさえすれば、自分はほかの女に目を向けることがなくなるかどうかも彼にはわからなかった。じっさい、皇妃はあまり房事に関心がなく、情が薄いと言われていた。ウジェニーはあるとき「肉体の愛とはなんと汚らわしいのでしょう。でも男の人はそれしか考えないのはどういうことなのかしら」とぽろりと本音をもらしたと、まことしやかに言われている。

　とはいえウジェニーはすぐに身ごもった。しかし四月、転んだのがもとで流産した。その後二年たった一八五五年七月にようやく二度目の懐妊が発表された。医師団はおそらく懐妊はこれで最後だろうと述べた。ウジェニーは姉にこの話を打ち明けた。「お医者さまたちは皇帝に、幸いまだ陛下は子孫を残すことができますが、わたしのほうは、これ以上待っても子どもは産めないでしょうって言ったのよ」。こうして身重の身体に公式行事は負担だったが——万国博覧会の開会式、ヴィクトリア女王の公式訪問、そして臨月となってからはパリでの講和会議開催——、ウジェニーはできるかぎり身体をいたわるようにし、一八五六年三月一六日皇子を生んだ。

　ウジェニーはフランス帝国の継承者を産むという第一の義務を果たした。医師団は二度目の妊娠はしないよう注意したので、これ以降世継ぎを産まずに終わった。かわいい皇子の誕生にウジェニーは満足していたが、残す子孫が少ないとなれば立場も弱くなることにも気づいていた。不安な気持ちになると、監禁され衰弱して亡くなった不幸なルイ一七世や不遇のまま夭折したナポレオン二世のことが胸をよぎることもあった。第一皇子誕生後、すなわち結婚してからわずか三年で、二人のあいだに夫婦生活はなくなったといわれている。

皇妃が夫の情熱に対して冷淡なことをおそらく皇帝のとりまきは知らなかったが、反面、皇帝の羽目をはずした数々の行動は逐一ウジェニーの耳に入っていた。皇帝のお相手をしようと待ちかまえている婦人たちは宮廷にごまんといた。とはいえ、ルイ＝ナポレオンの政界への復帰に資金援助をおしまなかった裕福なドゥミ・モンデーヌ（裏社交界の女性）、ミス・ハワードとのほぼ公認の関係は長く続いていたものの、いつかは終止符を打たざるをえなかった。ナポレオン三世の公然たる愛人だったミス・ハワードは、皇帝となった彼から公式行事における身分と地位をあたえられるものと思っていた。ミス・ハワードからの借金を返済し、ボールガールの領地と爵位をあたえた後、ナポレオン三世はウジェニーとの結婚と同時に彼女と別れるしかなかった。

ウジェニーが身ごもっていた一八五六年二月初め頃、もう一人のライバルが出現した。若く、メリハリのきいたボディラインでスタイル抜群、うぬぼれやというカスティリオーネ伯爵夫人である。メッテルニヒ侯爵夫人が絶世の美女と言ったという。サン＝クルーに近いヴィルヌーヴ＝レタンで夏の初めに夜会が催された際、ウジェニーは二人の関係に気づいた。ナポレオン三世は数時間ほど賓客らをうまく巻いてこの美しいイタリア女性とともに姿を消し、戻ってきたときには彼女のドレスはすっかり「しわくちゃ」になっていた。

夫の色好みに起因するウジェニーの結婚生活の苦労はまだ続いた。ヴィルジニア・デ・カスティリオーネとの恋も終わらぬうちに――彼女が愛人の座からすべり落ちたのは一八五七年秋だった――、別の女性が皇帝の視野に入ってきた。やはりイタリア人の魅惑的なマリアンヌ・ヴァレフスカで、ナポレオン一世の庶子でもあった外務大臣を夫にもち、「皇帝と床をともにしながらも皇妃の友人となりおおせた、まさにしたたかな女」とヴィエル＝カステルは書いている。ナポレオン三世はどの愛人にもひと筋になれず、どんな美女にもすぐにあきてしまうので、彼の心を独り占めにする女性は現われなかった。モーツァルトとダ・ポンテの名コンビが作り出したドン・ジョヴァンニはスペインで一〇〇三人の女性を征服したそうだが、それにはおよばずとも、ナポレオン三世が征服したなかには、かりそめの関係に終わった女性、宮廷の女性や外国の魅力的な女性も多かった。サンクトペテルブルクから来たリムスキー＝コルサコフ夫人（同名の作曲家のおば）もその一人で、テオフィル・ゴーティエが「タタールのヴィーナス」[9]とたたえた美貌の主だった。宮廷で「小皇妃《プティットアンペラトリス》」とよばれた女性たちのなかで最後に登場したのは二五歳の――皇帝との年の差は三〇歳だった――女優、ジュスティヌ（あるいはジュリー）・ルブフ、別名マルグリット・ベランジェだった。アンジュー地方のつましい家庭の出で、政治的野心はなかったが、気性は激しかった。ナポレオン三世とは一八六三年に会い、一八六八年まで関係は続いた。次に現われたのがブロンドの伯爵夫人メルシー＝アルジャントーで、おそらく最後の愛人だった。

その遍歴はじつに波乱に富む。ナポレオン三世の浮気はとどまることがなく、ウジェニーは夫が「ちょっとした気晴らし」などとおどけてよぶふるまいに苦しまねばならなかった。夫に裏切られた彼女の反応は時がたつにつれ変わった。結婚生活最初の数年はよくある夫婦げんかですんだ。ナポレオン三世が情欲を抑えられないことよりも、結婚という神聖な絆の誓いが破られたことにウジェニーは怒りを感じた。一八五四年一月──プロスペル・メリメの手紙によれば──、ウジェニーはスペインに帰らせていただきます、と言った。この警告は何度もくりかえされた。彼女がとうとう三行半をつきつけたという噂が広がった。モンティホ嬢時代からの気の強さ──「スペインらしい」と言われていた──、多情で激しやすい性格は知れわたっていた。ヴィルヌーヴ＝レタンの夜会で、ナポレオン三世は賓客をそっちのけにしてカスティリオーネ伯爵夫人と姿を消した。ナポレオン三世の雲隠れで有名になったこの会のとき、皇妃ウジェニーはその激しい性格をあらわにした。賓客たちは皇帝のふるまいに眉をひそめながらも、屈辱と怒りで蒼白のウジェニーが、気を静めるためにダンスをはじめたものの転んで気を失うのを目撃した。さらに不実な夫が戻ってくると、彼女は衆人環視のなか、なりふりかまわずくってかかった。翌日、パリではこの話でもちきりになった。

ナポレオン三世はこの後もこりずに何度も妻を嘆かせ癇癪《かんしゃく》を起こさせた。しかしいまやかわいい息子をもうけたうえ、政治情勢──後述するが──が彼女の激情を鎮めた。くわえてナポレオン三世もウジェニーの非難に辟易し、反省の色はなかったものの、妻をいたわり、愛情すら示しつづけた。またもや夫がほかの女性にちょっかいを出したことを知り、ウジェニーが即刻パリを離れビアリッツか、ヴィースバーデン近郊のシュヴァルバッハの湯治場に行こうと決心したとき、ナポレオン三世は愛情あふれる手紙を書いてなだめようとした。「また一日あなたに会えなかった。信じてくれ、わたしが幸せなのはあなたといるときだけだ」。「あなたはわたしの命であり希望です」。ウジェニーの苦しみはつきなかったが、夫の浮気を耐えしのぶことをおぼえ、見て見ぬふりをした。愛情が友情に変わり、傷ついた自尊心もやがて癒された。移り気な夫があいかわらず女性に手を出すのをやめさせることはできなかったが、ウジェニーはつらさをまぎらわせるようになった。

とはいえ、健康を害するほどナポレオン三世が派手な女遊びをしているらしいとわかると、ウジェニーはまたしても堪忍袋の緒が切れた。一八六四年秋、サン＝クルーのマルグリット・ベランジェのところで午後をすごした日の夜、ナポレオン三世は失神した。ウジェニーはとりあえず夫を介抱し、どうにか大ごとにはならずにすんだ。翌日朝いちばんにマルグリットのもとへ出向き、「マドモアゼル、あなたは陛下を殺すおつもりですね」と言った。そして即刻立ちさるように命じた。快復したナポレオン三世はマルグリットと別れるのをこばんだ。ヘッセン＝ナッサウの温泉地に向けて出発したのは逆上したウジェニーのほうだった。四か月ものあいだ、ウジェニーは「生涯最大の苦境」に耐え、パリを留守にした。ナポレオン三世とマルグリットの関係は続き、ナポレオンの体調が気にかかりながらも、ウジェニーはふたたびプライドをすて、黙って耐えねばならなかった。

ヴィンターハルターの描くところ

ウジェニーの不幸な結婚生活は世間の同情をひき、ルイ一四世にかえりみられなかった妃マリー・テレーズや、ルイ一五世の妃でこよなくやさしかったマリー・レクザンスカと同一視されてもおかしくなかったが、まったくそんなことは起こらなかった。たしかに、ウジェニーのとりまきは裏切られた皇妃の苦労を理解してくれたが、ウジェニーの過剰な性格に手を焼くことも多かった。一般大衆は二人の結婚を上流階級よりは好意的にとらえていたが、宮廷の生活についてまったく知らなかった。パリの名士たちは、ナポレオン三世がしでかす過ちをとがめながらも、「スペイン女」に心の底から同情することはできないでいた。しかしながら、ときにはウジェニーに対し、愛とまではいかないが、感謝の念が民衆の胸にわいた。フランス帝国に世継ぎの男児を授けたことはありがたかった。一八六五年秋、コレラが猛威をふるい、パリで一日二〇〇人の死者を出していたとき、ウジェニーは勇気を出して患者たちを何度も見舞い、称賛された。一八五八年一月一四日夜、オペラ座の玄関柱廊前でオルシーニ伯爵による襲撃事件が起きた際、ウジェニーは沈着冷静にふるまい、その動じない姿は居あわせた人々の目に焼きついた。三発の爆弾が投げられ、死傷者が多数生じるなか、ウジェニーはお付きの者に「わたしたちにはかまわないでください。これはわたしたちの仕事です。けが人を介抱してあげてください」と言った。ウジェニーのおちついた態度に人々は感銘を受けた。さらに、人々を安心させるため、ウジェニーは平然たるナポレオン三世とともに笑みを浮かべながら劇場に入り、オペラを鑑賞した。この夜、ウジェニーの泰然たる態度は万人の支持を得た。

しかしながら、彼女はほとんどの場合厳しい目を向けられた。ナポレオン三世の治世初期にもっともやり玉にあがったのは、軽佻浮薄《けいちょうふはく》な性格――ヴィンターハルターが描いたところの――で、皇妃の親友だったパウリーネ・フォン・メッテルニヒ侯爵夫人がそれに拍車をかけた。ウジェニー自身、「わたしの伝説ができたわね。わたしはおしゃれにしか興味のない、気ままな女だったわ」と、自分の軽さを認めていた。たしかに彼女の残した手紙からは、話がすぐに脱線し、細々したくだらぬこと、流行のファッション、家庭内のこまごましたことにかまけているようすがうかがえる。ウジェニーはマティルド皇女の教養の深さをねたんだ。そのうえマティルドはセンスのよい洗練された女性で、文学者や芸術家をサロンに集めていた。二人の女はライバル意識を燃やしあっていたが、いくら努力してもマティルドにはとうていかなわないことをウジェニーは認めていた。

旧制度《アンシャンレジーム》時代に匹敵するほどではなくても、ナポレオン一世時代を彷彿させるような宮廷がフランス帝国に必要だった。それほどの宮廷を作り上げるのは難事だった。旧貴族階級や七月王政時代の貴族はかたくなに新体制への不満をいだきつづけていたからである。公邸であるテュイルリー宮殿、気候のよいときによく利用するサン＝クルーやフォンテヌブロー、あるいは一一月一五日から「シリーズ」とよばれた有名な賓客のグループを迎え、狩猟など娯楽をとおして親睦と権力強化に役立てたコンピエーニュで、ウジェニーは完璧にその場をとりしきった。「皇妃の月曜会」なる内輪の集まりでの楽しみはロンに比べるとたしかに文学的素養とは遠かった。宮廷の雰囲気は、マティルド皇女のサえてして気どりのないもので、テュイルリー宮殿での流儀も昔の貴族階級よりは大ブルジョワジーのそれに近かった。しかしウジェニーは、公式行事は贅をつくして開催するよう努力し、礼儀作法を守るよう注意し、正餐や舞踏会を優雅にとりしきり、外国の大使、大臣、君主らをみごとにもてなした。ナポレオン三世の宮廷は存分に機能を果たし、フランス帝国の威信を高めた。ナポレオン三世はそれもウジェニーの手柄にほかならないと知っていた。

密使ウジェニー

ナポレオン三世は妻の美点をありがたく思っていた。率直な性格が心配なこともあったが、相手を魅了する優雅な物腰は取柄として頼りにし、心やさしくじつに聡明な女性であることも知っていた。第二帝政期の初め頃、ウジェニーはまずは謙虚な気持ちで皇妃としての修業を積んだ。ナポレオン三世につきしたがって公式行事や外交儀式に出席するとなれば政治問題の手ほどきが必要だった。ナポレオン三世はみずからその役をかって出て、ウジェニーとヨーロッパ情勢について話す時間をつくり、公式文書や報告を読んで聞かせ、フランスおよび外国の主要人物についておおまかに説明した。ウジェニーは覚えが早く、つい言葉がきつくなる癖は一生直らなかったが、夫が要求した役割を果たすことがすぐにできるようになった。

一八五五年四月に皇帝夫妻の訪問を受けたヴィクトリア女王は、ひじょうに穏やかで感じよく、謙虚でつつましい女性だったとウジェニーを評した。女王は、彼女にしてはめずらしく友好的だった。しかもウジェニーを「機知と良識に満ち」、「もの知り」だとも述べた。ウジェニーは面接試験というべきイギリス宮廷への初の公式訪問に内心緊張していたが、彼女が政治問題をきちんと把握していることに女王は感心した。ナポレオン三世は妻を誇りに思うことができた。

ナポレオン三世はまだ非公式の情報をある人物にこっそり流したり、さらに、それまで内密だった企画を試行したりといった根まわしをウジェニーにまかせることもたびたびあった。こうして一八五三年、フランスがイギリスと結んでロシアに宣戦しようとしたとき、ナポレオン三世はオーストリアと結託してドナウ川沿岸地域のロシア軍を撃退することを考えていた。彼はウジェニーに、駐仏オーストリア大使に働きかけ、オーストリア政府の意思を探るように言った。「皇妃は完璧に交渉術を心得ていました。わたしを説得に来る前に練習したのではないかと思ったほどです」と、オーストリア大使は述べた。

このクリミア戦争が終結し、パリ講和条約が調印されると、国際的名声の頂点に立ったナポレオン三世はヨーロッパの外交関係図を一から書きかえようと考えた。彼は打ち負かした昨日の敵ロシアと、今度は結束しようとした。さらに、ロシアと手を結ぶことに二の足をふみ、オーストリアに接近しようとするイギリスを説得しなければならない。一八五七年八月、皇帝夫妻はイギリス王室の保養地であるワイト島のオズボーンを非公式で訪れた。ヴィクトリア女王とアルバート公に、英仏の友好関係は永遠に続くことを納得してもらわねばならない。くつろいだ雰囲気のなか、ナポレオン三世はイギリスの閣僚たちの懸念を払拭しようとした。ウジェニーも懐柔作戦にくわえられた。ヴィクトリア女王には「書物、スペイン、ロシア」を話題にし、ヴィクトリア女王は、皇妃が「いまの難局をのりこえられるよう強く」願っているのだと側近たちに述べた。そのうえ、オズボーンの短い滞在のあいだ、ウジェニーは皇帝と女王のすべての会談に同席することを許されていた。

またナポレオン三世は、オーストリアの攻撃を受けたサルデーニャ王国を援助する決断をし、イタリア統一戦争に介入したとき、イギリスの中立を——いや好意すら——めだたぬ形で確保するようウジェニーに命じた。オーストリアはプロイセンを援軍にする可能性があった。ウジェニーはヴィクトリア女王の誕生日祝いという名目で手紙を送り、今回の戦争は局地的なものです、と書いた。「世界平和への貢献をつねに心にかけてくださる陛下が、この目的完遂のため、ドイツにおいて多大な影響力をおもちのアルバート公とともに、ご自身の影響力を有効にお役立てくださることを期待しております」ともつけくわえた［アルバート公はドイツ系だった］。

二人の女性の友情は厚く、ナポレオン三世はウジェニーを自分の密使として活用した。プロイセンの外交団はヨーロッパにおけるフランスの孤立をねらっていると悟ったナポレオン三世はイギリスを引きよせるため、一八六七年七月、ふたたびウジェニーを単身送りこみ、オズボーン離宮のヴィクトリア女王を訪ねさせた。ウジェニーはヴィクトリア女王からありがたい言葉を受けた。「機会を見つけて、いっさいの責任はプロイセンにあるとし、軍備ではなく平和を強く勧めておきました」とヴィクトリア女王から手紙が来たものの、そこまでフランスに対し友好的ではなかったイギリス政府はなんの策も打たなかった。一八六九年八月、ウジェニーは同じ目的でふたたびオズボーン離宮を訪ねた。ビスマルク首相にあおられ、開戦に傾くプロイセン王をなだめるようヴィクトリア女王に頼んであったのである。女王は「世界平和の維持のため全力をあげたい」とするウジェニーの願いに共感すると述べ、プロイセン王に宣戦を思いとどまるよう手紙を書くことを承諾した。

留守中の摂政政治

ナポレオン三世から使命をあたえられたウジェニーは、コルシカ島のナポレオン一世生誕百年の祝典やエジプトのスエズ運河開通式典への出席の際など、病身の夫の代理をもつとめた。とはいえ彼女がすべての機密事項に通じているわけではなかった。ナポレオン三世は沈黙と隠蔽の人だった。一八五八年七月二一日、プロンビエールで、ナポレオン三世がサルデーニャ王国首相カヴールと極秘で会談したことをウジェニーは知っていたが、フランスとサルデーニャ王国のあいだで対オーストリア戦を前提とした密約がかわされたことなど、詳しい内容は聞かされていなかった。ナポレオン三世の画策で、カヴールとの結託を維持する要員として、ウジェニーの宿敵、プロン＝プロンとよばれたナポレオン＝ジェロームが選ばれ、サルデーニャ王ヴィットーリオ・エマヌエーレ二世の娘クロティルデ・ディ・サヴォイアと政略結婚をすることになったことも知らなかった。イタリア解放を旨とする戦争の準備が着々と進んでいることを知ったのは翌年一月一日、ナポレオン三世が心中温めた計画を公にしたときである。ローマ教皇領が戦争で荒廃することはしのびがたかったが、ウジェニーは夫の方針に賛成した。多くの議員たちや実業界はイタリア問題への介入に反対の声を上げており、そうした騒動に嫌気がさした──「わたし個人は戦争推進派ではありませんし、それどころかこの恥ずべき混乱を認めることはできません」と姉に書き送っている──ウジェニーは、一転して戦争に同意するようになった。もっとも不幸な解決策だが、オーストリアをイタリアから駆逐する唯一の方法として。

ウジェニーはかならずしもつねにナポレオン三世の味方をしたわけではなかった。夫に相談し、文書に目をとおし、大使にいろいろたずねるうち、彼女に対外政治への関心が芽生えたのはこのイタリア独立戦争のときである。ウジェニーは命じられるままに歩むキリスト教徒でもなく、統治のたんなる傍観者でもなく、ナポレオン三世外交の暗躍者でもなかった。それどころか、ウジェニーはじょじょに帝政をとりしきるようになり、夫が決めた範囲内で皇帝の権威を共有するつもりでいた。

彼女が摂政の衣をまとい、権力の道を正式に歩んでいることに周囲は気づかなかった。摂政という役目は、ブランシュ・ド・カスティーユ[10]、カトリーヌ・ド・メディシス、マリー・ド・メディシス、アンヌ・ドートリッシュのような昔の女性支配者のもののように思われ、一九世紀にはありえないとみなされていた。たしかにそれまでは、摂政といえば未亡人であり、息子が成年に達するまで国を統治するものだった。ところがウジェニーは、マリー＝ルイーズがナポレオン一世の摂政となったように、ナポレオン三世の存命中に摂政となった。

ナポレオン三世は自分が早世するのではないかという不安から、この古めかしい制度を復活させた。フランスがイギリスと同盟を結んでロシア軍を打倒したクリミア戦争のあいだ、帝政の基盤のもろさがにわかに露呈した。一八五四年九月にはじまったセヴァストーポリ包囲戦は永遠に終わらないかのようだった。ロシア軍は予測に反して英仏連合軍に粘りづよく抵抗した。激しい攻防が続き疫病が蔓延した。ヴィクトル・ユゴーは「セヴァストーポリは、昨日はたんなる場所、今日は潰瘍、明日は癌になるだろう」と予言した。そこで一八五五年二月、ナポレオン三世はウジェニーをつれてクリミアに行く計画を立てた。陣頭指揮にあたるというより、祖国から四〇〇〇キロも離れて悪夢のような日々を送っている兵士たちの士気を高めるためだった。二か月のあいだ、パリは皇帝夫妻が都を離れたとの噂でざわめいた。閣僚たちは分裂した。皇帝が留守となれば陰謀が生まれて当然だった。第二帝政はついこのあいだ成立したばかりなのだ！ そして「中部地方では社会主義者らが頭を上げ、共和政の復活を叫びはじめている」とプロスペル・メリメは書いていた。

クリミアに行くとなれば、留守中の権限を、ナポレオン一世の末弟で元ヴェストファーレン国王のジェローム（七〇歳）とその息子、プロン＝プロンにゆだねるしかなかった。プロン＝プロンは共和派として知られ、身勝手な性格と言われていた。イギリス政府のほうでは、平和主義者たちがフランスの世論を誘導しようとするのではないかとおそれていた。フランスでは、従軍記者が伝える兵士たちの惨状に動揺と恐怖が広がっていた。そして皇帝の身にもしものことがあったらどうなるのか、勇気を出して問うた者がいた。ナポレオン三世はクリミア行きをとうとうあきらめたが、側近たちは、政権が（当時）まだ跡継ぎのいない、一人の人間に集中している状態がいかにあやういかを思い知った。

翌月の三月、皇子が誕生し、一安心となったものの、国の指導者であり、子どもといえば乳飲み子一人という五〇手前の男がいなくなった場合、フランス帝国はどうなるのかという不安は消えなかった。おそらく二人目を産むことはできないと思われたウジェニーは、ヴィクトリア女王の子だくさんをうらやんだ。ウジェニーより七つ年上とはいえヴィクトリア女王は、結婚生活一三年で、すでに四人の王子と四人の王女を生んでいた！

皇帝の早世により帝国の存立があやうくなるのをおそれた結果、摂政制度を敷くことになった。一八五六年七月一七日、元老院決議で一八五二年憲法が改正され、皇帝が不在の場合皇妃が摂政となること、その権限は皇子が一八歳の成年に達するまで行使することが明記され、手続きは完了した。元ヴェストファーレン国王のジェロームを長とする摂政の顧問会議が皇妃を脇で支え、皇帝が体調不良のときや外遊のときも同じ措置がとられることとなった。

妻に摂政をつとめさせたことは、ナポレオン三世のウジェニーへの信頼を物語っていた。浮気性の夫ではあったが、待望の皇子を産んで喜ばせてくれた妻の美点は大いに認めていた。テュイルリー宮殿では夫婦げんかが絶えないことも知らず、世間は皇帝と皇妃をおしどり夫婦とみなした。社交儀礼をともにこなすだけでなく、軽重はあるものの共同で権力を行使していると皆の目には映った。ウジェニーは君主の陰の相談役ではもはやなくなり、君主に不都合が生じた場合は統治するという保証を手にした。皇妃はそれまで宮廷で一定の位置を占めているのみだったが、いまやフランス政府における地位を得た。

皇帝の不慮の死という心配は根拠のないものではなかった。一八五一年にクーデタを起こして以来、皇帝は何度か命を狙われた。一八五三年七月六日、皇帝夫妻がオペラ・コミック座で観劇していたときに、一二人ほどの暴漢が短刀を手に襲いかかって逮捕された。翌年には皇帝が乗るはずだった北部鉄道の線路に爆弾が仕かけられているのが見つかった。一八五五年四月二八日、ガリバルディの元仲間でピアノリという名のイタリア人がシャンゼリゼで皇帝に向けて二発の銃弾を放った。第二帝政はたった一人の人間の肩にのしかかっていた。ウジェニーは「不安のなかで生きるなんて、生きているということになりません。(…)危険をともに耐えしのべば、恐怖は小さくなります」と書いてはいたものの、いつ襲撃されてもおかしくないと思いながら暮らしていた。一八五八年一月一四日、オペラ座玄関前で、フェリーチェ・オルシーニによって皇帝夫妻の馬車に三個の爆弾が投げつけられ、危機一髪で助かったとき、ウジェニーは皇帝と危険をともにのりこえたことを実感した。以前から陰謀をくわだてていたオルシーニは政治的意図をもっていた。ナポレオン三世を暗殺すれば、フランスにふたたび共和政が成立することが可能になり、さらにはイデオロギー上の連帯によって、イタリアが侵略国オーストリアを駆逐するための追い風になるはずだとオルシーニは考えた。

いつ襲われることかと皇帝の命がたえず危険にさらされていることから、摂政政治の制度としての輪郭をはっきりしておく必要があった。翌月二月一日、ウジェニーは万一にそなえて政治体制を維持するべく、「直接摂政職」を引き受けた。皇妃とおもな高官たちで構成される私的評議会が設けられ、場合によっては、ジェローム元ヴェストファーレン国王とその息子ナポレオン＝ジェローム（プロン＝プロン）をメンバーとする摂政評議会にそのまま移行することになった。テロ事件で動揺していた民衆は、皇帝がこうして帝国を不穏と混乱から守ろうとしていることに感謝した。オーストリア大使、ヨーゼフ・フォン・ヒューブナ伯爵は、世間一般の反応について「摂政制度の確立は、皇帝の死に対する不安を払拭する利点があります」と母国の政府に伝えた。さらにウジェニーの任命は好意的に受けとめられているとたたえた。かつてはウジェニーを、媚び上手のわがまま女で変わっており、考え方も支離滅裂だと酷評していたヒューブナ伯爵だが、いまや彼女が新たな任務をおびたことを重くとらえていた。「勇敢な軍隊に支援されてフランスを救う、赤子を抱いた美しい女性の姿が一幅の絵となってフランス人を熱狂させ、一発の爆弾でまたたくまに落命するかもしれぬ皇帝はいわば軽視できる存在となりました」。大使殿は称賛しつつも痛烈な皮肉をのぞかせるのがつねだった。

こうして、ナポレオン三世が戦地イタリアでみずから陣頭指揮にあたったとき、ウジェニーは摂政となった。ライン地方で戦うための出立をひかえたアンリ四世は、暗殺される前日、マリー・ド・メディシスを戴冠させた。ウジェニーの摂政就任はこの逸話を思い出させる賢明な措置だった。

オーストリアによるサルデーニャ王国への攻撃に対し、ナポレオン三世は長いあいだためらったあげく、軍事支援をする決断をした。一八五九年五月初め、ナポレオン三世はテュイルリー宮殿を出発し、ウジェニーは君主代理の真新しい衣装を誇らしくまとった。[11] とはいえその裁量は念入りに制限されていた。法律の発布や知事の指名はできず、任命できる階級は大佐までだった。そのうえウジェニーは独断で決定できず、公式な行為はすべて閣僚会議で話しあわれ、多数決で決められた。閣僚会議はいまだかつてない役割を果たすことになった。それまでは、執行役にすぎない閣僚たちを束ねる、たんなる情報機関だった閣僚会議[12]がきわめて重要な組織となり、週に二回も会合が開かれるようになった。皇妃が留守のとき、議事進行はジェローム元ヴェストファーレン国王がつとめた。ジェロームは「経験と知見」を喜んで提供し、そのうえ彼の意見はウジェニーのあらゆる決断において必要とされた。ナポレオン三世からウジェニーにゆだねた権限はこのように限定的に行使されることになっており、権力の私物化は防止された。

五月一二日、ウジェニーははじめて閣僚会議の議長をつとめた。七月なかばまで、彼女は毎週火曜と木曜に会議を招集し、土曜の私的評議会につなげた。こうして二か月あまりのあいだ週三回の割合で、摂政ウジェニーはフランス帝国の高官たちとともに規則正しく仕事にいそしんだ。掲載記事が物議をかもした「タイムズ」紙の発禁から、軍事作戦の財政支援のため発行された公債の応募条件、あるいはパリ市拡張に関連するオスマン知事の計画の承認にいたるまで、彼女はいかなる問題もおろそかにしなかった。ウジェニーはくまなく情報を収集し、議論を歓迎し、仕事熱心だった。せいいっぱい真面目に任務を果たした。あるときプロスペル・メリメは、ウジェニーが憲法を暗記しようとしているのを見かけた。衝動的な彼女の性格はおさまったように思われた。ウジェニーはとりしきってはいたが、意見を述べるときはつねに慎重だった。

フランスでは、オーストリアに対する開戦に賛成する者はいなかった。閣僚、元老院議員、国民議会議員、証券業界、カトリック教会、実業界、財界、将官にいたるまで、「パンドラの箱」を開けることに反対する人がほとんどだった。一八五九年六月四日、ナポレオン三世がマジェンタの戦いで勝利し、同月七日に帝国軍をひきつれてミラノに入城したとき、ウジェニーは夫に手紙を書き、早急に停戦するよううながした。フランスではカトリック系保守右派が停戦を主張し、国外ではプロイセンが軍の動員体制を整え、重しをかけていた。勝利しながらも、ライン国境の守りが手薄になっていたフランスにとって、二つの前線で戦うことは不可能だった。

六月二四日、ソルフェリーノの戦いにもフランスは勝った。息子をかたわらに、ノートルダム寺院で勝利への感謝を捧げるミサに参列したことは、ウジェニーの生涯でもっとも美しい思い出のひとつだった。しかしながら、状況はあいかわらず不安定だった。オーストリアは敗北したものの壊滅状態ではなく、戦争はまだ続こうとしており、長期戦になるとの見方が強かった。プロイセン側は動員体制を完了していた。フランスへの侵攻は秒読みだった。戦争がこのまま泥沼化するのを防がねばならなかった。パリでは、ジェロームが三〇万人の国民軍を動員するのをウジェニーが阻止し、ナポレオン三世は総司令部から休戦の申し入れをオーストリア皇帝に対して行ない、すぐに承諾された。ナポレオン三世とフランツ・ヨーゼフ一世はヴィラフランカで休戦協定に署名した。サン゠クルー宮殿に帰ったナポレオン三世は率直な思いを口にした。「二か月間の名誉をかけた遠征をへて、戦いの様相は変化しようとしていた。（…）アディジェ川流域（イタリア北部）だけでなくライン川流域での戦いを受けて立たねばならなかった。（…）イタリアの独立に貢献するため、わたしはヨーロッパの意向に反して戦争をした。わが国の運命が危機に瀕する可能性が出てきたので、わたしは即時停戦した」

ウジェニーは外交上のやりとりや軍事作戦についての情報をつねに収集しながら摂政をつとめ、ナポレオン三世と見解をぴったり一致させながら仕事をしていた。議長をつとめた最後の評議会で閉会を告げたとき、閣僚たちを代表して国務大臣アシール・フルドが皇妃に賛辞を捧げた。「この二か月間、妃殿下は高潔な人格をたえず示され、つねにもっとも高貴な決断をくだされました。現帝室が、フランスに幸福で安泰な未来の保証をまたひとつ提供したことは周知の事実です」とフルドは述べた。この称賛の大合唱にくわえ、今度は老王ジェロームが、「いついかなるときも、いかなる問題に際しても、フランスらしい高貴な、良識ある確かな決断力」を発揮したと、ウジェニーをほめたたえた。

おそらく儀礼的なほめ言葉であり、宮仕えの身にありがちな賛辞だったが、かつて「成り上がりのスペイン女」、「頭のおかしい赤毛女」といった悪口を言われたことを考えると隔世の感があった。ウジェニーは名実ともに政治の世界に足をふみいれ、今後もその地位を保つつもりだった。

戦時に行なわれたこの最初の摂政政治は、ナポレオン三世の叔父ジェロームと従弟プロン＝プロンに共謀するすきをあたえなかった。ジェローム王はまったく異論を唱えなかったし、その息子プロン＝プロンはサルデーニャ王の娘と結婚したばかりの身で、イタリア遠征に向かい、トリノで歓迎されたのち、トスカーナで戦っていた。

ウジェニーが二度目に摂政をつとめたときは、前回ほど協調的な雰囲気ではなかった。アルジェリアを公式訪問していたナポレオン三世はふたたび権限を妻にゆだねた。摂政政治は一八六五年五月から六月初めまで一か月あまり続いた。以前と同じように、評議会のメンバーは、ストライキの権利や、パレ＝ル＝モニアルで行なう予定のマルグリット＝マリー・アラコクの列福式の詳細といったさまざまな問題を審議した。ジェローム王は五年前に亡くなっていたが、油断ならないプロン＝プロンは皇妃に対してぎすぎすと辛辣で、反ナポレオン三世であることを隠しもせず、アジャクシオ（コルシカ島の町）を訪れてナポレオン一世の記念碑の除幕式を行ない、扇動的な演説をした。プロン＝プロンはそれまでにまして激しく、政府のやり方や、政権が推薦する立候補者の優遇制度や、検閲といった問題をごちゃ混ぜにして批判し、ローマでフランス軍に守護されている教皇を非難し、オーストリアと結託するなど論外だと主張した。彼はヴィクトル・ユゴーが好んで用いた手法にならって、ナポレオン一世の功績を絶賛した。ナポレオン一世とひじょうによく似た風貌のプロン＝プロンは、偉大な伯父をたたえ、暗に甥のナポレオン三世をこき下ろした。

帝室の一員によるこのような言説に、フランス中が茫然とした。プロン＝プロンの演説の内容を知ったウジェニーは夫に報告し、それにかんする記事が出版物に掲載されないよう手をうとうとしたが、むだだった。そこで閣僚たちは、プロン＝プロンの発言を公開で糾弾するようウジェニーに要求した。ウジェニーはそれについてはなにもせず、決定的な仲たがいを避けるため、もめごとはここまで、と宣言した。プロン＝プロンはナポレオン三世からの厳しい戒告を受けるだけで、それ以上のおとがめはなかった。[13] ウジェニーはプロン＝プロンに対する反感を抑えて賢明なところを見せたのである。やっかい者への対応は夫にまかせ、一族に平和をとりもどすよう動いた。プロン＝プロンは私的評議会の副議長を辞任し、皇帝夫妻となんとか和解しようと努めた。

ウジェニー、ローマ、教皇

伝説とは裏腹に、ウジェニーとナポレオン三世は政治にかんしては息の合った夫婦であり、最初の二度の摂政政治の経験がそれを証明している。しかしながら、信仰をはじめとするウジェニーの強い信念が皇帝の政策とつねに合致するとはかぎらなかった。衝動的なウジェニーは外交的センスに欠ける言葉を吐くことがあった。感情に駆られた反応をするので、夫の政策に不賛成なのかと受けとられたりもした。実際は、ウジェニーは皇帝の決定には反対しなかった。気性をむき出しにするので、皇帝の計画への賛同が後まわしになることがあった。後まわしにはなっても反対はしなかった。「ローマ問題」がそのいい例だった。

一八五九年七月ヴィラフランカで、敗戦国オーストリアと休戦協定を結ぶと、ナポレオン三世は約束どおり、イタリアを「アルプス山脈からアドリア海まで」解放するため、すぐに停戦した。イタリア統一の中核となるサルデーニャ王国はロンバルディアを併合していた。さらにパルマ公国、モデナ公国、トスカーナ大公国も君主を追放しサルデーニャ王国への合流を選択した。しかし、(サルデーニャ王国に併合するはずだった) ヴェネトはオーストリア領のままであり、依然として教皇領は併合されようとしていたので、強い抵抗が危惧された。というのは、ローマはキリスト教世界の精神的中心であるだけでなく、教会国家の現世的中心でもあり、教皇はカトリック教徒の最高指導者であると同時にイタリアの君主だったからである。

フランスは一〇年前からローマに進駐し、教皇を守護していた。一八四八年、ヨーロッパを席巻した革命運動はローマにもおよんだ。教皇は追放されて世俗的世界の権力を失い、ローマ共和国が成立した。教皇ピウス九世はカトリック勢力の連帯をよびかけ、権威をとりもどすための支援を求めた。当時フランス共和国大統領だったルイ＝ナポレオン（ナポレオン三世）は、ローマに遠征軍を送り、ピウス九世を復権させた。一八五九年、フランス軍は依然としてローマに駐留していた。

イタリア統一への歩みはこの「ローマ問題」でつまずき、ナポレオン三世の政策のあいまいさを露呈していた。ナポレオン三世は教皇の世俗的権力をあやうくする統一を援助していたが、かといって政権の支持者であるフランスのカトリック教界を敵にまわすわけにはいかなかった。すでに保守派は、エミリアやトスカーナで反乱が起き、マジェンタやソルフェリーノで戦勝したフランス軍が追い立てられるのではないかとびくびくしていた。ほかの君主たちから「ヨーロッパの悪党の親玉」とみなされるのをおそれたナポレオン三世は、イタリアの民衆が立ち上がるのをこれ以上止められなくなった、と述べた[14]。

しかし、教皇はその領土を犠牲にすることを認めるべきだとも考えていた。ナポレオン三世が寄稿した匿名の小冊子には、「領土が小さいほど君主は偉大である」と単純明快に記されていた。ナポレオン三世はピウス九世に、教皇領を手放してはどうかと手紙を書いた。フランスのカトリック教徒は浮足立ち、司教に背中を押されて、教皇の世俗的権力の維持をさかんに訴えた。世俗的権力がなければ、教皇はたんなるイタリアの一司教になりはててしまう、というのが彼らの言い分だった。カトリックの集まりで、説教を聞き、ミサを終えると、人々の気分は高揚していた。教皇は「ローマ教皇庁保護のため信徒をたきつける」よう司教らに要請し、怖いもの知らずの高位聖職者たちはナポレオン三世をポンテオ・ピラトやユダにたとえることもはばからなかった。ピウス七世を「虐待」したナポレオン一世のように、ナポレオン三世は教皇を身ぐるみはがし、教皇の権能をなくし、ピウス九世を囚人のように監視するつもりなのかと糾弾した。

ナポレオン三世が「聖職者寄り」すぎるヴァレフスキ伯爵を外務大臣の座からはずし、教皇にあまり好意的でないことで有名なエドゥアール・トゥヴネルをかわりにすえたとき、不安はますます広がった。もはや教皇権力の擁護者たちは最後の手段に頼るしかなかった。ウジェニーである。彼女が教皇に忠実であることはだれもが知っていた。聖ドミニコ[15]を家族の一員のように思って崇めるウジェニーの「スペイン人らしい」信仰心が有効に働けば、ナポレオン三世の政策を転換させることができるだろうと思われた。

カトリック教徒がウジェニーに働きかけ、ナポレオン三世に異を唱えさせるのに成功したと人々が思ったのは早計だった。ウジェニーはナポレオン三世に手厳しいプレッシャーをかけたらしい、人々が盲信的と信じて疑わなかったウジェニーの信仰は、こうしてイタリア統一の達成に水を差し、ウジェニー政策とよばれる方針を過度に強化した、と思われた。しかしそんなことはまったくなかった。事実をよそに、マティルド皇女やプロン＝プロンが言いふらした陰口のほうが信用され、ウジェニーに対する誤解から非難が集中したのである。

イタリア統一の主導者と教皇――どちらにとってもナポレオン三世は庇護者であった――の利害の対立に当惑したナポレオン三世は、教皇領の割譲はやむをえないと腹をくくった。ピウス九世の身の安全は確保するつもりだったが、イタリアの愛国者たちに対して強硬手段を使いたくなかった。ナポレオン三世はこの思いをウジェニーに伝えた。こんこんとさとされた（叱られたというべきか？）彼女は最初の思いこみをあっさりすてた。一八六〇年一月一四日付の姉への私信によると、彼女が考え方を変えたことがはっきりわかる。いまの教皇領《レガシオン》（すなわちサルデーニャ王国への併合が決まっていたボローニャとロマーニャ）が教皇庁の管轄となったのは「一八一五年の条約」のときであるとウジェニーは認め、聖ペトロの遺産（教皇領）の運命[16]は政治的問題であり、宗教上のそれではないとした。政治的現実主義はウジェニーの信念に打ち勝った。「武力によらなければ教皇領を維持することはできない以上、教皇に損失の補償をし、教皇領のこの部分を手放すほうがいいのではないでしょうか。そうすれば残りの領地でもっと権勢をふるうことができるかもしれません」。その反面、教皇領として残る地域は今後どうなるのか、ウジェニーはやはり気がかりだった。彼女は「たいへんこみいった」こちらのほうが心配だと述べている。「わたしたちすべてと教皇さまにとってひじょうに扱いがむずかしい」問題と思われたのである。

このような発言をしているからといって、ウジェニーは筋金入りの教皇権至上主義者でもなく、十字軍さながらの意気軒高な女性でもない。エミール・オリヴィエ大臣は総じてウジェニーに手厳しかったが、それは認めていた。ウジェニーは「ひじょうに熱心なカトリック教徒だったが、狂信的ではまったくないし、イエズス会や教皇至上主義者の影響もまったく感じられない。教皇や教皇庁に対する彼女の方針は「七月王政下で首相をつとめた」アドルフ・ティエールやすべてのカトリック教徒と同じである」と述べた。

しかし、トゥヴネル大臣が、サルデーニャ王国首相の座に返り咲いたカヴールの野望に気圧されて、ローマはいつかイタリア王国の首都となると評議会でほのめかしたとき、ウジェニーは柳眉を逆立てて即刻会議の席を立った。フランスのカトリック教徒との争いの種になりそうなこの可能性は認めなかったが、ナポレオン三世はローマから撤兵したいと考えていた。

教皇を見すててイタリア統一推進派の手にゆだねるようなことはせずにローマから撤退するにはどうすべきか、ナポレオン三世はようすをうかがった。もっと妥協的な人物が次の教皇となることを期待し、六八歳のピウス九世が死ぬまで待つべきか？　武力に頼らずフランスと協調しながらローマをイタリアに併合すると約束するカヴールを信用すべきか？　ナポレオン三世の気は動いたが、カヴールはあっけなく死に、ナポレオンはますます迷いを深めた。成立してまもないイタリア王国にローマをゆだねるのをはばめば、一八五九年の軍事介入によって得たせっかくの精神的高揚がむだになる。いっぽうキリスト教徒の心のよりどころであるローマを教皇から奪うことは、フランスのカトリック教徒を敵にまわすことだった。ウジェニーにそうした迷いはなかった。彼女は撤退に反対であり、あの騒々しいガリバルディがローマにのりこもうともくろんでいることにますます反感をいだいた。

一八六四年、えてして優柔不断なナポレオンもとうとう腹を固め、二年以内にローマから撤退することにした。イタリア政府が教皇領に手を出さないこと、フィレンツェを首都とすることを正式に約束したことをふまえての決断だった。撤退となればウジェニーの負けだった。頭に血がのぼった彼女は突発的な行動に走ろうとした。フランス軍が撤退するときにはローマへおもむき、教皇に忠誠を固く誓うのだ、と言って聞かなかった。しかしナポレオン三世がこのもくろみをあきらめさせた。一八六六年一二月にフランスはローマから引き揚げ、「ローマ問題」はようやく解決したかに思われた。四年後、一八七〇年に普仏（プロイセン＝フランス）戦争が勃発し、フランスはまたたくまに壊滅状態となり、永遠の都ローマはイタリア王国に併合され、イタリアの統一は完了した。

ウジェニーの信仰は皇帝のイタリア政策の足かせになったわけではない。ただ、教皇を無防備な状態においてはならないという彼女の信念が、「ローマ問題」の解決を遅らせた。ナポレオン三世はこの不平不満が噴き出す問題を棚ざらしにすることで、どちらを選択しても反発にあうというジレンマのなか、妻の言い分をとおさなかっただけでなく、支持を失うわけにはいかないフランスのカトリック教徒の激高を沈静化したのである。

メキシコ出兵という大失策

イタリア統一へのフランスの介入は皇帝の一存だけで進められたことではなく、ウジェニーも一枚くわわっていた。皇帝にとっては民族国家の原則、ウジェニーにとってはカトリック教会の利益への――けっして盲目的ではない――執着がかかっていた。同様に、ナポレオン三世とウジェニーはメキシコ進出という事業に共同で取り組んだ。皇帝は中央アメリカにおけるフランスの地位確立の構想につき動かされ、ウジェニーはメキシコにおけるカトリックの君主国の復活を夢見た。

一八二一年に独立したメキシコは、政情不安が続き、莫大な対外債務の支払いを停止していた。一八六一年フランス、イギリス、スペインの軍隊は、自国民の債権を回収する責務を国から託され、メキシコに上陸した。イギリスとスペインが撤兵した後も、フランスの遠征軍だけはメキシコに残り、債権回収という当初の目的を越えて侵攻を継続し、ハプスブルク家のマクシミリアン大公を皇帝にすえた。先住民族のファアレス率いる自由主義者の反徒は、フランス軍の駐留だけが頼りの帝政に異議を唱えた。ナポレオン三世の命令で軍が撤退すると、孤立無援でゲリラと対峙することになったマクシミリアンは捕らえられ、一八六七年六月一八日、銃殺刑に処せられた。ナポレオン三世配下の大臣が「きわめて壮大な統治の構想」とよんだ計画は惨憺《さんたん》たる結果に終わった。

この熱帯への無鉄砲な進出はなにが目的だったのか？　武力にものをいわせた債権回収は、介入の本来の目的を隠すための口実にすぎなかった。ナポレオン三世には彼なりの理屈があり、ウジェニーにはそれを補う彼女なりの理屈があった。フランスの経済的利益をねらって、農産物や鉱物といった資源が豊かで、かつフランスの工業製品の市場となりそうな国を支配しようという算段だった。南北戦争で分裂していたアメリカの触手からメキシコを奪うのだと思うと、ナポレオン三世の胸は高鳴った。内戦で手一杯のアメリカは、新大陸の問題にヨーロッパ諸国をいっさい干渉させないとするモンロー主義の遵守をよびかけるどころではなかった。多くの人々と同じように、ナポレオン三世は、フランス産業に必要な綿花を産出する南部が勝利するほうに賭けていた。貿易の障壁となる、北部の保護関税政策も打ち破る必要があった。ナポレオン三世はフランスがそのときメキシコ湾でどのような手をうつか、あれこれ考えた。

いずれにせよメキシコの政治的安定の回復は不可欠な条件だった。双方の陣営が一歩もゆずらず内戦の様相を呈していたからである。強硬な反教会派の自由主義者たちは聖職者の財産を奪取しようと画策し、教会寄りの保守主義者である大土地所有者たちと対立していた。一八六〇年一二月、自由主義陣営は権力をにぎり「政教分離国家」を樹立しようとした。いっぽう保守派はパリ、ウィーン、ロンドンに亡命して支援を求め、一人のヨーロッパの貴公子にメキシコの帝位を授けると申し出た。その方が帝冠をお受けとりになりさえすればよい話です、と彼らはうけあった。こうした人物が何人かパリを訪れ、テュイルリー宮殿に通いつめて懇請した。そのうちの一人がホセ・イダルゴという名で、ウジェニーの若い頃からの知りあいだった。ウジェニーは一八五七年にビアリッツで彼に偶然再会していた。イダルゴはメキシコに君主国を復活させたいのだとウジェニーに夢を語った。翌年、イダルゴはコンピエーニュに招かれ、ナポレオン三世に話をする機会をあたえられた。メキシコから移ってきた保守派は、メキシコで勝鬨《かちどき》を上げている自由主義派に対抗する政党をパリで設立しようとしていた。ナポレオン三世は彼らの要望を聞いたものの、言質《げんち》をあたえなかったが、ウジェニーはふるいたった。

「忠実なメキシコに信仰の旗を揚げる」というのがウジェニーの願いだった[17]。ナポレオン三世はメキシコに聖職者の権力を復活させるという計画にそれほど魅力を感じなかったので、最初はウジェニーに賛成ではなかった。とはいえ「ローマ問題」にいらだったフランスのカトリック教徒をなだめ、さらにメキシコと取引してフランス製品の有力な顧客にすることもできると気がつき、心が動いた。ナポレオン三世はウジェニーの主張に傾いた。

プロテスタント系のアメリカ合衆国の鼻先の中央アメリカにカトリックの君主国をうち立てるという構想にウジェニーは夢中になり、ナポレオン三世は大西洋のかなたにヨーロッパ由来の君主国を成立させるのだと思うと心が躍った。ゆえに、イギリスとスペインが、メキシコの自由派政権に債務弁済をせまるべく派遣した遠征軍を引き揚げた際も、フランス軍は残留して――増援部隊すら送り――、苦戦のすえにプエブラ、そしてメキシコを占領した。勝利をおさめたフランスはここで手を引くこともできた。パリの閣僚たちは撤退論に傾いていたが、ナポレオン三世とウジェニーから見れば、事業は道なかばだった。

フランスの傘下となったこの国に、君主をすえるという次の段階に進まねばならなかった。亡命メキシコ貴族たちは日参してウジェニーに陳情した。筋金入りのカトリックであるハプスブルク家のマクシミリアンならうってつけではないかという話がもちあがった。マクシミリアンはオーストリア皇帝フランツ・ヨーゼフの弟で、妻シャルロッテはベルギー国王の娘だった。ウジェニーの提案にナポレオン三世も同意した。オーストリアはおそらくフランスに感謝するだろうし、(オーストリア領)ヴェネト地方を新興国イタリアに割譲するというナポレオン三世の希望に応えてくれるだろうと考えた。

メキシコ皇帝となったマクシミリアンは財源もとぼしく、不幸にも、執拗に攻撃をくりかえす現地のゲリラを相手に苦労が続いた。マクシミリアンはメキシコの政情を安定させることができなかった。戦闘はいつまでたっても終わらず、自由派はふたたび盛り返し、アメリカ合衆国はにらみをきかせ、バゼーヌ元帥率いる遠征軍の費用はフランスの財政を圧迫した。メキシコの夢ははかなく消えた。

マクシミリアンが聖職者擁護派の傀儡とみられるのを嫌い、教会財産の返還をこばんでカトリック保守派の反発をまねいたとき、ウジェニーは悪夢を見るようだった。マクシミリアンはもっとも手堅い支持者を、ウジェニーは遠く描いた夢を失った。

無為無策のマクシミリアンにナポレオン三世は頭をかかえた。失望したのはウジェニーも同じだった。フランスのメキシコ進出は泥沼化した。もはや遠征軍を引き揚げるべきだった。フランスの世論は撤兵を叫び、財政状況は逼迫し、アメリカも声を合わせた。メキシコを見放すことは、――だれもが気づいていたように――マクシミリアンを見放すことだった。シャルロッテ皇妃がはるばるパリを訪れ、皇帝夫妻に嘆願し、ウジェニーにとりすがったが、むだに終わった。一八六七年、大西洋をはさんだメキシコで、敗北したマクシミリアンは銃殺刑に処せられた。失策の責任はナポレオン三世とウジェニーと半々だった。

自由主義への不安

一八六六年は悪い知らせが重なったように思われた。同じ悪い知らせでも、衝撃のほどはさまざまだった。撤兵を発表したナポレオン三世はメキシコ介入政策の失敗を認めた。国際舞台におけるフランスの威信は傷ついたが、国内の安全はおびやかされなかった。その反面、七月三日にオーストリアがサドワでプロイセンに敗北したことは、はるかに衝撃だった。プロイセンはいまやヨーロッパ一の軍事大国であり、フランスの目前に、プロイセンが利益を占有する北ドイツ連邦を結成したことはまさに危険を意味した。あまりに強大な隣国に対しては、戦うしかなかった。ウジェニーはそう考え、戦火をまじえることを望んだ。彼女は外務大臣ドルアン・ド・リュイスら閣僚とともに、プロイセンと戦うべく軍を動員し、ライン国境に八万の兵を集結させるようナポレオン三世にせまった。この存亡にかかわるプロイセンの勢力伸張をくいとめるのが喫緊の課題ではないかとウジェニーは主張した。

ところが、フランスの軍備が不十分であるとわかっていたナポレオン三世は、プロイセンの鉄血宰相ビスマルクを懐柔し、有益な同盟を結ぼうとした。先に述べたように、一八六七年七月、ナポレオン三世はウジェニーをヴィクトリア女王のもとに派遣した。ヴィクトリアは、責任はプロイセンにあると認めながらも、「軍備ではなく平和」を選ぶよう助言した。同年八月にナポレオン三世夫妻はフランツ・ヨーゼフ皇帝とエリーザベト皇妃を訪ね、報復を勧めたものの、やはり、はかばかしい効果はなかった。居あわせた者によると、この訪問の際、それぞれの性格を表わすちょっとした出来事があった。シシィ（エリーザベト皇妃）はザルツブルクでウジェニーを迎えることを承諾しておもむいたが、ウジェニーは彼女をみごとにまいて皇帝たちと歓談したというのである。メキシコ皇帝となった弟マクシミリアンがむざむざと見すてられ、六月に処刑されていたにもかかわらず、フランツ・ヨーゼフ皇帝は弟を見殺しにしたフランスに接近しようとしていた。とはいえオーストリアは、フランスのプロイセンに対する攻撃を支持しないということは伝えた。

結局、ビスマルクはつぎつぎ打つ手があたって勝利し、フランスの面目を失わせて悦に入った。ナポレオン三世はヨーロッパの均衡の原則を盾に、プロイセンの覇権に対し補償を要求した。ザール地方南西部の帯状の領土、あるいはルクセンブルク、はてはバイエルンのプファルツ地方やベルギーにいたるまで、併合を求めた。ビスマルクは、最初はフランスの要求を「チップ」とよんでせせら笑い、応じるかまえを見せたが、それもあとで公然と敵対するためであり、ドイツの領土を割譲するつもりなどさらさらないと傲然とはねつけ、フランスに狙われていることを当の国々に警告し、ヨーロッパにおいてフランスを孤立させようとした。ビスマルクはナポレオン三世を手のひらで転がすようにもてあそんだ。ウジェニーはビスマルクが悪魔に思えた。

この数年間は苦労が続いた。一八六七年の万国博覧会は、ウジェニーがあらゆる国賓を手ぬかりなくもてなし、成功をおさめたが、外交は頓挫し、軍制改革は失敗し[18]、反体制派の共和主義者らが力を伸ばしてくるといった現状は隠せなかった。ウジェニーの落胆は不安に変わり、いっこうに鳴りをひそめない反体制派は、一八六七年一月にはじまった新たな自由主義改革[19]を機にのし上がってくるだろうと思った。ウジェニーは政権が自由主義へ傾こうとしているのを苦々しく思っていた。彼女は閣僚のなかに、ルエルをはじめとして味方となる権威帝政派を見つけて満足した。それでもやはり、方針は定まり、ウジェニーがそれをはばむことはできなかった。しかしながら、皇帝と皇妃それぞれの二つの政策がテュイルリー宮殿で対立しているかのように、「皇妃派」、「皇妃政策」をやり玉にあげる者もいた。

皇帝に自分の意向を押しつけるとまではいかなくても、ウジェニーの影響力が増しつつあることはさらに目に見えて明らかだった。とはいえ皇帝からウジェニーによせられた信頼には弊害も多く、元内務大臣で古くから皇帝の腹心だったペルシニの文書が、一八六七年一一月に皇帝に提出された。

それは内密の手紙だったが、病身のナポレオン三世はウジェニーに開封を頼んだ。彼女は夫のために「皇妃の評議会臨席について」と題した文章を声高く読み上げねばならなかった。ペルシニは最初に、皇妃が夫である皇帝から政治について学んだことがいかに有益であったか、その結果としていかなる難題にも精通するようになったかを述べた。しかし、このように摂政というかりそめの役割を果たすべく政務の手ほどきを受けたことが裏目に出て、皇妃はいたずらに野心をいだくようになったのではないかと、ペルシニは問うていた。ペルシニは皇妃が皇帝とともに評議会に臨席することは、「一種の権力の共有」とみなされるのではないかと危惧していた。ウジェニーにしても、彼女の名前で政策が行なわれることになんのメリットもなかった。もし失敗すれば、ウジェニーが責任を問われることになり、成功すれば、名誉は皇帝と分けあわねばならなかった。「いずれの場合も、帝国の威信は低下し、弱体化をまねく結果になります」とペルシニは述べていた。

同じような抗議文がよせられ、ウジェニーは青ざめた[20]。深く傷ついた彼女は評議会への出席をひかえるか、あるいは毎回出席するのはやめる決心をした。「一八六九年から、皇妃は評議会にはときおり顔を出すだけになった」とエミール・オリヴィエは書いている。五月の立法議会選挙[21]で権威帝政主義者が大幅に議席を減らした結果、ナポレオン三世は、この頃から、自由帝政へとさらに大きく舵を切ったことは確かである。立法議会に新たな特権があたえられたおかげで混合型議院内閣制への移行が進んだ。ウジェニーは再三反対を唱えたが、むだだった。そのうえ、ウジェニー派は蚊帳の外に置かれていた。ウジェニーに同調し自由主義改革に反対した閣僚らは非情な宣告を受けたかのように罷免された。ウジェニーは孤立した。

帝政の自由化を進めてもなんの利点もないとウジェニーは思っていた。さらに悪いことに、不満が広がるにつれ、つぎつぎと言いたいことを言う者が出てきた。ナポレオン三世が新たに打ち出した自由主義的政策について、皇帝に好意的な政治家たちは愚の骨頂と言い、権威帝政回帰論者は恥ずべき軟弱ぶりと言い、反対派の旗幟を鮮明とする者は見かけ倒しの改革と言いだすありさまで、だれもが異を唱えた。「わたしたちは敵に包囲されているようなものです。ひとつ問題をかたづけたら、まてすぐ別の問題がもちあがります。皇子が一八歳になっていたら、わたしたちは退位するところなのに」とウジェニーは言っていた。

ウジェニーの保守的姿勢には理由があった。息子の摂政となるときに、帝室の権威が低下していたらと思うと不安だった。ナポレオン三世は病身だった。しかもかなり深刻で、結石をわずらっており、リューマチによるものと誤診されていた痛みが断続的に起きた。小康状態のときもあったが、病気は慢性的だった。もう少しで身体がぼろぼろになり、国の統治という重責に耐えられなくなると思われた。一八六八年には評議会の議長をつとめられなかったことが何度かあった。もし死ぬようなことがあれば、周囲の反対と敵意とおどしのただなかで、ウジェニーは息子の権力を保持しなければならなかった。一八六八年八月、愕然とする出来事が起きた。皇子は、ソルボンヌで全国高校学力コンクールの賞を授与する役目だった。受賞者のうちの一人で、ナポレオン三世に敵対していることで有名なカヴェニャック将軍の息子が、皇帝の息子の手から賞をもらうなどまっぴらだと言って拒否した。この事件は波紋をよんだ。ウジェニーは泣き、面と向かって侮辱されたこの出来事は、今後訪れる危機の前兆にちがいないと思った。反対派に甘すぎた帝政は脅威にさらされている、と考えた。

ウジェニーは、一八六九年一〇月から一一月にかけて行なわれたスエズ運河の開通式を夫の代理で仕切り、つかのまほっと息をつくことができた。パリに帰ると、厳しい現実がまた待っていた。元法務大臣の妻ナディヌ・バロッシュの描写によると、「皇妃が旅から帰るやいなや、一部の新聞が妃殿下への徹底的な非難中傷を再開した。彼らの常套手段だった。リベラルな議会主義の運動が国の諸組織のなかで実を結んでいることに、皇妃は動揺し、反発していると書いた新聞もあれば、別の新聞は、何人かの政治家についての軽率で筋ちがいな言葉を吐いた張本人は皇妃だと書きたてた」。また、一八七〇年一月二日、ナポレオン三世が自由主義者エミール・オリヴィエに組閣を命じたとき、ウジェニーはこの指名を屈辱的だと感じた。夫の采配はいつまでたっても彼女の理解を超えていた。彼女はのちに「陛下があれほど重大な改革をなぜ決断したのか、わたしにはわかりませんでした」と語っている。政府の有力者[22]オリヴィエと配下の者はウジェニーの信頼を得ておらず、新政府のほうもウジェニーが評議会に出席するのをよしとしなかった。ウジェニーは評議会に顔を出さず、不満たらたらだった。陳情に訪れた者に、彼女はこう答えるのが常だった。「大臣たちにおっしゃってください。わたしはもう信用されていませんから」

ウジェニーの思いをよそに、ナポレオン三世がはじめた自由主義改革の前途は明るいように思われた。エミール・オリヴィエは一八七〇年四月二〇日、実質的な自由主義帝国憲法となる元老院決議を発表し、自由主義への方向転換を公にした。一八五二年憲法の改正といえるものだった。大臣たちは依然として皇帝に従属していたが、責任を負うようになり、二院——立法院と元老院——は皇帝とともに立法権を共有し、皇帝は国民投票によってつねに国民の信を問うことができた。「こうして絶対的権力はどこにも存在しなくなった。国の最高指導者は議会によって、立法院は元老院によって、二院は国民によって抑制を受ける」[23]とルイ・ジラールは書いている。こうして改正された憲法は、五月八日に行なわれた国民投票で圧倒的多数で承認された。ナポレオン三世は勝ちほこった。彼は第二帝政を成立させた一八五二年一一月の国民投票を思い起こして「数字をとりもどした」と言った。帝室は盤石となり、皇子の将来は保証された。「わが子よ、この国民投票で君は認められたよ」と彼は息子に言った。反対派の共和主義者も承認せざるをえなかった。フランス帝国はいまだかつてなく強大になったように思われた。

しかしながらウジェニーは、天にも昇る心地を味わったのもつかのまで、すぐにふさぎこんだ。ナポレオン三世の体調が日に日に悪化したのである。馬に乗ることもほとんどなくなった。持病の尿路結石はアヘンで苦痛をやわらげたが、眠気に襲われ、ひどく長いあいだ昏睡状態になることもあった。六一歳にして老けこみ、しばしば執務に支障をきたしたナポレオン三世は、健康上の理由から退位を考えるようになった。ウジェニーもそう勧めた。六月初め、ウジェニーは、皇子が一八歳になる一八七四年で任期を終えることを夫に納得させた。彼女は母后としての新たな役割へと準備を進めていた。

すべての人々の戦争

一八七〇年七月初め頃、新聞雑誌の編集室や閣僚の控室で、テュイルリー宮殿や議会で、そしてまたたくまに街角で、人々の口の端にのぼった話題といえば、フランスの国益、フランスの名誉、政界幹部が「いさぎよく堂々と」果たすべき義務にほかならなかった。悲壮感がただよう、大向こう受けを狙った怒りに満ちた宣言から、だれもが脅威がせまっていることを感じた。プロイセン王ヴィルヘルム一世の親戚であるホーエンツォレルン＝ジクマリンゲン家のレオポルト王子がスペイン王位継承候補になるとの知らせが広まっていた。二年近く前に女王イサベル二世が追放されて以来、スペイン王の座は空位となっていた。落魄《らくはく》のイサベル二世はビアリッツでウジェニーに迎え入れられてフランスに亡命した。ナポレオン三世は将来を見すえて、スペイン王の候補として、諸国の同意が得られそうな何人かの顔を思い浮かべた。ホーエンツォレルンという家名はスペイン人の支持を得ていたが、フランスは受け入れがたかった。プロイセンの王家の者がスペインを統治するなど、想像できなかった。統一の途上にあるドイツと、一枚岩となるスペインのあいだで、フランスははさみ撃ちにあうようなものだった。（スペイン王をかねた神聖ローマ皇帝）カール五世時代の再来など許しがたかった。

ビスマルクの巧みな操作により、レオポルト王子が王位継承の最有力候補となる可能性が確実となり、一八七〇年七月二日に通知が公表された。パリでは抗議の声が上がった。フランスはビスマルクに手玉にとられていると人々は思った。同じだけやり返すしかなかった。集団的「ヒステリー」に気圧されたナポレオン三世は六日、反発をよんでいるスペイン王の候補問題がかたづかなければ、フランスは戦争も辞さないと通告せざるをえなかったのである。ナポレオン三世は世間の好戦論に与したわけではなかったが、プロイセンの挑発を非難し、開戦をちらつかせなければ、自身の地位も危ないことはわかっていた。

ウジェニーは夫ほど慎重でも聡明でもなかった。世論の流れと同じく、彼女はとことん戦う気だった。あらゆる要素が彼女を駆りたてていた。彼女の気質、オーストリアが敗北したサドワの戦いに対する報復の意志、メキシコ出兵の失敗を帳消しにする狙い、勝利によって自由主義者らを脇に追いやり帝政の地盤を固めるとの確信がウジェニーの背中を押した。閣僚や議員たちと同じく、彼女は力の対決に傾いていた。戦争大臣ル・ブフ元帥は戦闘態勢は整っております、とウジェニーにうけあっていたが、ナポレオン三世は疑わしく思っていた。新聞雑誌に目をとおすと、「背中からついてライン川左岸から敵を駆逐し」なければならないこと、「武力のみが解決できる問題を協議するため」刀を納めたままにすることはもはや不可能である、と書かれていた。[24] 一九〇六年、彼女は、外交官であり歴史家だったモーリス・パレオログに「後退や妥協などできませんでした。そんなことをしたら全国民を敵にまわしたでしょう。すでに弱腰だと批判されていたのです。おそろしい言葉がわたしたちの耳にとどきました。『ホーエンツォレルンから候補者が出るなど、第二のサドワの前ぶれだ！』。ああ、そのサドワという名前！　第二のサドワの惨禍が帝国を襲うなど、許すことはできませんでした。そのようなことになったら帝国がもちこたえるのは不可能だったのです」と語った。「プロイセンの思い上がり」にいらだったウジェニーはもちまえの情熱を祖国の名誉を守ることにかけた。

それ以上の言動を彼女がとったという証拠はない。伝説とは異なり、歴史の審判にかけられたウジェニーを追いつめる最大の証拠とされる「今度の戦争は『わたしの』戦争です」という名セリフは、彼女が口にしたり書いたりしたものではけっしてない。ナポレオン三世についての著作を残したイギリスの歴史家ウィリアム・スミスは、彼女がこの激しい言葉を吐いたとする批判を一顧だにしていない。のちに亡命の身となったとき、ウジェニー自身、そのような言葉を言ったことはないとはっきり述べているし、それを聞いたとされる相手の外交官も否定している。この誤ったエピソードには二人の張本人がいる。一つはプリンス・ナポレオン（プロン＝プロン）と結託した雑誌「ラ・ヴォロンテ・ナシオナル（国民の意志）」の記事である。掲載されたのは一八七四年、ナポレオン三世が亡くなってから一年後だったので、当然彼も否定できなかった。もう一人の犯人は外務大臣グラモン公爵で、七月一四日の評議会でのウジェニーの熱気あふれる演説について述べている。[25]

この評議会の内容を理解するためには、それ以前に何があったか、さかのぼることが必要だ。フランスの強気の姿勢に怯《ひる》むことはなかったものの、ビスマルクと意見を異にしていたプロイセン王ヴィルヘルム一世は、戦争の火種をまいているとヨーロッパ中からみられたいわけではなかった。彼はレオポルトをスペイン王候補に立てる案を撤回したいと知らせ、すんなり受け入れられた。撤回の件は七月一二日朝に発表された。戦争は回避できた。しかし、パリの人々は頭に血がのぼっており、タカ派は外交上の勝利をおさめたというだけでは満足しなかった。ナポレオン三世自身も、周囲の者のことがよくわかっているだけに、「プロイセンとの喧嘩にはっきりとけりをつけていないという失望を国民が味わうのではないかと」気になった。そこでナポレオン三世はプロイセンに「保証」を要求しようともくろんだ。すなわち、ホーエンツォレルン家ではなく、プロイセン政府がスペイン王位を狙うのを断念するという保証を得ようとしたのである。一二日夜、ウジェニーとグラモン公爵の押しに応えてこの要求がプロイセン側に伝えられた。

ウジェニーから見れば、ドイツがスペイン王候補擁立をたんにとり下げただけでは不十分だった。

プロイセン王には、今回のような擁立は二度とくりかえさないと、確約してもらわねばならなかった。そこでナポレオン三世は、テュイルリー宮殿にこもって妻やグラモン公爵と話しあい、決断をくだした。エミール・オリヴィエもほかの閣僚たちのだれも同席しなかった。閣僚が集まる評議会だけがこうした要求に歯止めをかける権限をもつというのに、病身のナポレオン三世は三人だけの密談ですませた。半年間評議会から除外されていたウジェニーはここぞとばかりに張りきった。今後のこともふくめ、スペイン王位継承への干渉を断念するとの確約を求めるため、彼女は、もともと腹を決めていたグラモン公爵（「わたしはグラモンの提案を強力に支持した」）と、腹を決めようとしていたナポレオン三世に発破をかけた。

この確約の要求こそビスマルクの思うツボだった。フランスからの高圧的な要求は、ビスマルクにありがたい開戦事由をあたえた。ビスマルクは、確約をこばんだ事情を説明するヴィルヘルム一世からの電報を改変し、フランスを侮辱するメッセージにしてベルリンに送った。これが有名なエムス電報事件であり、ナポレオン三世が派遣した駐プロイセン大使ベネデッティとの会見をヴィルヘルム一世が再度断わったことは外交上の無礼と解釈された。「国王陛下はフランスの大使との会見を拒否し、これ以上伝えるべきことはないと副官を通じて伝えた」とするこの電文が広まるやフランスは騒然となった。パリの民衆は興奮し「ベルリンへ！」と叫んでいた。グラモンは「侮辱をあたえたらどうなるか思い知るがよい」とあおった。

七月一四日、閣議が三回続けて開かれ、開戦派と非戦派が対立した。開戦派は予備役軍人の召集を確保し、非戦派は安易にもヨーロッパ諸国をまきこんだ会議に救いを求め、ビスマルクの奸計の裏をかこうとした。三度目の閣議はサン＝クルー宮殿で開かれ、ウジェニーはみずからのりこんだ。グラモンによると、国の名誉がかかっているとして、彼女は開戦を求めた。しゃべっているのはもはや「ひらひらの妖精」ではなく、クリノリンドレスをまとった軍神であった。しかしウジェニーを快く思っていなかったエミール・オリヴィエの証言は異なり、「皇妃だけが一言も発せず聞いていた」というが、ウジェニーが黙っていたとは疑わしい。「それが議会と国民の思いに応えるものかどうか疑問です」と冷静に述べながら、ヨーロッパ会議開催の構想をウジェニーがしりぞけたと、オリヴィエ自身述べているのである。実際、このヨーロッパ会議というその場しのぎの姑息な外交的手段に頼っていたら、ナポレオン三世とフランスの信用は失われたことだろう。ナポレオン三世同様、ウジェニーは開戦の必要を強く感じていた。不当にも彼女が言ったとされている、「この戦争はわたしの戦争です」なる台詞は発せられなかった。開戦の決断をした皇帝夫妻は全員一致の閣僚たちとともに、国民の意志に従ったにすぎなかった。プロイセンとの戦争はすべての人々の戦争だった。〔アドルフ・ティエールとレオン・ガンベッタは開戦に反対し、「プロイセン人」、「非国民の遠吠え」「負け犬」とよばれたと後々伝えられている。〕

三度目の摂政政治

軍事予算が可決され、フランスは七月一九日にプロイセンに対し宣戦布告した。ナポレオン三世は戦術に長けているとはあまりいえなかったが、陣頭指揮をとった。ウジェニーがそうするよう強くうながしたのである。家名の威光、帝室の利益にかけて戦わねばならなかった。しかしながら、ナポレオン三世はまともに歩くことすらできなかった。その身体で馬に乗れるかどうかも覚束なかった。マティルド皇女が「あの人を、戦場に送り出すというの？」とウジェニーに聞いたほどだった。そして当のナポレオン三世にも、「それでは馬車がガタガタゆれても耐えられませんよ。戦うときが来たらどうなさるの？」と言った。まもなくウジェニーに腹黒いたくらみがあるとの疑いがかかった。プリンス・ナポレオン（プロン＝プロン）によれば、ウジェニーは夫が戦死し、自分に権力への道が拓かれるのを期待している、というのだった。しかし、この邪推をまともに受けとる人はいなかった。七月末、ウジェニーはナポレオン三世に命じられてシェルブールにおもむき、艦隊を視察した。二八日、ナポレオン三世と皇子はサン＝クルーを出発し、総司令部のあるメスに向かった。皇帝の不在により、ウジェニーは三度目の摂政となった。

一度目の摂政時代とは雲泥の差だった。一八五九年、ウジェニーは、権威帝国憲法によって、至上権をほしいままにする君主の権限委譲を受けた。一八七〇年四月からはほぼ議会帝政に移行し、ウジェニーの摂政としての権限は制限され、権力は閣僚たちのものとなった。七月二六日――出陣の前々日――、ナポレオン三世は正式な公開状で、自分の命令と指示は閣僚に周知されており、「皇妃は摂政の職務遂行においていかなる場合もそれらの文言を無視することはできない」と明記している。

ウジェニーはふたたび日常業務の運営や、通常の管理的問題にかんする裁量を受けもった。そのいっぽう、「形式的ではない、あるいはささいではないすべての事柄において、案件は法務大臣（すなわちエミール・オリヴィエ大臣）をとおして朕の決定にゆだねられる」とはっきり書かれている。ウジェニーにゆだねられた権限はこうして念入りに線引きされていた。さまざまな決定に対する権限はなく、日常的な措置をこなすことにかぎられるはずだったが、戦争という非常事態はナポレオン三世が用心深く打った手をだいなしにし、ウジェニーの権威は増大しようとしていた。

ロレーヌ地方に入りメスに着くや、軍隊の怠慢ぶりにナポレオン三世は目を疑った。彼はすぐに手紙を書き、軍の実態を妻に知らせた。「なんの準備もできていない。兵隊の数も十分ではない。最初から負けているようなものだ」。案の定、すぐに怠慢がたたった。緒戦から、軍隊は連敗を喫した。八月四日、ヴィセンブルクで、八月六日、フロシュヴィレールとフォルバックで、騎兵隊が勇ましく猛攻をかけたにもかかわらず、フランス軍はプロイセン軍を前に退却した。アルザスは占領され、バゼーヌ元帥はメスで進退窮まり、マクマオンはナンシーとシャロンまでしりぞいた。軍総司令官ナポレオン三世はもはや亡霊のようだった。まわりの者がぞっとするほど青白い顔に白粉をぬり、耐えがたい苦痛を鎮めるためにアヘンの量を増やし、一日に何回もゾンデで尿道を広げて排尿をうながし、失禁をかくすため、ズボンに何枚もタオルをつめこまねばならなかった。

パリに戻り、残った兵隊で首都を防御したほうがよいのではないかと思われた。ナポレオン三世と何人かの将軍はウジェニーに電報を打ち、この方針を主張した。しかしウジェニーは聞く耳をもたなかった。「身の毛のよだつような動乱をまねきたくなかったら、帰ってくることなど考えないで。あなたが尻尾を巻いて軍隊を見すてたとここでは言うでしょう」とナポレオン三世に電報を打った。ウジェニーの強情さが災いしたのか、帝室の名誉を一身に背負っている気負いがそうさせたのか。じつは、ナポレオン三世のパリ退却を嫌がっているのは彼女だけではなかった。閣議では、多くの大臣たちが皇帝の帰還に反対し、そのときが来たらかならず勝てるとまとはずれな期待をしていた。戦地にとどまることで、ナポレオン三世は勝利の栄誉をみずからのものにできるだろうと思っていた。

八月九日、オリヴィエ大臣が連敗の責任を問われ、立法議会によって解任されたとき、ウジェニーはもはや孤立無援を脱却していた。かねてからオリヴィエと対立していたウジェーヌ・ルエル、ジェローム・ダヴィッド、クレマン・デュヴェルノワなる面々は、軍備が不十分だったと批判し――「プロイセンは戦闘態勢を整えていたがわれわれは違った」――、失脚に追いこんだ。ウジェニーは自由帝政を体現するオリヴィエに意趣返しをした。パリカオ伯爵の爵位をあたえられていた七四歳のクザン＝モントーバン将軍に政権をゆだね、彼女が愛惜してやまない権威帝政を復活させようとした。こうしてウジェニーは、皇帝の公開状では自分に託されていなかった権力を横から奪い、皇帝のみがおびる権威を厚顔にも自分に引きよせた。軍はわたしを必要とせず、パリでも必要としていない。わたしは追いはらわれたのだ。ナポレオン三世は苦々しく「ほんとうのところ、わたしは追いはらわれたのだ」と述べている。そしてウジェニーがライン軍の首席参謀の地位をバゼーヌにゆずるようル・ブフ元帥に強要したとき、ナポレオン三世は夢から覚めたように「われわれは二人ともおはらい箱ということだ」と言った。一八七〇年八月九日の時点で、ナポレオン三世は文民としても軍人としても職務を剥奪されていたのは事実だ。彼は「無為な王」にすぎなかった[26]。夫婦のあいだで、もはや舵とり役はウジェニーだった。

八月一七日、ナポレオン三世のパリへの退却がふたたびとりざたされた。ウジェニーはまた反対した。皇帝が敗軍を見放したという印象をあたえるからというのが変わらぬ理由だったが、退却すれば四方八方からの非難を受けるにちがいないからでもあった。「君主を狙う罠《わな》と化したあの宮殿に陛下が戻られたらどうなるか、考えてください。どうなりますか？　ありとあらゆる憎しみが陛下に集中することでしょうね。軍が陛下の味方をすれば、武装したパリの人々とのあいだに内戦が起きますし、軍が陛下を見すてたら、もはや動乱と殺戮です。どちらにしても得をするのはプロイセンです」と、ウジェニーはしたためた。

苦境のなか、ウジェニーはゆずらない態度を保ち、戦局の大逆転はまだ可能だと信じていた。パリカオ伯爵も、「プロイセン軍にしても、もう何度も戦って疲弊しているし、この辺で強力な牽制攻撃をかけられるのではないか。皇妃も同じ意見だ」と問いかけていた。シャロンにいたマクマオンをバゼーヌの援護に向かわせ、メスの包囲を解くという戦略はむこうみずであり、非現実的ですらあった。軍は満身創痍だったのだ。パリに退却し防御するほうが得策と思われた。しかしパリカオ伯爵とウジェニーは強硬だった。二人の思いと裏腹に、プロイセン軍はマクマオン軍を西へ退却させ、すり鉢状の地形のスダンに追いやった。八月三一日、マクマオン軍は敵に包囲された。

その三日というもの、ウジェニーには戦況についてなんの知らせもなかった。パリのとりまきたちは勇ましい彼女をほめそやしていた。メリメは「あの苦しい時代がはじまってから、わたしは皇妃に二度会った。彼女は岩のように毅然としていたし、疲れなど感じないとわたしに言った。皆に彼女のような勇気があったら、フランスは救われていただろう」[27]と書いている。かけがえのない存在だったメリメの感慨に反して、試練のなか保ちつづけたウジェニーの威厳も、プロイセン軍の勢いを止めることはできず、パリの人心の帝政離れに歯止めをかけることもできなかった。九月三日夜、もっともおそれていた知らせがとどいた。二日前、スダンで皇帝と軍隊が降伏したというのである。いずれも捕虜となっていた。ナポレオン三世は戦場で死に場所をむなしく探し、これ以上兵士たちをむざむざ犠牲にするわけにいかないと思い、スダン要塞のうえに白旗を掲げた。しかし、彼はみずからプロイセンとの和平交渉をしようとせず、ウジェニーと政府にこの仕事をふった。退位することも拒否し、主権を一時期棚上げにすることでよしとした。厳重に護衛され、ベルギーとの国境近くにあるベルヴュー城にたどり着いたナポレオン三世は、ウジェニーにこうしたためていた。「どんなつらい思いをしたか、そしていまもどんなにつらいか、君に話すことはできない。（…）あれほど悲惨な降伏を経験するくらいなら、いっそ死にたかった。（…）君のこと、息子のこと、不運なわが国のことを思っている。（…）パリはどうなるだろう？」。精神的にも肉体的にも疲れはて、屈辱的な大敗を喫したナポレオン三世は、フランス帝国の余命がもはやいくばくもないことを見ぬいていた。

三日夜、スダンからの忌《い》まわしい電報をパリで受けとったウジェニーは動転し、テュイルリー宮殿で閣議を開いた。まず彼女は降伏を信じようとせず、手がつけられないほど興奮してわめき――「違うわ、陛下は降参などしていません。ナポレオンたる者が降参などするものですか。あの人は死んだのです！（…）わたしに隠そうとしているだけです。（…）どうして殺されなかったのよ？（…）不名誉だとは思わなかったの[28]？」――、われに返って閣僚たちを迎えた。パリ中に暴動が起きようとしているいま、皆の愛国心に訴えるしかなかった。

翌日は日曜だったが、ウジェニーはふたたび朝八時から評議会を開き、今後について話しあった。独裁権力をもつ摂政評議会を設置し、皇妃がとりしきるという案が出たが、立法議会が反対すると思われた。議会が選出した執行委員会に摂政職をゆずり、いまの地位をしりぞくかどうか問われると、ウジェニーは、自分は皇帝から権力を預かったのだからと拒否した。「わたしに合法的に行使をゆだねた方にしか、権力をお返しすることはできません」。退任すれば、息子が将来皇位につく可能性は失われる。たとえわずかでもチャンスは確保しておかねば、との一心だった。なにも決まらないまま会議は終わった。ルエルが「もうやるべきことはありません。明日は動乱です！」と最後に言った。

午後早くから、「退位せよ！」と叫び、暴徒と化した民衆が議会におしよせた。ガンベッタがナポレオン三世の廃位を宣言し、市庁舎で共和国成立を宣言した。ウジェニーは這《ほ》う這《ほ》うの体でテュイルリー宮殿から逃げ出し、イギリスにたどり着いた。

亡命時代

ナポレオン三世はベルヴューからベルギーを通り、カッセルに近いヴィルヘルムシェーへ城へ移送された。ヴィルヘルム一世はこの城がかつて（ナポレオン三世の叔父）ジェローム・ボナパルトの住まいだったことを知ってはいたが、ナポレオン三世が自由に使えるようとりはからった。居心地のよい部屋、ぜいたくな食事、広大な庭園、すべて整い、落魄の皇帝は快適にすごすことができた。最初、衰弱し落ちこんだナポレオン三世は勝者ヴィルヘルム一世の配慮をありがたく思うゆとりもなく、息子がどこにいるのか、妻はどうなったのかも知らなかった。しかしやがてウジェニーの手紙が苦境をのりこえる支えとなった。試練を分かちあうことで過去の不和が帳消しになった。ウジェニーも、名誉を失うくらいなら死んだほうがましだったとは言わなくなった。ナポレオン三世の苦しみにウジェニーの心は動き、和解のときが来た。二人は、とうに忘れたように思っていた甘い言葉をかわした。「ぼくがまだ君の心にささやかな位置を占めていればよいのだが」とナポレオン三世が問いかけると、「栄華のときはすぎ、わたしたちをへだてるものはもうなにもありません。わたしたちの結びつきはいまいちばん強くなりました。（…）ふたたびよりそいあえるときを待ちましょう」とウジェニーは答えた。この愛情の復活は互いを認めあう気持ちと無関係ではなかった。ウジェニーは、ナポレオン三世がスダンで降伏したのは腑甲斐《ふがい》なかったからではなく、むだな殺戮を避けようとしたからだといまや信じていた。ナポレオン三世のほうは、敗北の報を受けたウジェニーがパリでいかに勇気をもってふるまったかを知っていた。一〇月三〇日、ウジェニーとナポレオン三世の二四時間の短くひそかな逢瀬がかない、わだかまりが解けた。

ウジェニーがイギリスに戻ってしまい、一八七〇年の秋と冬は、残されたナポレオン三世には永遠に続くかのように思われた。長くつらい日々だった。一八七〇年九月一七日にはじまったプロイセン軍によるパリ攻囲は長引き、パリの住民は敵の砲撃に毎日さらされながら食糧難にあえぎ、犬や猫やネズミの肉まで食するようになっていた。ナポレオン三世を打ちのめすような知らせがとどいた。パリ一〇月二七日、バゼーヌが最後まで戦うことなく、屈辱的にもメスで降伏したというのである。パリ解放に立ち上がった地方の軍隊のうちで、首都まで攻めあがった軍は皆無だった。さらにフランスの敗北に輪をかける予兆があった。一八七一年一月一八日、ヴェルサイユ宮殿の鏡の間《ま》でヴィルヘルム一世のドイツ帝国皇帝即位式が行なわれ、ドイツ帝国が新たに誕生したのだ。一月二八日、パリに拠点を置いた共和国臨時政府は、停戦協定を結び、戦争に終止符を打つよう申し入れざるをえなかった。三〇日にパリは降伏し、ボルドーで新たに選出され招集された議会は二月一七日にティエールを行政長官に任命し、三月一日、ナポレオン三世の廃位と帝室の失権が可決された。

ヴィルヘルム一世はもはや、スダンの敗者ナポレオン三世を捕囚として留め置く理由がなくなった。ナポレオン三世は三月一九日に解放され、何度も歓待されたイギリスに向かった。妻と息子に再会し、三人で、ケント州のひなびた小さな住まいにおちついた。ロンドンから三〇キロほど離れたチズルハースト村の中心にある、カムデン・プレイスと名づけられた邸宅だった。そこでフランスからのニュースを待ちこがれたが、せっかくの知らせも、長年の友人だったプロスペル・メリメの他界、パリ・コミューンの血なまぐさい弾圧事件、五月一〇日のフランクフルト講和条約によるアルザス＝ロレーヌ地方割譲といった悲しい内容がほとんどだった。たしかにひとにぎりの忠臣たちは没落した主君のところへ表敬訪問に来たし、ヴィクトリア女王のような賓客も訪れた。女王はウジェニーが以前より顔色が悪く痩せたことに気づきながらも、その美しさをいつもたたえた。ナポレオン三世の健康状態は改善しているように思われ、おかげで広範なテーマについてせっせと書きものができたほどだった。蟄居《ちっきょ》がかえって幸いし、絆を新たにした夫妻は皇子の教育に心をくだくようになった。しかしながら、治まったかに見えた結石がぶり返した。フランス人とイギリス人の医師たちが病床によばれ、それまで先延ばしにしていた手術がやはり必要だということになったが、二度試みた手術は失敗に終わった。三度目は、容態が急変したため不可能になった。一八七三年一月九日の朝、ナポレオン三世は亡くなった。

ウジェニーは夫の他界後さらに半世紀近く生き、一九一八年一一月、第一次世界大戦が終結し、スダンの敵《かたき》を討ってフランスが勝利したのを見とどけ、一九二〇年七月一一日、ハンプシャーのファーンバラの邸宅で息を引きとった。九四歳という長寿にくわえ、彼女の威厳あるふるまい、そしてズールー戦争でイギリス軍に従軍した息子が一八七九年に戦死するという不幸によって存在感がいっそう増し、ウジェニーはボナパルティズムを象徴し隠然たる力をもつ女性となり、歴史の厳しい裁きからの名誉回復をはかることができた。

愛のかわりに政治のプレゼント

ウジェニーはテュイルリーの宮廷を巧みに主導し、つねに皇妃としてふさわしい態度でみごとに役割を果たした。パリでの賓客のもてなしや外遊の際のふるまいは、あふれんばかりの称賛と尊敬を受けた。フランス帝国には世継ぎをもたらした。恵まれない人々のためにさまざまな慈善事業を行なった。このように多岐にわたって貴人としての義務を果たすことにより、ウジェニーは自然に君主の妻の器におさまることができた。しかし歴代の皇妃や王妃と異なり、ウジェニーは政治を君主の専権事項と考えなかった。ナポレオン三世はウジェニーに権力をゆだね、彼に線引きされた範囲で彼女はそれを行使した。

ウジェニーのいわゆる度《ど》しがたく軽佻浮薄な性格は、政治への関与のさまたげにならなかった。ナポレオン三世にせよ、国家の頂点に妻の占める位置をつねに設けなければならなかったわけではない。ボナパルトの家系に範となるような前例はなかった。ナポレオン三世がウジェニーと結婚する四〇年前、ナポレオン一世がマリー゠ルイーズに——彼女は政治問題には無関心だったが——「准摂政」の地位をあたえたのは、プロイセンとの戦いに向かった一八一三年三月、そして一八一四年一月だけだった。しかし、フランスが大敗を喫したすえ、摂政評議会は徹底抗戦を組織することもできず、マリー゠ルイーズは身の置きどころを失い、なすすべもなくブロワに移された。ナポレオンがエルバ島に流されたときも百日天下のときも、マリー゠ルイーズはつきしたがおうとせず、護衛役のナイペルク伯爵と懇《ねんご》ろになり、あっさり夫を見すてた。

ウジェニーはナポレオン三世にとってかけがえのない存在だった。彼女の賢さと良識を認め、ときには激情に走りすぎるきらいはあったものの、その熱意をほめたたえ、彼女を信頼した。ウジェニーが権力を奪いとったのではない。ナポレオン三世が彼女の能力を確信して望んだからこそウジェニーは権力の魅力を知ったのだ。ウジェニーの地位向上にはもうひとつ別の理由があった。ナポレオン三世がありえないほど浮気な夫であることは知られていた。彼の「ちょっとした気晴らし」は何度か派手な夫婦げんかに発展し、ウジェニーはたびたび失踪同然に姿を消し、離婚の危機をにおわせることもあった。艶福をあきらめずに結婚生活を維持するため、ナポレオン三世は、もはや夫婦生活はなくなっていた彼女に、まず儀式、次には政治における責任をもたせた。ウジェニーの権力欲を見ぬいたナポレオン三世は、夫婦の愛の代替品として政治に目を向けさせた。彼女は夫に浮気されながらも新しい役割を果たすことで気がおさまった。ナポレオン三世が年のわりに老いるのが早く慢性の病気にかかっていたこともウジェニーの背中を押した。

ウジェニーの魅力と美貌は外交に登場する女性たちのなかでもきわだっていた。夫を脇で支えたいと願った彼女は、ナポレオン三世に導かれて権力の渦巻くなかへ足をふみいれた。こうして彼女の周囲には重鎮たちが多く交じるようになった。まもなくテュイルリーやサン＝クルーで、大仰《おおぎょう》なクリノリンドレスに身を包んだ侍女たちに混じって、野心を燃やす大臣や引見を求めて参内する厳めしい外交官の姿がみられるようになった。まるで愛想のよい御用画家のヴィンターハルターが心を入れかえて堅物になったかのようだった。

ウジェニーは何度か政務において自分がかかわった痕跡を残そうとした。歴史的には不幸な痕跡となったが。統一の途上にあったイタリアで、彼女は教皇の世俗的権力の維持を望んだ。メキシコにカトリックの皇帝をすえることに手を貸した。フランスにおいては自由帝政をおそれ、帝室の将来にとって危険であるとみなし、権威帝政からの移行を遅らせようとした。一八七〇年、世論も求めたプロイセンとの戦争を主張し、敗北が知らされるや、息子のために権力を保持しようと躍起になった。

ウジェニーは三度、夫の留守中に摂政になった。最初は国家行政というものを知らなかったが、彼女は、女性政治家に変身し、ときによって断定的な物言い、先入観、不手際は皆の知るところとなった。しかしながら彼女の行動には皇帝の決断とくいちがうところはなく、独りよがりでもなかった。彼女なりに当時の出来事を分析したり、政府が採用したものとは異なる解決策を想定したり、夫が無視しようとする選択肢に傾いたりもした。とはいえウジェニーに独自の政策や外交的裏工作や闇の内閣があったわけではなく、影の派閥や党派をつくることもなかった。

ウジェニーが標榜した保守主義は自由主義的改革の成立をさまたげるものではなかった。彼女の信仰は狂信的と批判されるくらい熱意がこもっていたが、教皇権至上主義にこり固まるカトリック教徒のよりどころとなった。とはいえ彼女は、ローマからの撤兵と同様、メキシコ軍事介入の悲惨な結末を受け容れねばならなかった。ウジェニーは自分の意思をおさえても夫の肩をもち、決断を支持することができた。保守的なカトリック教徒や権威帝政支持派が、ウジェニーは自分たちの意見をじっくり聞いてくれると思ったのもたしかである。彼らの主張に与して、彼女は仲介役として、あるいはときに弁護人の役をかって出たが、抵抗勢力や隠然たる勢力を形成することはなかった。ナポレオン三世は、いわゆるウジェニーの横やりも、皇妃の派閥も心配する必要はなかった。

〈原注〉

1　国立コンピエーニュ城美術館蔵。

2　Gabriel Badea-Paun, *Portraits de société, XIXe-XXe siècle*, Paris, Citadelles et Mazenod, 2007, p. 93-96.

3　フランスの文学者マキシム・デュ・カンの言葉。

4　ナポレオン三世の伝記は、Louis Girard (Fayard, 1986), Philippe Seguin (Grasset, 1990), Pierre Milza (Perrin, 2004), Eric Anceau (Tallandier, 2008) らによるものがある。ウジェニー皇妃の伝記は、Jean Autin (Fayard, 1990), William Smith (Bartillat, 1998), Jean des Cars (Perrin, 2000) らが書いている。さらに、Jean des Cars, *La Princesse Mathilde*, Perrin, 2006とMichèle Battesti, *Plon-Plon. Le Bonaparte rouge*, Perrin, 2010もつけくわえておく。

5（訳注）　ナポレオン二世はナポレオン一世とマリー＝ルイーズのあいだに生まれた。父親とは幼いときに生き別れとなり、彼自身も結核で早世した。

6 アンダルシアの反乱――リエゴ大佐が立憲革命を起こしプロヌンシアミエント（宣言）を出した――およびガルシアにおけるフェルナンド七世の復権の後、自由主義者に対する厳しい弾圧が命じられた。一八三〇年娘イサベルが誕生し王位継承者となったことによりスペインは分裂し、フェルナンド七世の死後、娘イサベル二世の摂政となった亡き王の妻と、フェルナンド七世の弟カルロスの支持派のあいだで第一次「カルリスタ」戦争（一八三三―一八三九）が起こった。

7 ルイ一四世の愛人だったルイーズ・ド・ラ・ヴァリエールは結婚しなかった［通常、国王が愛人となるのは既婚女性であり、未婚女性を愛人にする場合は形だけの結婚をさせた。しかしルイーズは信仰の篤い女性だったので、既婚のルイ一四世と関係をもつことにくわえて、夫を裏切るという二重の姦通は犯したくないと考えて結婚しなかった］。王の義理の妹にあたるオルレアン公爵夫人アンリエット・ダングルテールの女官だったルイーズは、ルイ一四世をひたむきに愛し、六人の子どもを産み、モンテスパン夫人に王の寵愛が移ると、修道院に入った。

8 Jean Autin、前掲書、p. 81.

9 ヴィンターハルターが一八六四年に描いたリムスキー＝コルサコフ夫人の見事な肖像画が、パリのオルセー美術館に所蔵されている。彼女は有名な作曲家リムスキー＝コルサコフのおばにあたる。

10 ブランシュ・ド・カスティーユの時代はまだ摂政という称号が知られておらず、称号なしで権力をふるった。

11 ウジェニーは、「わたしにはたいへんな重責です。パリの人々はいつも扱いやすいとはかぎりませんからね。でも、知恵が浮かばないときはいつも神さまが授けてくださると思います。きちんと仕事をし、混乱はいっさい許さないと心に決めるばかりです」と、一八五九年四月二二日付けの姉への手紙に書いている。

12 一八五二年憲法によると、閣僚は内閣を構成せず、政治的連帯はいっさいなく、皇帝に奉仕する道具にすぎず、皇帝は各閣僚と文書や引見でやりとりした。

13 有名な二人のやりとりがある。プロン=プロンに「皇帝（ナポレオン一世）から受け継いだものはなにもありませんね」と言われたナポレオン三世は、「悪かったね！ わたしは彼の家族をかかえている」と言い返したらしい。

14 一八五九年九月初め、オーストリア首相への手紙。

15 （訳注） 聖ドミニコの本名はドミンゴ・デ・グスマン・ガルセス。

16 一七九七年から一七九八年まで総裁政府に占領され、一八一〇年にナポレオン帝国に併合された（教皇はそのたびに幽閉された）。

17 Jean des Cars、前掲書、p. 425.

18 戦争大臣ニエル元帥が行なった軍制改革は、フランスの兵力をプロイセンと互角にすることを狙いとした。共和派はプロイセンの攻撃の可能性を否定し、改革にこぞって反対した立法議会は軍拡計画を骨ぬきにした。

19 一八六〇年から一八六一年にかけて行なわれた最初の改革は政府の政策に対する議会の支配力を強めた。一八六七年から一八六八年にかけて第二の自由主義への妥協的移行がみられた。

20 ウジェニーは、自分たちの結婚に反対したペルシニをひどく嫌っていた。「あばずれ女と結婚なさるくらいなら、危険をおかしてわれわれとクーデタを起こすことなどなかったでしょうに！」とペルシニは叫んだといわれている。

21 一八六九年五月、権威帝政主義者は一八五二年から維持していた多数派の座を失った。ボナパルティストで自由主義者のエミール・オリヴィエ率いる第三党が動向の鍵をにぎった。
22　オリヴィエは法務大臣で、内閣の長としての肩書きではなかった。
23　Louis Girard、前掲書、p. 444.
24　Emile de Girardin dans *La Liberté* およびPaul de Cassagnac dans *Le Pays* からPierre Milzaによる引用、前掲書、p. 579-580.
25　William Smith, *Napoléon III*, Nouveau Monde Editions, Paris, 2007, p. 146-147.
26　Louis Girard、前掲書、p. 479.
27　William Smith、前掲書、p. 169およびJean des Cars、前掲書、p. 507.
28　Pierre Milza、前掲書、p. 592.

10 オーストリア皇帝フランツ・ヨーゼフとエリーザベト

（一八五四—一八九八）

孤独な二人

「皇帝がイタリアで苦労なさるのを見るのは、わたしも辛いのです。でも、もしそれがハンガリーだったら、わたしは生きていられません」（オーストリア皇后エリーザベト）

おとぎ話のお妃さま、シシィが政治にも一定の役割を果たしたと考える人はいるだろうか？　皇帝フランツ・ヨーゼフの美しく優雅な妃には、一般にシュトラウスのワルツやウィーン風の菓子のイメージが強く焼きついている。それは在位期間が長かった皇帝の日常の一部であった、複雑な民族間の議論とはあまりにもかけはなれている。人々が記憶にとどめるオーストリア皇后エリーザベトの生涯からは、政治行為がいっさい閉め出されているようだ。シシィはその気性から、権威や権力をふりかざすことを極力避け、さすらう女性の生活を送ったが、それは皇妃としてなすべきつとめとはあいいれなかったように見える。エリーザベトの人生は情熱に満ちていたが、権力の行使にその情熱を傾けることはなかったようだ。「わたしには政治などさっぱりわかりません」と好んでくりかえしたものだった。だが、皇妃在位期間のちょうど中頃にあたる一八七六年に「わたしはもうこれからは政治にはかかわりません」と宣言したとき、逆に彼女はそれまで政治に関与してきたことを示唆したのだった。[1]

「わたしには政治などさっぱりわかりません」

一八五四年四月二四日、七歳年上のフランツ・ヨーゼフ（一八三〇―一九一六）と結婚したとき、エリーザベト（一八三七―一八九八）はまだ一七歳にもなっていなかった。結婚直前まで、彼女はミュンヘンのシュタルンベルク湖畔にある「バイエルン公マクシミリアン」一家の領地ポッセンホーフェンの屋敷でのびのび暮らしていた。一家は毎年夏をここですごす習わしだった。一方フランツ・ヨーゼフはオーストリア皇帝となってすでに六年がすぎ、広大な領土と一一の民族で構成される三五〇〇万人の臣民を統治していた。君主の結婚ではごくまれなことだったが、二人は恋愛結婚であった。シシィは彼を、乙女心を満たしてくれるすてきな王子だと感じた。「あの方を好きにならずにはいられないわ」気持ちをたずねられたシシィは無邪気に答えた。フランツ・ヨーゼフも彼女のさぞかし大輪の花を咲かせるだろうと思わせる楚々とした美しさ、天真爛漫で純真な性格の虜となった。「シシィはなんと甘美なのだろう！」

しかしエリーザベトは、魅力ある君主に見そめられた喜びのうちにも、かすかな不安にかられたのだった。「陛下のことは大好きですが、あの方がもし皇帝でさえなかったならば」とため息をついた。シシィは外界から遮断され、わずらわしいしきたりにとらわれない環境で、ロマンティックで飾り気がなく詩的な恋愛に身をゆだねたかった。彼女の性格の多くは、父親のバイエルン公マクシミリアン[2]ゆずりだった。父は大旅行家であり、陽気な楽天家であり、八人も子をなした妻とは淡白な関係で、政治以外ならなににでも好奇心旺盛であった。シシィはのびやかに成長し、父と同じように自由と自然をこよなく愛した。そんな彼女にとってウィーンの宮廷に入ることは牢屋に入れられるようなものだった。

新妻は宮廷の礼儀作法をなにも知らなかった。その奥義にもうとかったし、その根拠も理解していなかった。だから最初は無知ゆえに、やがては反発心から、反抗的な態度をとった。たしかに、スペイン貴族に端を発するウィーン宮廷の儀式典礼は決まりごとにしばられ、それまで礼儀作法など教えこまれずに育った少女には耐えがたい隷従を強いるものに感じられたはずだ。いきなりエリーザベトには辛い日々がはじまった。たとえ妃であろうとも、自分で側近を選ぶことは許されず、儀典書どおりに側近が決定され、ホーフブルク宮殿では厳格な典礼の権化ともいうべき皇帝の母、オーストリア皇太后ゾフィーが待ち受けていた。典礼を遵守し、宮廷の権威を守るために、これ以上の人物はいなかった。

フランツ・ヨーゼフはこの母に推されて皇帝の座につくことができたのである。大公妃ゾフィーが本来なら帝位を継ぐべき夫を説き伏せて一八四八年に継承権を放棄させ、息子に帝位をゆずらせたのだから。母に感謝してもしきれない若き皇帝は、即位時には弱冠一八歳、あきらかに経験不足だったが自分の責務を自覚していたから、母に言われるがままになっていた。ウィーンでは「われわれのほんとうの皇后」とよばれていた皇太后は、息子である皇帝を完全に掌握し、絶対王制を肯定し、議会主義もあらゆる自由主義も認めない立場を堅持していた。エリーザベトがウィーンに輿入れしても、皇太后はその影響力をいっさい失わなかったどころか、今度は嫁を新しい皇后にふさわしく仕立て上げることにのりだした。

それまでどちらかといえば行動に制約を受けずに育ったシシィは、結婚後の生活が厳格な規律にしばられることになると気づいた。〝ポッセンホーフェンのおてんば娘〟だった頃は、立ち居ふるまいに気をつかうこともなく、無邪気な娯楽にうつつをぬかしていた。だが、嫁いでからは宮廷にあるべき気品を求められ、それに従わざるをえなかった。外面的な礼儀などはどうでもよいと思っていたのだが、まさにそれが宮廷の真髄であり、だからこそ従うべきであった。ゾフィー皇太后に対しては絶対服従で、若い皇后はまるで子ども扱い。おつきの者たちはすべてお仕着せで、エリーザベトが、格式ばった女官長――元リヒテンシュタインの王女であるエステルハージ侯爵夫人――が、姑への密告者であることに気づくのに時間はかからなかった。

皇后の衣装はまったくもって重たい代物《しろもの》だったし、身分にふさわしいふるまいを強要され、四六時中監視されていた。シシィは姑についてこう記している。「皇太后ゾフィーさまはまちがいなく心からの善意につき動かされておられましたが、そのやり方は耐えがたく、あまりにも強引で、(…)いつもすべてをご自分で仕切ろうとなさったのです」。皇帝の母にとっては宮廷の威厳を保つことがなによりも大事だったので、嫁が君主のつとめに熱心に取り組まないのにいらだち、それどころか重荷に感じているようすに憤慨した。

嫁姑のいさかいはしだいにエスカレートし、はじめは水面下でおさまっていたが、やがて深刻な衝突をまねくようになった。とくに皇帝夫妻に子どもができる――第一子ゾフィー（一八五五）、第二子ギーゼラ（一八五六）――と、皇太后はすぐに母親から子どもをとりあげ、自分の住まいの隣に住まわせて孫の養育にあたるようになった。孫たちの養育係の女官も独断で決め、とくに一八五八年に生まれた孫のルドルフにつけた傅育官《ふいく》には、皇太子にもっともつらく厳しいしつけをするように命じた。「もう、がまんできませんわ。ゴンドレクールト（横暴な傅育官の名前）をとるか、わたしをとるか、お選びください」、エリーザベトは夫に最後通牒をつきつけ、夫もこのときばかりは母でなく妻の言い分を認めたので、エリーザベトは溜飲《りゅういん》を下げた。

実家とは遠く離れ、子どもたちと日常的に会うこともできず、夫は皇帝として政務にかかりきり。淋しい日々を送るシシィにはそんな辛さを打ち明ける人がだれもいなかった。ひっきりなしに公衆の面前に出なくてはならなかったが、公式のレセプションに辟易し、宮廷生活や社交界が嫌いになる一方だった。政治には関心がなかったし、皇帝も妻に政治の手ほどきをしようなどとは考えもしなかった。クリミア戦争（一八五三―一八五六年）にオーストリアが参戦するにあたって、フランツ・ヨーゼフの相談相手は皇后ではなく皇太后だった。一八五九年、皇帝がイタリア北部におもむき、マジェンタ・ソルフェリーノの戦いでフランス軍と対決したときも、国の内政を妻にゆだねようとはまったく考えず、かわりに母がとりしきった。皇后になってまだ日が浅いシシィは、臆病で自信がもてず、黙々と耐えしのぶばかりだった。姑にたてつくようになるのはもっと後のことである。

夫婦の蜜月関係は冷め、エリーザベトはしつこい咳、発熱、貧血、神経過敏などあちこち身体の不調に悩まされるようになった。その治療のためと称して、ポルトガルのマデイラ島に一八六〇年一一月より長期間滞在、これをきっかけにシシィははてしなく彷徨《ほうこう》をくりかえすようになる。そのためウィーンの宮廷からは距離を置き、しだいに置きざりにされる気の毒な夫フランツ・ヨーゼフとも、子どもたちとも離ればなれになった。たび重なる失踪は、気候のよい場所、たとえばエーゲ海のコルフ島やコートダジュール、または湯治場であるバイエルン州キッシンゲン鉱泉やオランダ北部のザントフォールトなどへ出かけてはウィーンにまい戻ることのくりかえしだったが、ウィーンに戻ったとたん、咳がぶりかえすのだった。ポッセンホーフェンの屋敷に滞在し子どもの頃の思い出や家族の団欒にいやされることもあった。イギリス、ノルマンディ、アイルランドに出かけると、危険をともなう狩猟パーティにうつつをぬかし、馬術競技に熱中して屈強なエスコート役の騎手たちを閉口させるほどだった。

シシィは趣味には好きなだけ打ちこんだ。疲れるからとか危ないからと活動をひかえることはなく、得意な馬術では危険な障害飛越競技に挑み、また六時間ぶっ続けで速足の強行軍にふけったりした。ふだんからフェンシング、体操や海水浴に時間をついやした。皇后はなにをするにも度を超していた。孤独を好み、ことさらに宮廷を嫌っていたから逃避行には歯止めがかからなかった。ルーマニア王妃がこう記している。「エリーザベトはいつでも旅に出ていたいのです。社交界は、あたらしもの好きの彼女の欲求を満たすことはできないでしょう」。シシィには〝機関車皇后〟というあだ名がついた。皇帝の妻として、皇后としてするべき職務をほとんどすべておろそかにした。国を代表する責務をめったにシシィが果たさないため、フランツ・ヨーゼフ一人で担うことになった。政府の直面する課題はすべてフランツ・ヨーゼフの双肩にかかることになり、妻は百パーセント自分のことだけ考え、国政を無視した。長いあいだシシィに対して貴族よりも寛大だったウィーン市民も、さすがに、シシィが上流社会から逃げ出すだけでなく、一年中国外にいることを非難するようになった。年齢を重ねるにつれ、皇后の心は、ときになにか新しいことに熱中して一時的にやわらいだにしても、人生への悲しみと嫌悪感で満たされていった。永遠に現実逃避に心を奪われ、悲しみに打ちひしがれるような生き方に、政治の世界に参入しようという考えが入る余地はなかった。情熱的な皇后に、一度も国政に介入しようという野心は芽生えなかったのか。「わたしは政治にほとんど敬意をはらったことがありません」と彼女は人生の終わりの頃に語った。「政治家たちは情勢を操作しているつもりですが、じつは情勢のほうが彼らの不意をついてくるのです」

影が薄い皇后

結婚してからの数年間というもの、宮廷にとってシシィはただのうぶで人見知りのおばかさんでしかなかった。皇太后ゾフィーはまず彼女に宮廷の礼儀作法をたたきこむことにかかりきりになった。シシィが政治にいささかでも影響をおよぼすとか、介入してくるなどと思う者は皆無だった。夫婦の愛の結晶である皇太子が誕生すると、それだけで彼女は幸福に満たされたはずだった。だが、ウィーンであろうと他国の首都であろうと、君主の若い妃に期待される役割は、宮廷の式典を主宰し、慈善事業にたずさわることだった。一八五九年にフランツ・ヨーゼフが自軍を指揮してイタリアにおもむくと、残された彼女はとても孤独に感じ、自分もつれていってほしいと何通も手紙を出して懇願した。軍務に忙殺されていた皇帝はこれをはねつけ、彼女のやるべきことが何であるかを教えさとした。「君は自分の居場所にとどまることだ。この困難な時期に子どもたちとともにいてくれることが、どれだけわれわれの役に立っていることか。（…）ときには町に出て、さまざまな施設に姿を見せてやってくれ。それだけでどれほどわたしの助けになっているか、君にはわかるまい」。エリーザベトにはウィーン市民の士気を高める役割が、皇帝と皇太后には国家の問題に立ち向かう高尚だが手強い役割がそれぞれ割りふられたのである。

嫁が犯す宮廷作法のつまずきをチェックする係をもって任じていた皇太后ゾフィーであるから、シシィを政治上のライバルとはみなしていなかった。エリーザベトはときおり、意図せずしてなんらかの政治的見解をもらしてきたかもしれない。一八五六年一一月に、当時はオーストリア帝国領だったイタリア北部を公式に訪問したとき、ヴェネツィアの人々は皇帝夫妻に憎しみの目を向けたが、彼女はこの不従順な臣民たちに対して寛大な言葉をかけた。もともと、受けた教育や気性によって、エリーザベトはリベラルな政策や対応を支持する傾向にあり、そうした考えをほのめかしたり、姑へのあてつけのために、あえて主張したりすることもあった。

しかし一八五九年に、オーストリアがフランスとサルデーニャ（ピエモンテ）の連合軍に敗れると、皇太后がおしすすめた独裁政治の失敗があぶりだされる。ゾフィーの方針に誤りがあったことは明らかで、彼女のそれまでの絶対的権威はゆらいだ。エリーザベトは皇帝に、ヴェネツィアへいくつかの寛大な措置をとるべきであろうと、柔軟な対応を勧めた。フランツ・ヨーゼフが皇太后の意のままになっていた大臣たちを更迭し、その結果、内閣が一新されたことは、エリーザベトの功績に数えられもしなかったが、皇太后の影響力が一時的に弱まったことを意味し、かわりにエリーザベトが政治の場に登場する。

とはいっても、シシィは国政の影の参謀に転じたわけではなかった。シシィの妹マリーアは両シチリア王国の国王、ボルボーネ家［ブルボン家のイタリア語名］のフランチェスコ二世に嫁いでいたのだが、一八六〇年五月、両シチリア王夫妻がガリバルディと赤シャツ隊によって王位を追われると、シシィはフランツ・ヨーゼフに二人を救い出すよう哀願した。だが、オーストリア帝国の財政および軍事状況は逼迫し、いかなる援助をも差し伸べる余裕はなかった。皇帝は皇后より高い政治的判断に立って、王座を追われた国王夫妻への同情はあったにせよ、妻の必死の願いに耳を傾けず、いっさいの救済措置をとらなかった。シシィは精神的に追いつめられた。

皇后になってまもないころ、エリーザベトはハンガリーになんの興味も示さなかった。新婚の皇帝夫妻が最初の公式訪問地に選んだのは、オーストリア帝国領内のボヘミアとモラヴィアだった。これらの領地は、一八四八年の革命が起こっても帝国にとどまった――オロモウツ［モラヴィア中部の都市］の町はウィーンが蜂起したとき、逃げのびた皇帝フェルディナント一世の家族を迎え入れた――、もしくは、いったん離反したがいち早く帝国領に戻ったのであり、皇帝は新婚早々に訪問することで謝意を示したのである。ハンガリーの過激派が国の独立とハプスブルク家の廃位を主張したのとは大違いだ。シシィが皇后になって最初に習った外国語はチェコ語だったが、まったく身が入らず、さっさとこのいやな勉強をやめた。チェコの貴族たちが仰々しくウィーン宮廷に範をたれ、若い皇后の作法をあげつらったので、シシィは生涯ボヘミアの貴族たちには冷淡な態度をとりつづけた。

「わたしのいとしいハンガリー」

一八五七年四月、皇帝夫妻のはじめてのハンガリー訪問には、魔法がかけられたにちがいない。オーストリア政府は、皇后の美貌と魅力がこの公式訪問によい結果をもたらすことを期待していた。ハンガリーは、フランツ・ヨーゼフに対してはやや素っ気なかったが、皇后と皇太后ゾフィーとの不和について聞きおよんでいたので、皇帝よりもシシィを歓待した。皇帝皇后両陛下の二歳の長女がブダペストで亡くなったとき、ハンガリーの貴族は無関心をよそおったが、庶民は心を動かされ、感きわまって涙する者もいた。フランツ・ヨーゼフが一八四八年の革命時に亡命した者たちの帰国を許す決定をしたとき、世論はそれをエリーザベトの寛大な配慮と受けとめた。

革命が鎮圧され、厳しい弾圧がくわえられても、ハンガリーはハプスブルク家の専制への抵抗を続けてきた。それに対しフランツ・ヨーゼフは〝新絶対主義〟［多民族国家オーストリア帝国の統一を維持するため、国民の権利を大きく制限し中央集権に戻る体制］を掲げて統治をおしすすめ、ハンガリーが先祖代々守ってきた伝統には冷淡で、その掟も無視した。国中が鉛のような重苦しい空気に包まれていたが、マジャル人たちは独立闘争に思いをはせ、みずからの敗北を認めようとせず、帝室に対して表立たぬ抵抗と執拗な憎悪を向けていた。

しかし革命から一〇年がたつと世の中は変わった。まずハンガリーでは穏健な政治体制が整い、独立という目標はとり下げたにせよ、オーストリアと新しい関係を結ぶ気運が高まった。一方ウィーンでは、皇帝軍がまずロンバルディアで、ついでヴェネツィアで敗戦し、また帝政内部でも不満が高まって、政府はハンガリー問題の再考をせまられた。帝国の西端に位置していた北部イタリアを失ったことで、フランツ・ヨーゼフの帝国はその中心を東方に移動せざるをえず、それがハンガリー王国の領土内にあたっていた。皇帝はリベラリズムに転向しなかったものの、現実の失政と将来の不確かさから、彼の意に反して、あいまいさを残したある種の立憲政治体制を選択することを強いられた。彼は宣言した。「われわれはある程度議会主義制度をとりいれていく。だが、わたしが権力を掌握しつづけ、すべての点でオーストリアの諸事情にきっちり適応した制度となろう」

エリーザベトは子どもの頃から感覚的にリベラルな考え方に傾いていた。皇太后ゾフィーとウィーン宮廷がハンガリー人を〝不逞《ふてい》の輩《やから》〟としかみなしていなかったので、シシィはハンガリーの味方になろうとして、大胆にも一八四九年にオーストリアがくわえた弾圧を糾弾した。姑やその側近の裏をかいたことに満足し、シシィはハンガリーの大義というロマンに心を奪われ、それを掲げる英雄たちから頼りにされることに気をよくしていた。

彼女はハンガリーのことをほとんどなにも知らなかった！　フランツ・ヨーゼフは彼に入ってくる情報を母にだけ知らせ、めったに妻には相談してくれなかった。ウィーンから遠く離れて、はじめてマデイラ島に逗留していたときでさえ、彼女はそのことに不服だった。その頃である、ハンガリー熱に浮かされてまもない彼女が、ハンガリーの言葉も歴史も文学も、絶対に征服してみせると決心したのは。娘時代、彼女は両親のもとで断片的にハンガリーの歴史をかじったことがあった。家庭教師をつとめた年配のマイラット伯爵は、一八四九年に廃止された古い憲法の話までしていた。一八六三年二月にコルフ島から帰ると、皇后は真剣に勉強に取り組みはじめた。エリーザベトは生涯、住まいと同じくらい、熱中する対象を次々に取り替えたが、ことハンガリーにかんする学習にだけは、途中で投げ出すことなく没頭した。

最初は教授について語彙を習い、構文をマスターし、ハンガリー出身の部屋係の女中にさえ話しかけて会話を学んだ。さまざまな困難をのりこえて熱心に取り組んだ生徒の努力は報われ、上達はめざましかった。言語を習得した後は、ごく自然に文学、とくに詩歌の学習がはじまった。教科書での勉強にあき足らず、ハンガリー人と直に接することで学びたいと考えたエリーザベトはハンガリー人の女官を探した。一八六四年一一月、フェレンツィ・イダが参内した。彼女は皇后が亡くなるまで生涯仕官することになる。まだ二三歳、女官にふさわしい大貴族の家系ではなく、朗読係がせいぜいの田舎貴族の出だった。だが彼女は忠義をつくし、ひかえめながらかけがえのない皇后の右腕として、献身的に仕えた。

フェレンツィのおかげでシシィのハンガリー語は完璧になった。二人は何時間でもハンガリー語で会話して、側近たちに聞かれたくない話もするのだった。フェレンツィはたまたま選ばれたわけではなかった。本人の資質にくわえ、彼女がハンガリーの穏健派活動家と深くつながっていたことも決め手になった。たとえばデアーク・フェレンツやアンドラーシ・ジュラなどである。フェレンツィを通じて、やがてこの二人は彼らの大義を擁護してくださる、かのエリーザベト皇后と連絡をとることができるようになった。デアークは六二歳の弁護士で、リベラリストとして名高く、ハンガリーをオーストリアから引き離そうと願う過激派とは敵対していた。彼には皇帝と交渉する用意があり、ハンガリー国民がなにを求めているかを皇帝に伝えるため、一八六五年の復活祭に発行された新聞に署名記事を寄稿した。フェレンツィ・イダはデアークに心酔しており、その影響を受けた皇后はデアークの肖像をホーフブルク宮殿のベッドの上に掲げた。

アンドラーシ・ジュラは革命のロマンティックなヒーローだった。革命時には皇帝軍と戦って敗れ、欠席裁判によって死刑宣告を受けた。ロンドンへ、ついでパリへ亡命し、そこではこの裕福で社交的で洗練された貴族に夢中になった貴婦人たちが、彼をもっぱら〝一八四八年のハンサムな絞首刑犯〟とよんでいた。恩赦で亡命を解かれると、アンドラーシはデアークの穏健な思想に共鳴していく。彼もまたフェレンツィと連絡をとりあうようになり、フェレンツィから皇后のハンガリー語への傾倒を知らされたのだった。あるパーティの席で、シシィとめぐりあったアンドラーシは彼女の美しさに圧倒された。シシィも、背が高く優雅で黒い髭を生やし、〝アッティラ〟［五世紀のフン帝国の王で、東西ローマ帝国の領土に侵攻して巨大な帝国を築き、キリスト教徒からおそれられた］とよばれる、毛皮のついたハンガリー貴族独特の衣装をまとったこの男の魅力にすっかりまいってしまった。

皇太后ゾフィーと皇后の仲がうまくいっていないことを聞いていたデアークとアンドラーシは、この仲たがいを利用して、エリーザベトのハンガリーへの厚意にあずかろうと考えた。宮廷で四面楚歌になり孤立を深める皇后に、この二人は擁護すべき大義をついに提供し、彼女に人生の意義をあたえたのである。

〝祖国ハンガリーの美しき恩人〟

一八六六年一月八日、ハンガリーの代表団がウィーンを訪問し、皇帝夫妻をブダへ招待した。ホーフブルク宮殿で開かれたレセプションが、常日頃は警戒心に満ちたハンガリー貴族たちとの関係に緊張緩和をもたらした。ハンガリーの民族衣装を身につけた皇后がまばゆいばかりの輝きを放ちながら登場し、ハンガリー語で礼儀にかなったスピーチをして、代表団に感謝した。彼女をハンガリーの希望の星と受けとめた代表団は、割れるような喝采を贈った。宮廷派の反対を押しきる形で、フランツ・ヨーゼフとエリーザベトは招待を受け入れ、一月二九日、五週間にわたるハンガリーへの旅に出発した。

この訪問の成功で、ハンガリー側は将来に明るい展望をもった。シシィがハンガリー語でスピーチするたびに聴衆は熱狂し、ますます彼女を好きになるのだった。ウィーンでは警戒を解いてもらえないが、この国はこんなにわたしに好意的だもの、味方して何が悪いかしら？　五週間の滞在中、彼女はホーフブルク宮殿では回避してきた外交儀礼上の義務をきちんと果たした。皇帝はシシィに感謝し、母にも伝えた。「シシィは礼儀正しく、その力量を存分に発揮してくれ、ハンガリー語も完璧に使えるので、わたしをおおいに助けてくれています。叱責めいた言葉も、シシィのかわいい口からハンガリー語で伝えると、すんなりと受け入れられるのです」。皇后に魅了された大貴族たちは、やがてフランツ・ヨーゼフにも、前より寛大な態度を見せるようになった。フランツ・ヨーゼフが、彼らの要求のすべてに応えることはできない、と説明したときも、彼らは皇帝の煮えきらない態度をオーストリアの大臣たちと皇太后ゾフィーのせいにした。それに対してウィーンでは保守派の人々が、皇帝の態度がハンガリー寄りになったのは、エリーザベトのせいだと非難して、さんざん悪い噂を広めさせた。シシィは美男子のアンドラーシに惹かれていただろうか。レセプションや舞踏会やパーティで出会うたびに、二人が長いあいだ言葉をかわしているのがみられたではないか。たしかに、二人はお互いに惹かれあっていた。ウィーンの宮廷は、情熱的なシシィが感情にまかせて危険な政治主張に走っていると噂した。

シシィが聖イシュトヴァーンの王冠[3]に愛着をよせたのに対し、皇帝は国家を永遠に存続させるためには中央集権化しか道はないと確信していたから、ハンガリー人がどれだけ皇后を深く愛していようが、彼らに譲歩するつもりはなかった。あるできごとが、皇帝の躊躇を劇的にくつがえすまでは。

一八六六年七月三日、オーストリア軍はケーニヒグレーツでプロイセン王ヴィルヘルム一世の攻撃を受け壊滅した。一世紀以上にわたって続いたオーストリアとプロイセンの敵対関係は、ドイツからオーストリアを放逐するというビスマルクの野望によって再燃し、オーストリアにとって厳しい結末となった。勝利にわくプロイセン軍は、ほとんど無防備のウィーンの町に向けて進軍を開始した。皇帝は、無防備都市を宣言する瀬戸際に立たされたみずからの帝都にとどまり、母の制止をふりきって、皇后に子どもたちをつれてブダまでのがれるよう命じた。デアークとアンドラーシが駅で出迎えた。デアークは「ご一家が順風なときには喜んで迎えたのに、皇后が不幸にみまわれている今このときに背を向けるのは卑怯であろう」と主張した。亡命中の革命家コシュート［一八四八年のハンガリー革命を指導した人物］を信奉する過激派は、これを機にことを起こそうと画策したが、反対にリベラル派は、先祖が一七四一年にハンガリー女王マリア・テレジアを救ったように[4]、窮地におちいった皇室の家族を救う態勢を整えた。だがエリーザベトは、穏健派の忠誠をつなぎとめるためには、さらなる譲歩が必要であることを理解し、皇帝に圧力をかけた。

この試練に直面してもなお、フランツ・ヨーゼフは態度を決められないでいた。「わたしの言い分を擁護してくれ。時間稼ぎをしていれば、あとはうまくいくだろう」と妻に宛てて書いた。だが、プロイセンの侵攻はいよいよ切迫してくる。皇帝はホーフブルク宮殿の宝物である帝室所蔵の宝飾品をブダに移送するように命じた。国家存亡の危機を迎え、シシィはその影響力を発揮してハンガリーの穏健派を支援した。皇帝にデアークを引見するように何度も進言したが、実現しなかった。フランツ・ヨーゼフへの手紙にはそのつど、アンドラーシを外務大臣に登用するよう推薦した。ハンガリーをオーストリアの支配下につなぎとめ、事態を鎮静化して独立を回避させることができるのは、国民の人気の高いこの二人をおいていないと、皇帝を説得にかかった。皇帝の度がすぎる慎重さに業を煮やし、彼女はウィーンで自分の味方を探した。側近の一人にこう頼んでいる。「わたしの代理人として皇帝のかたわらにいてください。わたしのかわりに、皇帝がハンガリーに対していっさい譲歩しないことがいかに危険か、皇帝の目を開かせてください。わたしたちの祖国とわたしの息子を救うために、わたしの心からのお願いです」

それまで以上にエリーザベトは政治に没頭し、助言し、警告し、アンドラーシの信任を得ない某大臣を罷免ないしは左遷するようにせまることまでした。際限なく努力し、弁護し、提案し、そのどれにも全力投球であたった。皇帝のたび重なる躊躇にいらだちをつのらせ、七月一五日にアンドラーシと会談した後に、夫に宛てて深刻な手紙を書いた。「あなたが彼に信頼、そう、真の信頼をよせるなら、わたしたちは救われるのです。わたしたちとはこの体制、それもハンガリーのことだけではありません。でもともかく、あなた自身がいますぐに彼と話さなくてはなりません。（…）ただちに彼と話してください。（…）もう一度だけ申し上げます、最後のチャンスを逃さないでください。ルドルフの名のもとにどうかお願いいたします」。彼女がこれほど長文で内容の重い手紙を書いたことはなかった。それまで、これほどの執心や性急さはもっぱら自分の娯楽や気まぐれに向けられていたが、今度ばかりはその熱情が国の存亡にかかわる大問題にそそがれた。

エリーザベトはその会見を実現するための手順まで考えていた。「お願いです、この手紙を受けとりしだい、電報を打って、アンドラーシがその晩のうちにウィーン行きの列車に乗るべきかどうかお知らせください」。興奮に浮かされた彼女の文章は嘆願というよりはほとんどゆすりに近い。「もしあなたのお答えがノーなら、最後の最後まで私心なきわたしの助言を聞こうとなさらないなら、ほんとうにあなたはわたしたち全員に対して〔テキストの文字が判読不能〕。そうなったら、あなたはわたしの要求や気まぐれから永遠に解放されるでしょう。そしてわたしは、何があっても、いつかルドルフにまったく正直に『お母さまはできることはすべてやったわ。なにも後ろめたいことはありません』といえる日が来るという想いで自分を慰めるほかないでしょう」。ここまでの詰問調は前代未聞のことだった。エリーザベトは、敵の脅威にさらされている帝都で皇帝にのしかかる重責など、とるにたりないことだと思っていた。皇帝を悩ませ、神経をもてあそび、言うとおりにしないと後悔しますよと説いて罪責感をいだかせた。シシィは過激な女闘士と化していた。

フランツ・ヨーゼフはついに折れ、アンドラーシと面談した。伯爵の率直で節度ある態度は好ましく思えたが、さまざまな要求をくりだす手強い相手だと感じた。「あれこれ要求してくるが、（…）みずからの提案はあまりに少ない」。デアーク・フェレンツとの会談は秘密裡に行なわれた。彼の誠実さと、〝老人〟（フランツ・ヨーゼフはデアークをこのようによんでいた）のオーストリア帝国への愛着は理解できたが、辛抱強さや決断力には問題があるように思われた。「彼の印象はアンドラーシと同じだ。彼らは可能なかぎりあらゆる要求を出してくるが、成功する保証はなにもなく、ただ願望や可能性の話しかしない」

プロイセン軍の進軍は続き、ウィーンからも露営が見えるほどまで近づいていたが、フランツ・ヨーゼフはいまだに、フランス軍が介入して敵軍の前進を遅らせることに期待し、ビスマルクの軍勢がそう簡単にドナウ川を越えることはあるまいと高をくくっていた。だからハンガリーに拙速に譲歩することは避けるべきだ、との考えだった。ハンガリーとの新体制に舵を切ることをためらったのは、帝国内のほかの諸国にリスクがおよぶことを懸念したからでもある。ブダで譲歩をすれば、ほかの諸国が黙ってはいないだろう。とくに当時のボヘミアでは、ビスマルクが分離派を鼓舞して世論を扇動していた。帝国の統一を統括する皇帝から見れば、アンドラーシは「帝国のほかの地域への必要な配慮とはまったく無縁な」無責任男だった。

七月二六日プロイセンとの休戦協定が結ばれると敵軍が撤退し、ウィーンと帝室は救われた。フランツ・ヨーゼフは妻に会いたくなって、シシィを三〇日に帝都によびよせた。アンドラーシはその前日に皇帝に謁見していたが、なんの成果も得られなかった。皇帝はこれからのぞむことになる〝アウスグライヒ〟［妥協を意味するドイツ語。当時オーストリア帝国が弱体化する一方で、帝国内の諸民族は自治を求めていた。フランツ・ヨーゼフはハンガリーとの妥協を決意、ハンガリーの形式的独立を認めることとひきかえに、帝国の実効支配を続けようとした。この結果、一八六七年、ともに同じ皇帝をいただくオーストリア＝ハンガリー帝国が成立した］にそなえて、じっくり時間をかけて概略をつかみたいと仰せだった、とアンドラーシは述べた。熟慮を重ね、さまざまな意見を受けとめるためだ。だがエリーザベトにとっては、このいきすぎた慎重さは、裏を返せばいかなる譲歩にも反対する宮廷派の姿勢を示すもので、いろいろ難題をひき起こしては、結論を拒否するように感じられた。手をこまねいてはいられず、シシィは三〇日に汽車でウィーンに帰ると、翌日にはアンドラーシに会い、皇帝には再度ハンガリーの要求を受け入れるよう催促した。

皇帝夫妻は激しく言い争った。エリーザベトが主張すると、フランツ・ヨーゼフは抵抗し、一歩も引かなかった。皇帝からよい返事を引き出せない皇后は、形勢不利な状況を知るアンドラーシに、もう絶望的だと告白したほどだ。その翌々日、怒った彼女は夫を一人ウィーンに残して、自分だけブダに戻る決断をした。フランツ・ヨーゼフは愛しい妻に向かって切々と訴えた。「すぐに帰ってきてくれ。（…）君がどんなに攻撃的で厳しい言葉で責め立てたって、君なしでは生きていけないほど君を愛している」。エリーザベトはすねてしまってウィーンに戻ろうとはしなかったので、夫妻の関係は一段と緊迫した。皇帝はがまんの限界を超え、いらだちを隠さず手紙を書いて教訓をたれた。「ハンガリーの立場にだけ身を置くことは、皇帝としてのわたしの果たすべきつとめ、そしてそれは同時に君のつとめでもあるが、に反すると思われる。ハンガリーの主張を受け入れることは、筆舌につくしがたい苦しみを耐えしのびながら、なお帝政に忠実に従うほかの国々をないがしろにすることなのだ」

そこでエリーザベトは夫を困らせることをやめ、このところ手紙の文章がきつくなっていたことを反省し、内容を散歩のことだけにした。孤独をかこつ皇帝からは「ひとりきりの時間をひたすら耐えつづけることにしよう。もうずいぶん長いこと、この試練にさらされているが、いつか慣れるときが来るだろう」とわが身を嘆く返事が来て、彼女はウィーンに戻って何日かすごすことに同意したのだった。だが、ウィーンでは宮廷と皇太后ゾフィー、さらに内閣もシシィに冷たくあたった。彼女のハンガリーへの肩入れが原因だった。シシィはすぐにブダに逃げ帰り、九月二日までウィーンにはよりつかなかった。

皇帝夫妻の関係はぎくしゃくしているようだった。皇后はあいかわらずハンガリー国民へ情熱をそそぎ、皇帝は妻の見解にいっさい耳をかさないでいた。エリーザベトはハンガリー語と文学の知識をますます深め、詩をよく読んだ。とりわけ、出版が禁止されているエトヴェシュ・ヨージェフの作品に興味を引かれ、後年には彼とひんぱんに文通をかわすことになる。彼女は新たに、ウィーン在住のハンガリー人、フォーク・ミクシャを教師として選んだ。フォークはアンドラーシの親友で、ときおりジャーナリストとして働いていた。彼と学ぶようになって、文法論も歴史学も、政治論評やハンガリーのかかえる問題の考察など、その内容が充実した。エリーザベトはマジャル人国家への愛をすてられず、ハンガリーにも城をもちたいと願い、ブダ近郊のゲデルレーに白羽の矢を立てた。そこは広大な狩猟場のただなかだった。しかし財政状況はそれを許さなかった。「現在のところ、資金がないのだ」と皇帝は慎重にさとした。「この困難な状況下では、きっちりと倹約しなければいけない」

失意のシシィをさらに落胆させるできごとが政治の場面でもあった。フランツ・ヨーゼフは新たに外務大臣の人選を進めていた。アンドラーシが適任と信じるエリーザベトは彼を推薦した。だが、登用されたのはザクセン人のボイスト伯爵だった。シシィは彼を嫌っていたので、とてもがっかりした。もっとも皇帝も、以前よりも警戒心をゆるめてハンガリー穏健派の提案を受け入れるようになっていた。イタリアについでプロイセンとの戦いにも敗れ、帝国の弱体化を自覚してからというもの、皇帝は、中央集権政治が時代遅れで有害なものであると判断していた。宰相のベルクレディ伯爵が主張する連邦主義はたしかに帝国内の諸民族の利害を考慮するものであったが、これでは不十分だというハンガリー人の執拗な反対によって、反故にされてしまった[5]。ここにいたって、マジャル人と意見の一致を見るまで交渉し、彼らの主張する二重帝国、つまり独立したハンガリー王国と、ボヘミアをふくめたオーストリア帝国の並立という形態を認めることしか選択の余地はなかった。フランツ・ヨーゼフはデアークの主張する〝アウスグライヒ〟（妥協）を受け入れる覚悟を決めていた。

一八六七年の一月と二月に事態は急展開した。皇后は妹マティルデを訪問して、遠くチューリヒに滞在していたが、注意深く交渉の行方を見守っていた。夫への手紙はあいかわらずハンガリーのことでいっぱいだった。「あなたから一刻も早く、ハンガリーの問題は解決したのでわたしたちはまもなくブダに行くのだとのお知らせが来るのを願っています。行くことになったと書いてくださるだけで、わたしの心は安らぐでしょう、目的が果たせるのですから」

二月一日の閣議で、フランツ・ヨーゼフは二重帝国体制を受け入れ、決定した。これは、帝国内政の安定と、欧州内での影響力の回復を手にするための代償であった。ベルクレディは宰相の座をボイストにゆずり、アンドラーシがハンガリーの首相に指名された。シシィは天にも昇る心地だった。〝愛しの〟ハンガリーが、フランツ・ヨーゼフからみずからの憲法をとりもどしたのだ。

フランツ・ヨーゼフはそれ以後ブダでは、オーストリア皇帝ではなくハンガリー国王として統治することになる。ハンガリーは〝オーストリア〟と同じく、両院をそなえる国会と政府をいただく国家となろう。二重国家とはたんなる人事面の連合ではなく、外交、軍事、それに財政の分野は共有され、フランツ・ヨーゼフがこれらの分野の共通大臣を統率する権限を維持することになる。エリーザベトは延々と続いた問題が解決を見たことを、自分の手柄と感じたが、それを誇示することはとうていできず、世間は彼女の果たした役割を知らなかった。しかしハンガリーの貴族たちには彼女が彼らのためにどれだけ努力したかわかっていた。王妃に謝意を表わすためにまず彼らのとった行動は、かつてシシィが夫にねだったゲデルレーの城を贈ることだった。シシィがここにたびたび滞在することは確実だった。さらに、国王の戴冠式の際に、彼女にも王妃の冠を授けるといういまだかつてない特別なはからいも用意されたのだった。

フェレンツ・ヨージェフとエルジェーベト

「わたしたちはたったひとつのチャンスに賭けていた、それはオーストリア帝室のどなたかお一人でもわが国を心の底から愛してくださること。そしてそれが現実になったいま、もう将来を案ずることはない」。一八六七年五月の初め、敬愛する国王ご夫妻をお迎えするハンガリー民衆の心もちを、詩人のエトヴェシュは詩で表現した。ハンガリーの公式訪問は、住民がエルジェーベト（エリーザベトのハンガリー語表記）とよぶ皇后にとって、不安の翳《かげ》りがほとんどない幸福な旅となった。雷鳴のような「エルイェン！」（万歳）の歓声に迎えられる喜び、たびたび訪れるであろう皇后を迎えるために改修中のゲデルレー城を訪問する楽しみ。だが同時に、アウスグライヒを糾弾する過激派へのおそれや、彼らが戴冠式を遅らせたり妨害したりするのではないか、という不安もあった。しかし、大喝采に皇后はわれを忘れて、皇帝が彼女と結婚する前の一八四九年に命じたハンガリーの鎮圧を非難し、夫もそれを後悔している、とまで言いきった。ある大司教にこう明かしている。「信じてください、もしわたしたちにバッチャーニ・ラヨシュとアラドの殉教者たち[6]を生き返らせることができたなら、わたしたちはまっさきにそうするでしょう」。この発言にウィーンは顔をしかめたが、ブダでは感謝の涙が流された。「いまだかつて、これほど愛されたお妃さまはいない」と言われていた。気をよくしたエリーザベトは、ホーフブルク宮殿に戻ったフランツ・ヨーゼフに愛情のこもった手紙を（ハンガリー語で）書こうと思いついた。「わたしの愛しい皇帝陛下、（…）ここにいても、あなたなしではすべてがむなしいのです。しょっちゅう、あなたがまもなくここにいらっしゃるか、わたしが会いに駆けつけるか、と考えています。でもほんとうは、あなたに早く戻ってきていただきたいの。戴冠式がほんとうに五日に行なわれるのなら」

　戴冠式は六月八日に挙行された。会衆は熱狂して、豪華な衣装をまとった貴族や、リストが国民の気持ちを代弁して作曲した美しいミサ曲を絶賛した。ハンガリー人の口さがない連中でも、この式典でどれほど祖先の慣習に敬意がはらわれたか認めざるをえなかった。そしてペストの地に、ハンガリー全土の行政区分[7]から運びこまれた土で築かれた戴冠式のための丘に王が登り、四方位に向けてサーベルで空を切るという象徴的な儀式を、感きわまりながら拝礼した。ハンガリー国王フェレンツ・ヨージェフ［フランツ・ヨーゼフのハンガリー語表記］として述べた誓いの言葉も一同を感動させた。「われわれはハンガリーとその属領の権利、憲法、法的独立、領土の保全をそのまま維持する」

　外国からの列席者の見方はもっと辛口だった。尊大な調子で式を批判する者がいた。「カーニバルの道化芝居のような印象を少し受けた。（…）中世から切りとってきたようなこの儀式は、われわれの時代、現代の文明、進化した現代の政治にはそぐわない」。また一刀両断に酷評する者もあった。「すべてにおいて、この国は未開である」。しかし批判的な論調は少数にとどまり、世の中は喜びに酔いしれていた。民衆は王妃をとても愛していたので、フランツ・ヨーゼフが決定していた数々の恩赦をエリーザベトからの恩恵とありがたがった。それはたとえば政治犯の恩赦、没収された財産の返還、また一八四九年に皇帝軍と戦ったハンガリー軍人の未亡人、孤児、傷痍軍人への顕彰であった。新しくハンガリーの王妃となった彼女を、民衆はもはやたんなる庇護者を越えた聖女に近い存在として崇め奉った。その昔ハンガリー王アンドラーシュ二世にはエルジェーベトという王女がいたが、彼女は聖人アッシジのフランチェスコの生き方を鑑として回心し、一二三五年に列聖された。世間は好んで王妃エリーザベトをこの聖エルジェーベトの子孫だと思いたがった。貧者のあいだで、シシィが「聖エルジェーベトの再来」であることを疑う者はいなかった。

〝ハンガリーにかきたてられる郷愁〟

聖女は信者たちを見すてはしない。ハンガリーに自治権を認めるというつとめを果たした後も、エリーザベトはハンガリーのことをおざなりにはしなかった。ゲデルレーにはたびたび長期間滞在した。一八六八年には、年間の三分の二をゲデルレーの城ですごしたと、ウィーンの人たちからなじられるほどだった。妻に勧められるままにフランツ・ヨーゼフも新しい居城を好むようになった。そこでは妻といっしょにいられ、リラックスして幸せなときをすごした。「ウィーンの人々が皇帝をひどく怒らせると、その隠れ家に逃げこんでしまう」と言われたものだ。この小さな城が夫妻には居心地のよい場所となって、二人の距離はぐんと縮まった。とたんにウィーンでは、皇帝が妻にたぶらかされて帝都を留守にすると非難が高まった。実際には、皇帝のハンガリー訪問はまれだったのだが。ゲデルレーで数日間すごしただけで、宮廷からは不満が噴き出した。副官である将軍は「皇帝陛下はおとといも今日も戻ってこられなかった。シシィ皇后への愛情がすぎて、ウィーンがお嫌いになったのではないか」とこぼした。

皇后がハンガリーへの好意を示せば示すほど、ウィーンはそれを自分たちへの挑発と受けとめた。

さらに怒りをかったのは、彼女がハンガリーでもう一人子どもを産みたいと願ったことだった。ハンガリー側では王子が産まれて、いつか完全な独立国ハンガリーの国王となることを願った。オーストリア側にとっては、産まれたのが女の子だったのがせめてもの慰めだった。一八六八年四月二二日にブダ城で産まれたマリー・ヴァレリーは、皇后からハンガリー人民に賜った〝戴冠の贈り物〟として歓迎された。ハンガリーの居城からホーフブルク宮殿に戻るときに、エリーザベトが発したとされる「行ってきますが、どんなに遅くとも秋までにはここに帰ってきます」という爆弾発言でまた一悶着あった。ウィーンの人々は憤慨した。皇后にとっての祖国とは結局ハンガリーで、ブダかゲデルレーが自分の家だと思っている、帝国内の諸領土はしょせん外国なのだ、というわけだ！　彼女の愛情はいちずにマジャル人にだけそそがれているように映った。それまでもみずから選んだハンガリー人の側近とつながりを深めていたが、その体制がさらに強化された。皇太后ゾフィー時代からの生えぬきの侍従を更迭し、かわりにノプシャ男爵［トランシルヴァニア出身のマジャル系貴族］を登用した。また、もうすでにオーストリア人女性はたった一人という女官団に［ハンガリー系の］フェステティクス・マリエ女伯爵をくわえた。

エリーザベトの周辺は、陪食を仰せつかる者も知りあいも招待客も、ハンガリー人一色となった。左翼の作家で詩人であったヨーカイと会うと言って聞かなかった。昼食にデアークを招待したとき「とても光栄なことですわ」と強調した。アンドラーシとは文通を続け、「わたしたちの友」とよんで定期的に会っていた。一八七一年に彼が二重帝国の外相に指名されると、オーストリアの世論は、国家の最重要ポストへの指名に皇后が圧力をかけた、と非難した。当のシシィはこれを否定したけれども。ウィーンの人々にはもう一つ気に入らないことがあった。それは一八七六年にデアークが亡くなったとき、棺の前で皇后が涙を流したことだった。ウィーンと対照的にハンガリーでは称賛されたこの光景は、ジチ・ミハイが制作した絵画と、それをもとにした版画も製作されて大衆に広まった。この画には、棺の上に星の冠をかざす国民の守護神も描かれ、二重帝国の立役者に深く心をよせるハンガリー王妃の姿は、その後何十年も人々の目に焼きつけられた。

皇帝夫妻の子どものうち二人が母親に導かれハンガリーびいきになった。シシィがとくにかわいがったマリー・ヴァレリーは、二歳にしてドイツ語よりハンガリー語のほうがうまくなった。皇太子のルドルフにもハンガリー語が教えられた。ルドルフは、オーストリア＝ハンガリー帝国に新たにリベラルな時代を切り開くのはアンドラーシしかいないと信じ、彼をロールモデルとして慕っていた。母のお気に入りであるこのハンガリー貴族を若い大公は神のように崇めた。「毎日、アンドラーシさまがいてくださることを神さまに感謝します。彼がいらっしゃるかぎり、すべてはうまくいくでしょう」。のちに妹のマリー・ヴァレリーはハンガリー人に対して敵意をいだくようになったが、ルドルフは終生若いときの考えを曲げなかった。マジャルの独立の機運が高まることを懸念して、尊敬するアンドラーシの路線を受け継ぐ者にしか心を開かなかった。

バイエルンの実家でくつろいでいるとき、次の旅行の準備に心躍らせているとき、そんなときでもエリーザベトはときおり〝ハンガリーにかきたてられる郷愁〟を告白した。彼女が尽力し、皇帝を説き伏せてまでアウスグライヒを締結させたと厳しく指弾するウィーンが、こんな気持ちを見逃すはずがなかった。いたたまれず宮廷から逃げ出したシシィはますます宮廷とは疎遠になっていった。フェステティクス女伯爵は嘆いた。「すべてはハンガリーとのいまわしい協定のせいなのですか。たしかに、彼女の努力が実り、協定が締結されました。でも、帝国の半分を占めるこの国を皇帝に忠誠なまとどまらせるように努力したことを、大罪とよべましょうか。火薬と武器と絞首刑で国を統治することが、そんなに喜ばしいことでしょうか。ある国に憲法を約束しておきながら、それを今度は拒絶するなんて、高尚で寛大なやり方といえるでしょうか」

オーストリアの皇后か、たんなるハンガリー王妃か？

それをたたえるか貶《けな》すかはともかく、ハンガリー問題を解決したことは、皇帝夫妻の業績であった。フランツ・ヨーゼフはしぶしぶ、エリーザベトは熱狂的、という温度差はあったが。皇后が情熱を傾けてハンガリーのリベラリストたちの要求に応えるだけでは、一八六七年のアウスグライヒは成立にいたらず、決定にこぎつけるまでさらに尽力したのだった。オーストリアのイタリアにおける敗北と、ケーニヒグレーツでの潰走を受けて、フランツ・ヨーゼフもこの結論を受け入れざるをえなかった。あいつぐ挫折に、ほかの選択肢は残されていなかった。これらの敗北なしには、エリーザベトも帝政の方向を変えることはできなかっただろう。オーストリアとハンガリーの独創的な結びつきである〝二重帝国〟誕生を実現したのはフランツ・ヨーゼフである。皇后エリーザベトは、声明、手紙、助言、会談など、さまざまな手段を使って、二重帝国実現の旗ふり役となった。

皇帝を自分の意見に従わせようと、シシィは夫〝フランツィ〟の愛を最大限に利用した。妻のあまりにもたび重なる不在や気まぐれの数々も、「ひとりぼっちで寂しい、君のちっちゃな夫」とか「君をとても愛しているフランツ」と手紙に署名するほど彼女を溺愛するフランツ・ヨーゼフは大目に見た。皇后は公式行事への出席をこばみ、ますます宮廷を露骨に嫌うようになったが、それでも皇帝の妻への愛は変わらなかった。シシィは、皇帝が自分の言うことを聞いてくれるかどうかで、ウィーンに戻ってくる頻度を調整し、ときには舌鋒鋭くときには甘ったれるような文章で手紙を書いて、息子である皇太子の将来を考えてください、と熱烈に訴えた。時がたつにつれ、シシィはその魅力で、夫をふくめて世の男性たちを意のままにあやつるすべを心得、それをうまく使って存在感を増していった。

　皇帝と皇后ではハンガリーを見る目が違っていた。エリーザベトがハンガリー王室によせる好意は、彼女の漠然としているが誠実なリベラリズムから来るものだった。そこにウィーン宮廷への反発心もくわわっていた。思想家シオラン［ルーマニアの作家で、シシィを崇拝していた］は、不思議なまでにハンガリーがシシィの心をとらえた理由として、〝ハンガリーに固有の憂愁〟の存在にふれる。ハンガリーの大地からのぼり立つ憂愁が住民の魅力あふれる国民性と結びついて、エリーザベトの人生に〝唯一の情熱〟をかきたてた、という絶妙な説明だ。シオランは「シシィがその空想やユーモアや風変わりな行動によって〝一九世紀独特の憂愁の極限〟を体現していたと考えると、彼女の〝ハンガリーのありとあらゆるものへのかぎりなき賛美〟[8]も理解できる」と述べる。彼女が二国間の橋渡しをした理由として、かの美しきアンドラーシとの愛人関係をもちだす必要などまったくない。実際、そんなことはありえない。ただし、二人の温めていた本気の、そしておそらく相思相愛の恋愛感情は、たしかにハンガリーの大義のために使われた。しかしハンガリーの利益を擁護しようとするあまり、シシィは皇后としての役割をふみはずしてしまった。ハプスブルク家の統治する諸国家のなかで、エリーザベトはハンガリーのゆくすえしか考えず、帝国を構成するほかの諸国を無視し、チェコに対しては警戒心すらいだいた。

フランツ・ヨーゼフは、そのような一国だけへの肩入れには与《くみ》しなかったし、この点でアンドラーシを非難した。一八六六年七月にこう記している。「いつものことだが、アンドラーシはとてもいい加減で帝国のほかの諸国のことなどまったく考えていない」。この非難は皇后に向けることも可能だった。一八六六年の時点で、フランツ・ヨーゼフはボヘミアのことで頭がいっぱいだった。ボヘミアは普墺（プロイセン＝オーストリア）戦争でプロイセン軍に徹底的にたたかれ、疫病や飢饉の犠牲にもなっていたからだ。当然、チェコは救済と同情の対象になってしかるべきだったが、ハンガリーは戦闘の被害をこうむっていなかった。ハプスブルク家の伝統を守り、フランツ・ヨーゼフは帝国のすべての臣民を父親のように慈しんでいた。シシィにはえこひいきがあった。それが彼女の過ちだった。

「もうこれから政治にはかかわりません」

一八七二年ゾフィー皇太后が亡くなった。古き良きウィーンを懐かしむ人々はその死を嘆いた。「われわれの皇后〔原文ママ〕〔すなわち、ウィーン市民にとって皇后はゾフィーであり、エリーザベトではなかった」が亡くなり、葬られた」。エリーザベトはようやくわずらわしい監視から解放された。いよいよ政治の世界で力をふるうようになるのだろうか。それまでフランツ・ヨーゼフと皇太后と彼女の三人で協議しなくてはならなかった国事案件を、それからは夫と二人だけで対応できるようになった。だが現実には、皇太后が亡くなったからといってシシィが夫に協力して政治にあたるようになったわけではなかった。それどころか、政治の世界とは距離を置いて、いっそう詩作にふけったりヘレニズムや交霊術に興味を深めたりするようになった。

たしかに、一八七三年には彼女はその儀礼的な役割を優雅にこなし、人々の称賛の的となった。ウィーン万国博にはたくさんの王侯貴族たちが集い、レセプションやパーティが引きもきらず、帝都に彼女の登場する機会は多かった。シシィはその任務を淡々とこなした。舞踏会や晩餐会はもちろん、恒例の孤児院訪問のほか、悲惨な境遇にある者たちにとくに関心をもつ彼女の希望で、精神病院やコレラ患者を収容する病院へも足を運んだ。また、在位二五年の祝賀式典には皇帝とともに臨席した。人々は数か月のあいだ、皇后はオーストリアに戻ってこられた、と信じようとした。

だが一二月三日には、彼女はウィーンからさっさと大好きなゲデルレーに引き上げてしまった。好きになれないウィーンにエリーザベトを引きとめるものはなにもなかった。当時、帝都は近代化に邁進し、城壁をとり壊して環状道路《リング》を設計し、新しいオペラ座などの公共建築物を建造する動きがみられた。だがウィーンにつれない態度をとる彼女は帝都の変革にはまったく興味がなかった。君主のつとめより、さすらいの旅や孤独、自由な生き方のほうがシシィには大事だったのだ。

いやしくもオーストリア皇后にしてハンガリー王妃である彼女に、アイルランドで狩猟にふけり、ギリシアに考古学の調査にでかけ、地中海沿岸に別荘を次々に作るような好き勝手な生き方が許されるだろうか。少しでも気に入らないことには背を向け、あらゆる責務を放り出して、法外な金額をサラブレッドの購入についやすような生活をしていていいのだろうか。夫のフランツ・ヨーゼフは小市民のように締まり屋で、ウィーンのホーフブルク宮かシェーンブルン宮の執務室でたった一人スパルタ式の生活を送っているというのに。皇后のつとめを放棄し、社交界から身を引くエリーザベト、それに対してフランツ・ヨーゼフは分きざみのスケジュールをこなし、朝早くから謁見や懸案書類の検討に取り組み、自分の時間などないも同然、つねに君主の立場にいる。恋愛結婚で結ばれた二人だったが、いまやお互いに違う方向を向いていた。

やがて、エリーザベトはいっさい政治に介入しなくなった。あれほど大事に考えていたハンガリーでさえ、もう彼女をふるいたたせることはできなかった。アンドラーシが一八七九年に辞職したとき、彼女は甘んじて受け入れた。それまでも王妃のすべてを受けとめてきたアンドラーシは、エリーザベトが興味を失ったことにも一定の理解を示した。「お妃さまのような方はどこにもおられません。(…)政治にかかわられなくなったのももっともかもしれません」。それでもエリーザベトを敬愛していたマジャル人は、彼女がハンガリーを出てヨーロッパ中に出かけていくことを嘆いた。その頃ハンガリーには、ときどきごく短期間訪れるだけになっていた。外国に別荘を作るのに熱中して、建てたとたんに投げ出しまつで、ゲデルレー城のことは忘れさられた。一八九三年には、ハンガリーに有利になるような口利きを皇后にお願いしてほしいとの陳情を受けたノプシャ男爵が、当惑気味にこうコメントした。「ご承知のとおり、(…)皇后陛下は政治にはかかわられません。ですから、もう皇后陛下から夫君に、ハンガリー人に不満をいだかせないように働きかけることなどできないのです。このことについては、ハンガリー人は自分たちで解決するよりほかないのです」

一般に信じられているのとは違い、シシィがハンガリーへの関心を失っても一八六七年のアウスグライヒにはなんの影響もなかった。フランツ・ヨーゼフは約束を守る男であって、アウスグライヒの維持に努め、ハンガリー人もこの体制を尊重した。こうしてハンガリー王国の内閣はたいへん安定したのである。皇帝であって国王でもあるフランツ・ヨーゼフは自制して、ハンガリーの内政には関与しなかったが、二重帝国に共通する軍事や外交面には口をはさませなかった。「帝国王国軍[9]」の一体性を保つため、司令の言語としてドイツ語以外は絶対に認めなかった。世紀末の数年こそ、国の独立を求めて運動する者たちが勢力を伸ばし、二重帝国を支持した自由派は弱体化したが、一八六七年のアウスグライヒは、エルジェーベトがいなくても、第一次世界大戦までハンガリー＝オーストリア関係の根幹として機能しつづけた。はじめは妻の勧めで二重帝政に転向したフランツ・ヨーゼフだが、王としての責任感からその維持に心をくだいた。アウスグライヒのすべてを尊重したが、アウスグライヒを越える妥協は拒否した。

一八九六年、マジャル人たちは建国記念祭を祝った。このときシシィは自分の義務を果たした。要請に応えてコルフ島での滞在を切り上げてハンガリーに戻り、建国千年記念式典に出席した。大衆の前に三回姿を見せたが、数多くの公式レセプションはフランツ・ヨーゼフ一人にまかせて欠席した。黒衣をまといほっそりしたシルエット、扇で隠された顔には皺がきざまれていた。シシィは一八八九年以来ずっと、息子ルドルフの喪に服していた。その年、一月二九日の夜から三〇日にかけて、マイヤーリンクでオーストリア皇太子ルドルフが、若い愛人マリー・ヴェッツェラを道づれに自殺をとげた事件は、皇帝夫妻に大きな衝撃をあたえ、帝国にとっても重大事件の様相を呈していた。母親の影響でリベラルな精神の持ち主だったルドルフは、〝進歩と光の源〟の国、ハンガリーを、母と同じように愛していた。その彼が亡くなったことはハンガリー住民の不安を増大させた。というのも、皇帝の甥でルドルフに代わって皇位継承者となったフランツ・フェルディナントは、あきらかにハンガリー人を嫌っていたからだ。だから、一八九六年に皇后が式典に参列したことで、マジャル人は高揚した。感激したブダペストの住民たちは、かつてないほどの大歓声で「エルイェン」（万歳）を唱えたと、その場にいた人は語っている。いわば〝感情の嵐が全員の心にまきおこった〟ようだった。皇后はお礼のしるしに会釈した。ふたたび「エルイェン」の歓声。顔を赤らめる皇后。いとしいハンガリーが皇后陛下を癒そうとしていた。だがそれはほんの一瞬だけだった。彼女はその場を去り、祭典にわく町を離れ一人になった。フランツ・ヨーゼフはとどまり、王のつとめに専念した。エリーザベトは政治とかかわらなくなったが、依然として政治はオーストリア皇帝に大きな課題としてのしかかっていた。

マイヤーリンク事件から九年、たえず試練にさらされてきた老いた皇帝の人生に、また新たな試練がふりかかった。すでに一八六七年には弟マクシミリアンを失っていた。短期間メキシコ皇帝の座にあった弟は、ケレタロで銃殺された。ついでシシィの妹のアランソン公爵夫人が、一八九七年五月四日にパリの慈善バザーで起こった火災で焼死した。マクシミリアンは三五歳、公爵夫人は四〇歳で迎えた死であった。皇后自身は年齢と闘っていた。六〇歳をすぎたところだったが、体重の増加を極度におそれていた。身長一メートル七二センチに対して体重は四六キロをわずかに超えるほどの痩身だったのだが、身体を壊すほどの食餌療法にのめりこんだ。息子の死が彼女をうちのめし、鬱の症状をかかえた彼女は、はてしない彷徨をくりかえすが苦悩がやわらぐことはなかった。孤独で不幸な夫を見すてて旅立つことは後ろめたかったが、放浪の旅を手放したくないシシィは、一八八六年、フランツ・ヨーゼフに女優カタリーナ・シュラットを紹介した。こうして、若くてふくよかな金髪美人のカタリーナは「皇帝の親しいお友だち」になった。

もう長いこと、皇帝夫妻は寝室を別にしていたし、エリーザベトは肉体関係をあからさまに嫌悪していた。夫婦が久しぶりに再会しても、言い争いになり最後には和解する、というのがいつものパターンになっていた。フランツ・ヨーゼフはカタリーナといっしょにいると、孤独から救われ、これまで味わうことのなかったシンプルで穏やかな幸せを感じた。シシィは夫に愛着を感じていたし、尊敬もしていたが、おつきの女官に「陛下のことは好きだけど、もう恋愛ではないわ」と打ち明けた。一方のフランツ・ヨーゼフが妻を愛する気持ちはずっと変わらず、彼女がかたわらにいないことをつねに寂しく思っていた。

一八九八年の夏の終わり、皇后はウィーンに戻るつもりでいた。「ドイツの」ヘッセン州バート・ナウハイムで温泉療法、それからスイスのテリテにいつもの静養で一か月間滞在した後、帝都に残って秋の出軍にそなえる夫のもとへ戻ろうとしていた。重い鬱に苦しんでいた頃にたびたび死の誘惑にかられていたシシィが、死と出会ったのは平和なジュネーヴである。一八九八年九月九日、皇后がプレニーにあるロートシルト男爵夫人の館に向かう蒸気船にまさに乗りこもうとしたとき、イタリア人テロリスト、ルイジ・ルケーニが近づき、胸のあたりを刺した。おそろしいニュースは電報でウィーンに伝えられ、フランツ・ヨーゼフはその場に立ちつくした。家族のなかでもシシィのいちばんのお気に入りだった娘のマリー・ヴァレリーの前で、皇帝は悲しみに沈み、「わたしたちがどれだけ愛しあっていたか、だれも知らない」と言って涙にくれた。

愛で結ばれた結婚から四四年、死が突然皇帝夫妻の仲を引き裂いた。皇帝は仕事の量を二倍に増やして悲しみをのりこえようとした。一九一六年一一月二一日、シェーンブルン宮殿で死を迎えるまでのじつに一八年の長き年月を、責任感の強い彼は、苦痛に耐え、人生の終わりまで責務に邁進したのだった。夫妻それぞれの人生は伝説となって語り継がれた。歴史はシシィの優雅さ、美しさ、あいだ旅行、コルフ島やミラマール宮殿への逗留などを記憶にとどめ、ハンガリーを熱心に擁護したことは忘れさられた。人々の記憶には、皇后としてのエリーザベトより、女性らしさの側面が前面に押し出された。

つつしみ深いフランツ・ヨーゼフは、自制心が習い性となり、めったに素の自分を見せることはなかった。ウィーンの作家、ヨーゼフ・ロートの言う「善良で偉大、優秀で正義の人、はるかかなたの存在でもあり、すぐ近くにもおられる」皇帝の人格の陰に、男性としての側面は隠れていた。君主がつねに執務室につめ、机上の青白いランプの光で、行政の事細かな事項にいたるまで、帝政にかかわる膨大な資料を読んでいるイメージは、長いあいだ臣下たちの脳裏に焼きつけられ、尊敬を集めるのだった。「軍隊の行進曲が鳴りひびくなかで君主のために死ぬことは、もっとも美しい最期だ」とは、ロートが、その小説『ラデツキー行進曲』の主人公カール・ヨーゼフ・トロッタ――ほおひげの真っ白な皇帝にかぎりなく献身をつくす男――をして言わしめた言葉である。「ラデツキー行進曲の調べとともに死ぬことはいともたやすかった」[10]。たしかにこの夫婦の生き方はお互いに異なり、人々にも別々の人生として記憶されている。それでもなお、シシィとフランツ・ヨーゼフの夫妻は、歴史上もっとも名高い夫婦たちの殿堂にその名をきざむことになった。

〈原注〉

1　オーストリア皇后エリーザベトの評伝は多数あるが、Egon César, comte Corti (Payot, 1984)、Brigitte Hamann (Fayard, 1985)、Jean des Cars (Perrin, 1983) を、フランツ・ヨーゼフにかんしては Jean-Paul Bled (Fayard, 1987) をおすすめしたい。ハンガリーの歴史を取り扱う著作としては、Miklos Molnar (*Histoire de la Hongrie*, Perrin, 2004)、Paul Lendvai (*Les Hongrois. Mille ans d'histoire*, Editions Noir sur Blanc, 2006)、Istvan György Toth (*Mil ans d'histoire hongroise*, Corvina Osiris, 2003)、Charles Kecskeméti (*La Hongrie des Habsbourg*. t. 2, *De 1790 à 1914*, Presses universitaires de Rennes, 2011) をあげることができる。

2　バイエルン公（Herzog in Bayern）はヴィッテルスバッハ家の傍系にあたえられた称号である。それに対し、Herzog von Bayern はヴィッテルスバッハ家の君主にのみ許された地位で、一八〇五年からはバイエルン国王となった。

3　ハンガリー王国のことをこうよび習わした。［ハンガリー王国の戴冠の証として王室が代々引き継いできた王冠で、ハンガリー王国の象徴である］

4　一七四〇年に「金もなく軍隊もなく助言者もない」女帝、マリア・テレジアが即位すると、オーストリア継承戦争が起こり、ハプスブルク王家は存立の危機におちいった。豊かなシュレジエンはプロイセンのフレデリック二世に征服され、参戦したフランス―バイエルン軍がリンツの町を征服してプラハへと進軍した。マリア・テレジアはイギリスのわずかな援助金と、孤立無援な状態を憐れんだハンガリー軍の支援でかろうじて救われた。

5　連邦主義は新絶対主義の終焉を意味していた。一八六〇年一〇月に出された免許状で連邦主義が規定され、ハンガリーの旧憲法を再発布し、立法権を地方議会に委譲した。だが、適用不能となり、連邦制は一八六一年二月の免許状によって廃止され、ゆるい形の中央集権に帰結した。

6　穏健派の貴族、バッチャーニ伯爵は一八四八年三月、皇帝フェルディナントの承認を得てハンガリー政府の組閣にあたっていた。だが、一八四九年一〇月、フェルディナントに代わり皇帝の座についたフランツ・ヨーゼフはハンガリーを制圧し、バッチャーニは銃殺された。ハンガリー革命軍の将軍一三名も同様にアラド要塞の壕で銃殺された。

7　行政区画は支配階級の貴族が掌握したが、ハンガリー独特の行政区分（comitas）にはハンガリーに自治権があたえられた。現在もなお、この行政区分が地方の行政単位として機能する。

8　Paul Lendvai、前掲書、p. 336-337.

9　ドイツ語の *Kaiserlisch und Königlisch*（帝国および王国）を略した *K. und K.* の音から、作家ロベルト・ムージルは〝カカニエン〟という新語を生みだした。

10　Joseph Roth, *La Marche de Radetzky*, 1932 (1re éd.).

11

ニコライ二世とアレクサンドラ（一八九四―一九一八）ともにいだいた専制政治への熱意

「皇帝は彼女に全面的に服従していた。せいぜい一五分、彼らがいっしょにいるところを見てしまえば、専制君主は彼女であって彼ではないといえるだろう」（ドゥベンスキー将軍）

夫妻のおそろしい秘密

ついに男の子が…。一〇年にもわたる長い結婚生活のすえに、皇后アレクサンドラ・フョードロヴナ（一八七二―一九一八）が皇子を産んだ。神がお望みになるかぎり、この子は父親のニコライ二世（一八六八―一九一八）の跡継ぎとなるであろう。

一九〇四年七月三〇日［ロシアで用いられていたユリウス暦。現在のグレゴリオ暦では八月一二日。以下グレゴリオ暦が導入される一九一八年一月までの件についてはユリウス暦によるものとする」、一〇年間待ちに待ったあとに皇帝夫妻に幸福が訪れた。子どもは生まれるやいなや、父親がもっとも敬愛している一七世紀の「ツァーリ」［ロシアの君主をさす称号。ピョートル大帝はさらに上位にあたるインペラートル（皇帝）を自称したが、以降の歴代皇帝はツァーリと慣習的によばれることも、みずからがその呼称を使う場合もあった］にちなんで、アレクセイと名づけられた。[1] 皇太子の誕生は、アレクサンドラにとって、おそらく結婚以来最大の喜びであった。それまで皇宮のゆりかごを占めていたのは女子だけだったからだ。オリガ、タチアナ、マリア、アナスタシアの四人の皇女たちは、それぞれ人なつっこかったり、からかい好きだったり、しとやかだったり、おてんばだったりしたが、いずれもみなチャーミングで、すでに美しく、両親から大事にされていた。ところがだれ一人として、法律上は君主になる資格がなかったのである。本来ロマノフ家では女子はけっして多くなく、しかも第一子はいつも男子であっただけになおさら、子どもが生まれるたびに、この夫妻は一種の失望感を味わっていた。だが、二〇世紀のはじまりを飾るこの瞬間に、ロシアのすべての王朝で脈々と続いてきた直系による帝位継承が、規定どおりに守られることになった。

といっても、その規定は比較的最近のものであった。伝統的にサンクトペテルブルクから統治する君主は、好きに後継者を選んでいたが、一七九七年より長男子のみが帝冠をいただく資格をもつと公式に宣言されたのだ。つまり長男子による継承が基本となり、アンシャンレジーム下のフランスと同様ロシアでも、一種のサリカ法［女性と庶子は王位相続から除外されるという規定がある］が適用されることになる。かくしてエカチェリーナ二世の死去後、女性はだれ一人として帝国をおさめることはなかった。エカチェリーナ一世、アンナ、あるいはエリザヴェータが女帝として君臨した時代は過去のものとなり、パーヴェル一世、アレクサンドル一世、ニコライ一世が皇帝の座についた。

男子が生まれなければ、帝位はニコライ二世の弟であるミハイル大公か、そうでなければ叔父たちのなかで最年長で、手堅く三人の息子に恵まれていたウラジーミル大公に移ることになっていただろう。そうした展望は、帝位をおびやかす者に対しては、だれであろうと嫌悪をほとんど隠さなかった皇后に苦悩をもたらしていた。したがって、この赤ちゃんの誕生は両親の不安をやわらげたのである。帝位継承はこれで安泰だ、と。

アレクサンドラ皇后がこの五人目の子どもを産んだとき、まだ三二歳だったが、彼女の健康状態はすでに不安視されていた。男の子がほしいと望むあまり、いかなる方法もないがしろにせず、いかなる処方も拒否しなかった。大胆にも彼女が身ごもっているのは男子だ、と予想したフィリップなにがしというフランス人の言うことにも耳を傾けたのだ。リヨンから来たというこの男は占い師もどきで、催眠術を使う似非《えせ》医者であり、あやしげな治療師以外のなにものでもなかった。皇后が想像妊娠をしていたことが判明すると、このペテン師は追いはらわれた。するとその男が実現できなかったことを、ロシア正教会が達成してみせようとした。正教会は、皇帝夫妻の痛悔［カトリックの告解に相当］を聞く立場に昇格した掌院[2]フェオファンを紹介し、男の子を求める夫妻の神秘主義への強い傾倒を自分たちのほうへ誘導しようとしたのである。フェオファンは皇帝夫妻を説き伏せ、一九世紀初頭にサロフ修道院に暮らしたというそれまで無名であったセラフィムという修道士を列聖させた。アレクサンドラにとって、祈りとは救いだった。聖人となった隠者にたえず祈りつづけることによって、奇跡が起こることを願ったのだ。さっそくあらゆる可能性を味方につけようと、彼女は一九〇三年七月二八日に宮廷人をみな集めて列聖式をすることにし、サロフ修道院のわきの瞑想の場にあった奇跡の泉にみずからの身を沈めた。[3] そして翌年の七月に生まれたのがアレクセイ皇太子だった。

ニコライ二世は「この大切な日を記念するために、なんでもする用意があった」[4] とアレクサンドラのある女友だち［宮廷の女官もつとめたアンナ・ヴィルボヴァ］は証言している。数々の困難の真っただなかで僥倖にあずかったこの晴れやかな日は、もっとも不吉な兆しを帳消しにするにはあまりにもつかのまであった。皇太子が生まれたのは、対日戦争開戦からたった数か月後であり、皇帝に仕えていた大臣に対するテロの直後である。先立つこと二月八日［この日付はグレゴリオ暦による］、日本の魚雷が旅順口に停泊していたロシア艦隊の一部を宣戦布告なしに破壊し、アレクセイが生まれた二週間前には、保守反動派の内務大臣プレーヴェが暗殺されたのだ。この一年、ロシアは労働者によるストライキによってつねにゆさぶられていた。政治情勢は悪化の一途をたどっていた。まさに待望の皇太子の誕生は、そうした血気をしずめることができたのだろうか？　跡継ぎを得た以上、皇帝夫妻はロシア国民からの人気を固めたと確信した。

だが、皇帝一家の幸せは続かなかった。九月になるとすぐに、赤ちゃんは臍出血を起こした。両親は心配する。包帯で止血できたので「わたしたちは心の平穏をとりもどした」とニコライは吐露しているが、それは糠《ぬか》喜びだった。ほどなくして、ほかにも自然出血がいくつか起こったため、おそろしい病気がひそんでいることが明らかになったからだ。皇太子は母親の家系に伝わる血友病を受けついでいた。アレクサンドラのすぐ上の兄と二人の甥は血友病で亡くなっている。血縁の女性を通じて遺伝していくこの治療法のない病気は、命とりになる。発症した三人に二人の子どもが、一二歳の誕生日を待たずに死ぬという。幼いアレクセイの両親にとって世界がくずれ落ちるほどの衝撃だった。

アレクサンドラ皇后は、自分の責任だと考えていただけに、さらに深い絶望におちいった。わが子が発症するたびに心がさいなまれた。毎日、事故が起きやしないかとおそれていた。こうして長きにわたる苦しみがはじまった。一気に白髪が増えた皇后は、悲しみのなかに閉じこもった。健康もそこねた。不眠、偏頭痛、不安がしつこくついてまわり、彼女を消耗させた。心臓疾患も見つかった。科学は無力で、事態をくつがえせないという絶望からのがれようと、聖像画の前で長時間祈りを捧げ、オカルト的な信仰にも完全に身を投じた。人間からなにも期待できなくなったアレクサンドラは、すべての希望を神か、あるいは神のしもべだと自称する者たちに託した。奇跡を願うあまり、なにかしらの治癒を請け負う者ならだれであろうと、みずからの信頼をあたえる心づもりでいたのだ。

アレクセイの健康状態が、皇帝夫妻の頭からひとときも離れなかった。側近以外、だれにも知られてはならない。皇太子の血友病は国家機密となった。現皇帝がもはや直系の後継者をほかに得られない可能性を隠しとおすことが、みなに求められた。そこで皇帝一家は、人前で本心を隠さざるをえなくなり、沈黙して孤立した。小康状態のあいだにほっと一息つくことがあるにしても、同じ年頃の男児のようにすごしたがる子どもの日常生活のあらゆる瞬間を心配し、遊び道具に注意をはらい、怪我《けが》をひどく心配し、症状がぶり返すことをたえずおそれ、少しでも疲れていないか確かめるために彼から目を離さなかった。天使のようにかわいらしく陽気な性格であったアレクセイが、苦痛のために神経質で気まぐれな子どもに変わるのに、時間はかからなかった。息子の健康状態を心配し、世間の目からその病気を隠したいという思いにとりつかれたニコライとアレクサンドラは、出口の見えない悲劇を生きていたのだ。

アレクサンドラの性格は変わった。それまでもけっして人気はなかったが、皇后の不幸の原因を知らない人々は、そんな彼女をまったく容認できなかった。自分の心痛を知りようがない人々を軽薄だとみなし、距離を置いた皇后は、冷淡でよそよそしく見えた。まるで「周囲にまでその冷気が広がる氷像だった」[5]。アレクサンドラはもともと意志の強い皇后だったが、それにくわえて頑迷になり、権威をふりかざすようになり、自分の意見に反するあらゆる意見にはまるで耳をかさず、夫に対してはますます多大な影響力を発揮し、たえず、あからさまに政治に口を出すようになった。戯画的な皇后のイメージそのものだ。悪評が定着し、皇后はそれにも苦しんだ。あるときこのように胸のうちを明かしたという。「民はみな、わたしのことを嫌いなのよ。でも、わたしがなにをしたというの？　わたしたちが幸せなら、民とのかかわりも円滑になるだろうと願ったからこそ恋愛結婚をしたというのに」[6]。アレクサンドラの言うことはたしかに真実ではあった。ニコライとの関係は、結婚としては成功していたからだ。だが、自分の個人的な幸福がロシア国民を喜ばせると思っていたのならば、それははなはだしく自己中心的であった証左ではないだろうか？

「信頼できるのは妻のみだ」

サンクトペテルブルクを訪問中、四歳年上のニコライに生まれてはじめて会ったとき、彼女はまだ一二歳にもなっていなかった。当時ヘッセン大公女アリックスという名前だった一八七二年生まれのドイツの小さな姫君は、六歳にして母親と死別している。父親のヘッセン大公ルートヴィヒ四世にほったらかしにされ、自分が生まれたダルムシュタットで寂しく孤独な生活を送っていたが、祖母にあたるイギリスのヴィクトリア女王のもとに、ひんぱんに滞在していた。姉の一人にあたるエラとよばれていたエリーザベトが、ニコライの叔父セルゲイ大公と結婚していたため、ヘッセン大公家は折にふれてモスクワやサンクトペテルブルクを訪問していた。ところが、ロシア皇室はアリックスに関心を示さなかった。ぎこちなく、垢《あか》ぬけない彼女を、要は気に入らなかったのだ。にもかかわらず、一八八九年、若き日のニコライは彼女を見そめ、結婚を望んだ。父親の皇帝アレクサンドル三世は、数えきれないほどの異議を唱えた。息子の嫁にまたもドイツ人を迎えたくはなく、ほかに何人かの候補が念頭にあったからだ。なかでもパリ伯を父親にもつフランス人の伯爵令嬢を迎えることによって、最近結ばれた露仏同盟を確固たるものにしようとしていたのである。ニコライは従順な息子であったが、時間をかけて辛抱強く説得を試みた。日記にこのように書き残している。「わたしの夢は、ヘッセンのアリックスと結婚することだ。ずいぶん前から彼女のことは好きだが、彼女がサンクトペテルブルクに来て六週間すごした一八八九年からは、さらに強く深く愛するようになった。(…)わたしたちは互いに同じように思っているとほぼ確信している」[7]。若い二人は再会し、皇太子ニコライは両親の反対を押しきり、一八九四年四月八日に婚約にこぎつけた。健康状態が深刻で危機感をおぼえた父皇帝の同意を得たのだ。肺炎に命をおびやかされていたため、皇帝アレクサンドル三世は、帝位継承を安泰にすべく息子を結婚させることに決めた。ニコライはアリックスを強く求めた。だが、この結婚によって幸せを感じていたのは、この若き二人以外はだれもいないといってもよかった。「いとしく比類なき」アリックス、「このうえない」アリックス――と恋い焦がれる婚約者によばれていた彼女は、すでにロシア語を学んでおり、ほとんどまちがえることなくこの言語で手紙も書くようにもなっていた。かつてはプロテスタントの信仰を棄《す》てないと断言したことがあったが、先代の外国出身の皇后がいずれもそうであったように、ロシア正教の教えを受けるようになっていた。そうした努力は称賛されるべきものであったにもかかわらず、ニコライの母后マリア・フョードロヴナは彼女に冷たくあたり、大公女たちは彼女のことを招かざる客だとみなしていた。ドイツ人として生まれ、イギリス人として教育を受けたヴィクトリア女王の孫娘が、ロシアに忌《い》まわしいイギリスの影響を植えつけるのではないかと危惧する者もいれば、彼女がサンクトペテルブルクを訪問したときに受けた印象、つまり引っこみ思案で生気のない――つまるところ、愛嬌のない若い娘といった印象をいだいたままの者もいた。

そのうえお祝いムードなど、宮廷の空気にはとてもそぐわない状態にあった。クリミアのリヴァディアにある夏の離宮に滞在していたアレクサンドル三世の死期がせまっていたからである。ニコライと婚約者はできるだけ早く結婚したいと望んでいたのに反して、皇族一同は皇帝の葬儀が終わるまで待つよう強く求めていた。そのようななか、一八九四年一〇月二〇日、アレクサンドル三世は息を引きとった。翌日にはアリックスのロシア正教会への改宗式が行なわれ、この日からアレクサンドラ・フョードロヴナとよばれるようになる。君主の亡骸《なきがら》はすぐさま列車で首都サンクトペテルブルクに運ばれた。葬儀は一一月七日に行なわれ、結婚式もすぐあとに続いた。一四日に晴れて夫婦となった二人は、ロシアを統治する新たな君主夫妻となった。多くの人々が、新婦が棺のうしろに続いて都に到着したと手厳しい指摘をし、それゆえに疫病神扱いをした。その直感は、悲劇的な事故によって裏づけされてしまう。一八九六年五月、民衆向けに即位祝賀会場がもうけられたホディンガの平原に人々が殺到して、一三〇〇人以上の死者を出したことによって、モスクワで行なわれた戴冠式が悲しみに彩られたのだ。

ニコライとアレクサンドラはおしどり夫婦であった。「だれもこれ以上すばらしく、これ以上大きな幸福を地上で望むことなどできないだろう」と新皇帝は結婚直後に語っている。アレクサンドラにいたっては輪をかけてこんな調子である。「この世界でこれほど完璧な幸せが存在しえるなど想像もしませんでした。これほどまでに二人の人間が一心同体だと感じられるとは[8]」。二人は生涯を通じて夫婦愛をわかちあった。だが、その夫婦とは、影響されやすい男とすぐに影響力を行使しようとする女性の組みあわせだった。

アレクサンドラは結婚するなり、ドイツにいる女友だちへの手紙のなかで、君主に仕えることよりも自分自身の出世ばかり気にする宮廷のとりまきの卑しさを非難し、「(自分に言わせれば) 夫があまりにも若く、経験が浅い[9]」だけに、これを嘆かわしく感じているとしたためている。ニコライは、実際には彼女より年上であったことはともかくとして、たしかに君主の責務を果たすのにほとんど準備ができていなかった。とはいえ、アレクサンドラ自身も皇太子妃としてのつとめを経験せずに、あまりにも早く皇后になってしまったことを、本人は忘れていたとでもいうのだろうか。

かつてルイ一六世があまりに若いうちに統治をはじめることを残念がったように、「わたしはツァーリになりたいなどと思ったことはなかった！」と父親が亡くなったときに、若き君主は目に涙を浮かべながら心のうちをもらした。ニコライは、船員か士官になって世界中をまわるか、機械いじりに時間をついやしたかったのだ。彼は帝位継承者としての教育を受けていなかった。よい教師に恵まれていたにもかかわらず、ある大臣の言葉を借りるならば、彼の知識は「良家出身の近衛隊長」のレベルだったという。ニコライはまったく学習意欲がなく、いっさいの好奇心もなければ熟慮する能力もなかった。従順で生真面目な「やさしい少年」で、「非常に学習能力は高かったが、自分が学んでいることのなにが問題の肝《きも》なのかをけっして理解することがなかった[10]」。宮廷の儀礼上、教師はニコライに質問をすることが禁止されており、ニコライ自身もまったく質問をすることがなかったため、彼がなにを学びとって自分のものにしていたのかほとんどわからずじまいである。皇太子としての彼の存在がいかに空虚なものであったかは、日記に反映されている。真剣に思索をした形跡はみられず、どうでもいいようなことばかりで埋めつくされ、天候にかんする記述はやたら豊富で、レジャーや家族とのお茶の時間に多くの時間を割《さ》いていた。「きょうはスケートができなかった。（…）とても退屈だった」といった調子である。

アレクサンドル三世は、息子の欠点を承知していたので、彼を国政から引き離していた。したがって君主と後継者のあいだには、真剣な会話もまったくなければ、統治術の手ほどきもまるでなされなかった。財務大臣だったウィッテ伯爵が、シベリア鉄道建設委員会の委員長に皇太子を任命するよう提案したところ、皇帝はけんもほろろにこう答えた。「わたしになにを頼んでいるのかわかっているのかね？　皇太子はまだまだ若い。まったくもって子どもっぽい意見しかもっていない」。ニコライは二三歳のときに、ヨーロッパのそれぞれの首都ではなく極東方面への長期旅行を、父皇帝から強いられた。というのもアレクサンドル三世は、息子の愛人だった有名なバレリーナから息子を引き離したかったからだ。エジプトを訪れたあと、ニコライはインド、インドシナ半島のサイゴン、そして日本を歴訪する。その日本で、ささいな程度であったとはいえ暴漢に襲われたために、滞在を切り上げることになった。ピラミッドも寺院も、そしてアジアの独特な趣《おもむき》も、彼の興味を引くことはなかった。帝王教育の端緒《たんしょ》を開くはずだった旅はまったく役に立たず、ニコライの無関心さは変わらなかった。

国政にかんする見習い学習は、彼にとって一種の苦行だった。ツァーリたるもののつとめの手ほどきを受けるには、枢密院には熱心に出席せねばならず、議論には注意をはらい、学びとろうとする意欲が求められたために、うんざりしていた。ある会合は「幸いにして二〇分で終わった」ために気晴らしができると書き残したかと思えば、別の会合には「死にそうなほど」退屈したので途中で出てきたと打ち明けている。この無関心ぶりはアレクサンドル三世を失望させ、皇帝の顧問官たちも匙《さじ》を投げて、ほとんどニコライの意見を求めることがなかった。ニコライは皇帝となっても、統治することに皇太子時代よりも情熱を傾けるわけでもなく、ロシアでは工業化が強行され、革命への気運が盛り上がっていたのに、闊達《かったつ》な意見交換の場を嫌悪し、国政にかんする議論から逃げようとした。

ニコライの場合、困ったことに息子を小さな男の子のように扱うのをやめなかった父親の強烈な個性によって、生まれながらの内気な性格がそのまま放置されてしまった。彼の慎重さや自信の欠如は、まさにそうした性格に負っていた。そして自制心や冷静さは、気質や教育によってつちかわれていたが、ときにはそのせいで、彼の融通のきかなさとあいまって、近しい人々を困惑させ、冷酷な人間だとみなされることになった。ただし、ニコライは善人であった。だが意志に欠け、延々と躊躇しており、自分の意見を押しとおすことができなかったのだ。「彼のなかには自信のなさと、ある種の謙虚さがあるが、そのせいで優柔不断になり、決断が遅くなっていた。そしてたいていの場合、最後に彼と話をする機会を得た人の意見に影響を受けてしまう[11]」とドイツ大使が指摘している。

この優柔不断な若きツァーリに対して影響をあたえたとしたら、それはだれだったのだろう。たとえば、頭がよく教養があった母后マリア・フョードロヴナだろうか？　だが、彼女はいつも政治問題にはかかわらないようにしていた。それでは大叔父にあたるコンスタンティン、ニコライ、ミハイル、または叔父にあたるウラジーミル、アレクセイ、セルゲイ、パーヴェル、あるいはニコラーシャとよばれていた従叔父《いとこおじ》のニコライ・ニコラエヴィチといったロシア大公たちだったのだろうか？　裏で手を引くのを楽しみ、つきることのない野心をいだき、地位と特権を得ることに貪欲で、帝国の資産は自分たち一族が好き勝手に使えるものだと思っていた大家族を、ニコライ二世はもてあましていた。しかしながら、この弱気な君主に決定的な影響をあたえたのは彼の妻である。「信頼できるのは妻だけだ」とニコライはくりかえした。

「断固として」

アレクサンドラは、息子の誕生や一九一四年七月のロシアによる第一次世界大戦参戦を待つことなく、彼女に敵対する人々があれだけ非難することになるその影響力を行使していた。若き花嫁のうちから、夫の性格の弱さを見ぬき、それを克服するべく手助けしようとした。アレクサンドル三世の臨終のころにはすでに、ニコライが皇帝の側近に無視されているさまを見ていらだちをおぼえていたため、未来の夫に自己主張するよう強くうながしたのだ。「断固として、（医師たちに）毎日あなたのところに報告に来るように命じて、皇帝の病状をあなたがだれよりも先に知るようにさせるのです。（…）ほかの人たちが先に知り、ご自分が蚊帳の外に置かれるのをがまんしないこと。（…）あなた自身の意志をはっきり示すのよ。あなたがだれであるのかを忘れられている状態に甘んじていてはいけないわ[12]」

どんな状況にあっても冷静さを示し、地位にふさわしい行動をとることは、ニコライの気質によるものであったが、彼の意志をとおすためには妻の助けが必要だった。アレクサンドラは、彼こそがただ一人の支配者であり、側近には自分の主張を押しとおさなければならないこと、一部の人々の野心には気をつけなければならず、彼の意見の方向性をあやつることができると豪語する人々には用心するよう、ニコライにたえず念を押した。助言をあたえようとする人々を警戒すべきだとニコライに忠告し、彼らは皇帝に権威が集中するのを快く思っていないのだからと言いつのることで、アレクサンドラはなにより自分が独占したいと願っていた影響力を維持しようとした。つまるところ、夫を支配しようとする皇族の思い上がりをはねのけようとしたのである。

そうしたアレクサンドラの努力は、若い夫妻が結婚後、ニコライの母親とともに数か月間アニチコフ宮殿で暮らしたため、なおさら困難なものとなった。というのも、皇室儀礼上の序列によって、皇太后には特権が残っていたからだ。アレクサンドル三世の未亡人である皇太后は、嫁である皇后よりも高い地位にあったため、アレクサンドラの自尊心を傷つける原因になるのは避けられなかったのである。そのうえ大公や「皇帝の血筋の公[13]」は、さらに侮《あなど》れない相手だった。彼らのいずれも、皇帝を意のままにあやつり、彼の意向を掌握しようと競っていた。アレクサンドラは彼らをライバル視し、なかでもきわめて野心的で、責任ある地位にある者たちを敵視していた。ところが、家族に愛着があるニコライは、彼らの素行の悪さを非難したり、放蕩ぶりを罰したりすることに消極的であったがゆえに、アレクサンドラは彼らを、なおさら手強《てごわ》い敵だとみなしていた。

皇族に対する皇后の不信感は、サンクトペテルブルクの貴族にまで向けられていた。貴族たちのゴシップ好きなところも、陰口に熱心なところも耐えられなかった。貴族社会の軽薄で自由な風紀、なかには自堕落な生活を送っている貴族もいることに対して腹をたてていた[14]。アレクサンドラは、そうした彼らが皇帝の権威を嘲弄し、さらには弱めようとしているのではないかと疑っていた。結果的に、サンクトペテルブルクの「上流社会」は、彼女にとっておぞましいものになってしまった。このいかがわしいエリートたちと、「真の」ロシア国民、つまり「自分たちのツァーリを神であるかのように、あらゆる善と恵みの源として敬愛する[15]」高潔で忠実で愛情に満ちた民衆は、どの点をとっても対照的だと彼女の目には映ったのである。したがって、アレクサンドラが上流社会で嫌われるのに、さほど時間はかからなかった。

人と接するのがあまり好きではなく、舞踏会やパーティーを嫌っていたため、皇后はいわば興ざめな人だと思われていた。彼女のひかえめな物腰は冷たさとして受けとめられ、高潔さは横柄な態度だとみなされた。皇后は、公の場ではいかにも無愛想に見えた一方で、近しい人々とのあいだではかかたくるしいそぶりも見せなかった。アレクサンドラとニコライは、子どもたちに囲まれ、数人の誠実な友人をともなった家庭的な小さな内輪でしか、幸せを感じられなかった。ある種のブルジョワ階級や地方の豊かな名士たちの生活にありそうなライフスタイル――シンプルで少し単調ではあるが、人々のかまびすしさや陰謀から離れた生活を望んだのだ。「どんなに言葉をつくしても、愛する妻と二人きりですごす穏やかな夜の幸せを、どれだけわたしがかみしめているかを表現することはできない」[16]とニコライは第一子の皇女が生まれる前に真情を吐露している。そのうち二人は、歴代君主の公邸であったサンクトペテルブルクの冬宮殿よりも、ツァールスコエ・セローにあるアレクサンドロフスキー宮殿にしりぞいて、静かな夜をすごすことを好むようになった。

ニコライとアレクサンドラは、時代の趨勢からはずれているように見えた。皇室の慣習による束縛に直面した二人のなによりも大事にしていた望みとは、心の避難先としていた家族との生活のなかに閉じこもって暮らすことであった。しかも人目から離れて、息子の病気を治療しようとしていただけに、そうすることはなおさら都合にかなっていたのである。二人のどちらも、ありのままの社会の姿を無視しようとしていた。ロシアの農民の本意を知らず、帝国で起こりつつあった社会の危機的な緊張状態に無関心であるだけでなく、高位貴族のことを自分勝手で不道徳だとみなし、不忠を疑ってよせつけなかった。ロシア国民全員が彼らのツァーリを支持していると確信し、専制政治を守るというゆるぎない信念を二人でわかちあっていた。二人とも身分に序列があることを享受し、伝統を強く信じ、変化を嫌った。これまでとは別の形での統治方法を推奨する者たちを前にして、ニコライの信念がぐらつくこともあった。するとアレクサンドラは夫に、彼こそが専制君主であり、この世での神の代理人であること、そして絶対的権力の受託者であり、それは後継者に瑕疵《かし》がない状態で遺していかなければならない、と何度も言った。権力とは共有されるべきものではないのだ。

結局のところ、二つの異なる気質が合わさった状態だった。優柔不断で自己主張ができない皇帝と、教義は断固としてゆずれないという熱意が強く、妥協しない皇后…。そして二人を結びつけていたのは、深い夫婦愛と秘密にしていたとてつもない悲しみだった。そして、いわば障害もわかちあってい た。帝国の変化と臣民の期待を前にして、目がよく見えていなかったのである。ニコライ二世とアレクサンドラは、前時代的な君主を理想としていたからこそ、なぜ天は自分たちにロシア全土をおさめる玉座をあたえたのか、と不満に感じることもたびたびだった。

専制君主制を守るために結束

政治のやり方をいっさい変えない――これこそ、新しい考えや明確な計画をもたずに帝位についた若きツァーリのいわば流儀であった。彼の即位によって、自由主義者の陣営は「政治の春」を期待していたが[17]、失望するのに時間はかからなかった。地方議会が遠慮がちに、農民の状況を改善するといったささやかな改革への提案をしたが、一八九五年一月一七日、ニコライ二世の回答はとりつく島もなかった。提案が帝政に対する敬意をもったよびかけであったにもかかわらず、である。政治を担う権利は自分たちにもあると自負する地方議会の議員たちの「愚かな夢」を公然と非難しながら、皇帝はこう述べている。「わたしは忘れえぬわが父と同様に、専制君主制の原則を、ゆるぐことなく毅然として守ってゆく」[18]。自由主義者の意見に対するけんか腰以外のなにものでもないツァーリの演説は、またたくまにロシア中に知れわたり、筋金入りの君主制擁護者さえも、ひたすら不器用であるとしか言いようがないものとして受けとめた。そして悪い予感がする、と。のちに、ニコライの責任を問わずにすませるかのように、その発言がだれの影響だったのかがとり沙汰《ざた》されるようになった。一部の者は犯人として、議会主義者たちにとって執拗な敵であり、あらゆる反動的思想の擁護者であった、皇帝の元家庭教師でロシア正教会聖務会院［当時のロシア正教会を統括していた組織］の長官であったコンスタンティン・ポベドノスツェフを名ざしした。ところが、ポベドノスツェフはニコライの声明の作成にはいっさいかかわっていないと否定した。「それではだれが、皇帝にこんなにも下手な行動をとらせることができたというのでしょう?」という質問には「だれがだと? あなたは思いつきもしなかったというのかな? あの若き皇后に決まっているではないか!」と答え、このように続けた。「彼女はとるに足らない存在なのに、（…）自分がすべてを知っていると信じきっているのだ。（…）皇帝が自分の権利を主張しておらず、当然のものとしてあたえられたものすべてをかならずしも享受できていないという考えにつき動かされている[19]」と。

アレクサンドラが夫たる皇帝をそそのかしたという長官の言い分は正しいように聞こえるが、この件にかんする彼女の責任は明らかではない。そのうえ、ラジヴィウ公爵夫人はこの証言を引用している別の著書のなかで、皇后はあの嘆かわしい皇帝の声明にいっさいかかわっていないと主張している[20]。いみじくも「貧乏人は金も貸してもらえず、名もなき者は悪評すら立たない」といわれるように、皇帝の声明は皇后の差し金にちがいないと決めつけられたのだろう。たしかに、アレクサンドラは夫に専制君主として統治するよう勧め、自分がどのような統治を好むかを単刀直入に示してきたが、彼女はまだ真の影響力を発揮しておらず、公務を自分の活躍の場にしようと力を入れていたわけではなかった。一九〇四年七月一五日の内務大臣プレーヴェの暗殺事件後、ニコライ二世が後任に自由主義者を指名したが、それは妻の助言ではなく、息子の軽率さを心配した皇太后の勧めにしたがったものであった。新大臣は就任後にすぐさま集会の自由を認めた。さもありなんというべきか、アレクサンドラはこの大臣の登用に反対であった。

だが、皇太子の誕生によってすべてが変わった。息子のために皇后は、政治への介入をはじめたのである。それまでは、絶対的権力を奪う可能性のあるあらゆるものに対する憎しみは、夫婦のあいだで共有されていただけであった。それがこのときから、専制君主制を維持するために、アレクサンドラは政治の方向性に影響力を行使するようになったのだ。彼女が守ろうとしたのは、アレクセイが継承すべきものであった。たとえエリートたちから孤立し、大臣たちを悩ませ、世論が沸騰するのを無視し、ささいなことであろうとあらゆる譲歩を拒否し、あいかわらず優柔不断の夫の尻を執拗にたたくことを意味していたとしても、すべてがこの要求の前には引き下がらなければならなかった。アレクサンドラは非現実的な絶対主義を、盲目的によりどころにしていた。そして彼女にとって政治における理想とは、アレクサンドル三世が遺したものをそっくり維持したまま、皇太子にまるごと引き継がせることだった。皇帝を補佐し、試練にある彼を力づけ、勇気をとりもどさせ、自分がイメージする専制君主的な皇帝権力に合致した解決策を選択できるように助けることが、彼女の日課となった。

一九〇四年一二月、日本の攻撃により旅順要塞が陥落したことでロシアは動揺したが、すでに数年来、民衆のデモ、都市でのストライキ、地方での農民一揆がくりかえし起きていた。テロ行為は増える一方で、軍内部でも反乱が起きていた。ニコライは体制における自由主義化はいかなるものも拒否した。するとサンクトペテルブルクの労働者たちは集会を開き、まだ自分たちにとって「父なるツァーリ」であるその人に陳情を行なうことに決めた。皇帝は自国民を愛しているのだから、危害をくわえられることなどありえない。そこでイコンやニコライ二世の肖像画を頭上に掲げながら、「神よツァーリを救いたまえ！」を合い言葉に賛美歌を歌って平和的に行進をはじめた。そのデモが行なわれた一九〇五年一月九日、ニコライ二世は首都を留守にし、約三〇キロメートル離れたツァールスコエ・セローの宮殿にいた。皇帝はサンクトペテルブルクの冬宮殿に戻って、結局のところ穏やかな請願行進を迎えるべきではないか――枢密院顧問官のなかにはそう提言した者もいた。皇后がどう反応するかなど考慮していなかったのだ。すると彼女は、無礼な烏合の衆に譲歩してはならないとニコライをたきつけた。在サンクトペテルブルク公館付きイギリス武官はのちにエドワード七世に対して、ツァーリが民衆に会うことを拒否したことがいかに大きな不幸であったかを語り、アレクサンドラに責任があると非難した。「そのとおりだ」とイギリス国王はぽつりと答えた。「彼女がかならずしもよい影響をあたえるとはかぎらない、とおそれていたのだよ」[21]

非公式の情報によると、治安部隊は非武装の群衆に発砲し、八〇〇人から一〇〇〇人ほどの死者を出したという。この「血の日曜日事件」は自由主義者たちの怒りに火をつけ、皇后が自分たちに忠実だと当然のようにみなしていた民衆と彼らのツァーリを結んでいた「聖なる絆《きずな》」を断ちきってしまった[22]。一九〇五年のこの日、第一次ロシア革命がはじまろうとしていた。ニコライは日記にこう書きつけている。「なんと荒々しい一日であったことか！　労働者たちは冬宮殿まで歩こうと望み、サンクトペテルブルクではひどい混乱が起きた。治安部隊が市内の要所要所で発砲せざるをえなかったため、多くの死傷者を出した」[23]。その運命的な日をさかいにして、テロは倍増した。二月四日、ニコライの叔父でアレクサンドラの義理の兄にあたるセルゲイ大公は、弾圧の急先鋒に立っていたため暗殺された。のちの一九二五年に映画監督エイゼンシュテインによって英雄的に描かれることになる戦艦ポチョムキンの乗組員が黒海で反乱を起こし、労働者評議会はストライキをくりかえし、学生たちは勇み立ち、地方は蜂起した。「ロシアは少しずつ無秩序状態へと向かっていった」とエレーヌ・カレール＝ダンコース［フランスのロシア史専門の歴史家。アカデミー・フランセーズの終身幹事長］は書いている。

不穏な情勢のただなかで、アレクサンドラは夫に対して、さらに断固とした態度をとらせ、譲歩を思いとどまらせ、それどころか報復するようにけしかけた。「血の日曜日」の直後に、ニコライは町を統制し、住民を服従させるために、なみはずれた権限をもつサンクトペテルブルク総督という役職をもうけた。その役職には権威主義的な男性が任命された。ドミトリー・トレポフが、皇后の強力な推薦のおかげで、いまや帝国全警察の最高責任者となったのである。

ところが革命を求める圧力が高まったため、ニコライは譲歩を余儀なくされた。危険な扇動者にだまされたとみなすことにして、人々に「赦《ゆる》し」をあたえるのが適切だと考えたのである。だがこの恩情も、民衆をなだめるどころではなかった。平和的に行なわれたのにもかかわらず、情け容赦なく弾圧されたデモが、赦されるべきものだったとでもいうのだろうか？　人々は皇帝によるお情けを求めているのではなく、本物の改革を求めていた。ならば、もう一度実力行使に訴えるべきなのだろうか？　武力はもはや効き目がないだろう。大臣たちは、実力行使に出たところで異議申し立ての運動は大きくなる一方であり、その広がりをくいとめることはできないだろう、と皇帝に断言した。残る道は譲歩しかない。二月から一〇月までのあいだ、皇帝は三回続けて譲歩する声明を出した。

一回目の声明は、ひどく消極的であいまいだったため、専制君主制に反対する騒乱にさらに拍車がかかった。

二回目の声明は、選挙で選ばれた議員によるドゥーマ（国会）を制定したとはいえ、諮問的な役割しかもたせず、権限も小さかったため、中途半端な措置だとみなされ、前代未聞のゼネストが起こり、学生運動の熱がさらに高まった。

途方にくれたニコライは、もはやどのように体制を救えばよいのかわからなかった。小手先の改革であったとはいえ、最初の二度の譲歩は自分にとってかなりの苦痛をともなうものであったにもかかわらず、効果がなかったのだ。わたしが意見を求めた大臣たちは、嘘をついていたのではないだろうか？　武力を使えば、反乱にとどめを刺せたのではないだろうか？　皇帝夫妻は幻想のなかに生きていた。知識人（「無責任」）、自由主義者（「魔法使いの弟子［なにかをはじめると手がつけられなくなる人のたとえ］」）、社会主義者（「論外」）、そして労働者が皇帝に敵対していても、ロシアの農民、すなわち「真の」国民、「正統な」ロシア人はいつでも皇帝を救いに来るだろうという幻想である。ツァールスコエ・セローの、鉄道のストライキによってほかの地域から孤立した宮殿のなか、アレクサンドラのそばでニコライはためらっていた。その皇后は、この困難な日々をとおしてずっと、厚かましくもロシアの伝統をくつがえすと言いつのって帝国の基盤を攻撃してくる反逆者をたたきのめせと勧めるのをやめないのである。皇后に対峙すべく閣僚のウィッテは、解決法を求めて皇帝の目どおりを願った。「血の日曜日」から九か月の騒乱をへた一〇月六日、彼はニコライに真の譲歩にあたる政策を提案した。専制君主主義を廃止し、かわりに立憲君主制を導入する、という既存の秩序をくつがえすものであった。

ニコライは迷いつづけた。軍事独裁も魅力的に映っていた。「屈してはいけませんわ」と皇后は主張した。「あなたには譲歩する権利なんてありません。ご自分がだれであるかを忘れないで。あなたは専制君主であり、望むことはすべて実行することができる」[24]。最終的にツァーリは大臣の提案に同意することにした。ただし、そこまでいたるのに、従叔父のニコライ大公の介入を必要とした。彼は専制・独裁的な解決法はまったく見こみがないことを、皇帝に説明しに出向いてきたのだった。一〇月一七日、ニコライ二世はしぶしぶ三度目の声明に書名をした。国民に基本的自由をあたえ、帝国ドゥーマ、すなわち制限選挙による立法議会を召集するという宣言である。ロシアはようやく立憲制の時代へと一歩ふみだした。

夫と同様アレクサンドラも、一部であろうと（普通選挙は拒否された）自由主義者の意見が勝利をおさめたことに耐えられなかった。皇后にとってウィッテは忌《い》み嫌う存在になった。ニコライから法外な譲歩を引き出し、忠誠心を欠き、皇帝の不利益によって高い地位につこうとしているとして彼を非難した。ウィッテは閣僚会議議長、すなわちロシア史上初の首相に任命されたではないか。まさにニコライがつくることを強いられた新しい制度の長となったのだ。ウィッテが民主主義政府の首班としてふるまい、彼自身が大臣を任命し、皇帝と対立も辞さない態度でいるのを見るのは、皇后のしゃくにさわった。アレクサンドラの反感は伝染力があった。ニコライは、ウィッテについて話をしたとき「あのようなカメレオン」は見たことがないと皇太后に断言したという。

皇后は負けを見たが、主導権をとりもどそうとした。「ロシア人民連合」が自分の助けになるだろうと考えたのである。この保守派の過激派組織は、内戦の危険をおかすことになろうと、暴力によってこの国を立てなおそうとしていた。その活動家たちが皇室の肖像画を掲げてデモ行進をするのを知った皇后は、ふたたび希望をもった。専制君主制への愛着、独裁的な措置への傾倒ゆえに、この組織はアレクサンドラの同盟者となった。すると今度は、ニコライが彼らに関心をよせようとした。皇后の要請に応じる形で、彼らの代表団が宮廷に迎えられた。それは「ロシアにとって不幸だった」とモソロフ将軍［ニコライ二世の宮廷官房長］は主張している。「わたしは、この宮廷への招待の手配をしたのがだれなのか、なにも知ることはなかったが、想像するに皇后がこの件にかかわっていたのだろう。皇后は皇帝が専制君主制を放棄すべきではないと信じていたからだ[25]」。ニコライは、自分の玉座を守ってくれると信じた人々を迎え入れると、彼らの記章を身につけることに同意し「ロシア人民連合がわが支えになり、法と秩序の象徴として万人の模範になるように」とみなの前で明言した。

一九〇五年一〇月にニコライは、これまでの数々の事件の圧力を受けて立憲君主制の導入を認めたにすぎなかった。はたして一九〇六年四月二七日に開かれた第一回ドゥーマは、彼の命令で二か月後に解散させられる。第二回ドゥーマは三か月続いただけだった。政府に従順だった第三回ドゥーマだけが、任期の五年をまっとうすることができたのである。国会というやり方は、あらゆる代議制を敵視してしまう皇帝をいらだたせた。「いったいあの者たちはいつになったら黙るのか？　いつになったら黙ってくれるのか？」頭に来たニコライは、自由主義的な考えなどまったくもっていなさそうな大臣たちの忠誠心でさえ疑うようになり、がまんならなくなってこのような言葉をもらした。「まったくドゥーマを解散するのが遅すぎる！　いつになったら［議員たちが］しゃべるのをやめさせるのだろう！」[26]

皇帝夫妻は自分たちの確信のなかに閉じこもり、賢明な顧問官たちを遠ざけ、古き秩序を頑迷に信奉する人々を信用していた。サンクトペテルブルクに二人が滞在するのもまれになっていった。アレクサンドラの健康状態は悪化した。すぐに疲れてしまい、偏頭痛や不整脈に苦しみ、いきなり顔が火照《ほて》る症状にみまわれた。彼女はレセプションを欠席し、パーティーを避け、表に出なくなった。それほどまでに公的な生活においては困難であった時期のただなかで、夫妻の私生活は苦しみでしかなかったのだ。アレクセイの健康状態が皇帝夫妻の日々の心配ごと、たえまなき苦悩となっていた。

ラスプーチンの櫛《くし》

医師はみな、アレクセイ皇太子の病は治すすべがないと断じていた。そうした宣告の数々は、皇帝夫妻を絶望の淵《ふち》につき落とした。病気の子どもを前にした母親の苦しみにくわえて、皇后はむしばまれるような自責の念をおぼえていた。血友病は皇后の一族にみられた病であり、彼女は息子にそれを受けつがせてしまったのだ。ニコライもアレクサンドラも、不意に起こる血友病の症状の一つ一つをおそれていた。なかには致命的になりかねない症状もあったために、アレクセイはふつうの生活を送ることをさまたげられていた。医学からはなにも助けを期待できなかった。そこで皇后は、神にすべての望みを託したのである。こうして奇跡を待ちながら、信仰に没頭するようになった。

もともと、お世辞でも社交的とはいえない皇后の性格は、さらにとげとげしくなった。皇帝親衛隊長だった側近のスピリドヴィチ将軍は、アレクサンドラが苦しんでいた「ヒステリー性神経衰弱」が、彼女にみられた「極端な共感と反感」や「考え方と行動様式の奇妙な性質、宗教への入れこみ具合、なににおいても奇跡を信じてしまう向き」の原因だったと断言している。[27] 正教会への改宗以来、皇后にとって自然のことであった宗教的非現実性への傾倒は、あらゆる形をとった神秘主義に彩られることになり、彼女は「神の預言者」、治療師、啓示を受けたとされる者、催眠術師、あるいは霊媒師といった媒介者を求めたのである。こうしてアレクサンドラは、アレクセイが生まれる前からすでに、熱っぽく語る司祭、そしていい加減な予言をする魔術師に次々と夢中になった。皇太子の病気が明らかになると、彼女の神秘主義へののめりこみようは、セルゲイ・ウィッテいわく「ほほえましいやさしさがあろうとも緩和されることなどまるでない」一種の「狂信」にまで悪化することになる。[28] 人智には希望がないため、アレクサンドラは神と、神との媒介者だと自称する者たちにすべての望みをかけた。自分の祈りや「神に近い人々」の祈りがアレクセイを治すことができると確信したのである。もし、健康な子どもの母親であったならば、皇后は、危険なくわせ者が勧めるようないかがわしいオカルト的な信仰に支配されることなどなかっただろう。アレクセイの病に打ちのめされた彼女は、そうした者たちによる助けのなかでしか、息子のための救いの手を見いだすことができなかった。

妻と同様に帝位継承者の健康状態にはつらい思いをしていたが、ニコライはアレクサンドラの現実離れした夢想には同調していなかった。彼の信仰はもっと素朴なもので、宗教的高揚を求めてはいなかった。運命は動かせないという、あきらめが早い性格だったために、神の思し召しに身をゆだね、奇跡に希望を見いだそうと没頭する皇后を好きにさせていたが、宗教的な探求につきあうことはなかった。しかしながら、治療師の才能がある「神の預言者」には皇后とともに信頼をよせたのである。その男とは、グリゴリー・エフィモヴィチ・ラスプーチンである。[29]

アレクサンドラに言わせれば、司祭でも修道士でもないこの男が人気を博した理由は、彼の聖性にまつわる評判の高さと、奇跡を起こす者としての才能である。ラスプーチンが放っていた磁石のように引きつける力、すなわち、あのうわさの「魂の奥底までつらぬくような鋭いまなざし」や、彼がもっていると自称している超自然的な力は、すでに貴族女性たちを激しくとりこにしていた。サンクトペテルブルクのサロンで彼はひっぱりだこの存在だった。そのような集いで、ラスプーチンはカルト風の会合を主宰し、彼を崇拝する女性たちに聖なる生活を指導していた。皇后の痛悔を聞く立場にあった掌院フェオファンが、皇帝夫妻にラスプーチンを推薦したのである。地方の農民の出で、エルサレムやアトス山［ギリシア正教会の聖地］の修道院を訪れたという、ろくに読み書きのできない放浪の巡礼者であったが、すでに身だしなみを整え、髪をとかし、身体を洗うことは学んでいたためか、見事なまでに堂々とした態度をとることができた。

ラスプーチンがはじめて皇帝に拝謁したのは一九〇五年一一月にさかのぼる。ニコライは「トボリスク県出身だというグリゴリーという名の神の人に会った」と日記に短く書き記しているが、それ以上に関係は強まらなかった。その後、高まりつつあった名声を受けて、ラスプーチンは一九〇六年七月に皇族の屋敷で皇帝夫妻に再会し、大きな印象を残した。続いて一〇月一五日にはじめて皇宮に招待されている。名声はとどまるところを知らなかった。彼の話題でもちきりだったのだ。翌年、暗殺をのがれたストルイピン首相は、ラスプーチンに来てもらい、負傷した娘の枕もとで祈りを捧げてもらった。「長老《スターレツ》」（聖職者ではないが聖人だとされる人をこうよんだ）は、「自分はなにか偉大なことをする運命にあるのだと、ますます自信たっぷりになった」とスピリドヴィチ将軍は指摘している。[30]一九〇八年になるとラスプーチンは、皇后が心のなかでもっとも親しみを感じていた女官のアンナ・ヴィルボヴァと親密な関係になった。こうして、この「敬虔な聖人」に対して、皇宮の扉は以前にもまして大きく開かれるようになる。

　皇帝夫妻は当初、ラスプーチンのことを、この国ではめずらしくなかった素朴で熱心な庶民的信仰を代表する者、すなわち「神の人」だと思った。やがて、この男は一目置かれる存在となった。アレクサンドラは、彼こそが君主制の精神的な導き手であり、自分はロマノフ朝の救済を確実にしてくれる人物を見つけたと思いこんだのだ。ニコライは妻のように熱を上げてはおらず、この霊感を授かった農民による政治にかんする助言にしたがうつもりはなかったが、彼がロシアでは専制君主制が唯一可能な政府の形態だと肯定するのを聞いて満足していた。皇帝夫妻はとくに、ラスプーチンこそが皇太子の救済者だと認めていたのである。この「長老」は、その祈りによって、アレクセイの耐えがたき痛みをやわらげることができた。だとしたら確実に治すことができるだろう。こうしてラスプーチンは皇帝一家と身内同然の仲になった。

一九〇七年一〇月の終わりごろになると、人の心をつかむのがうまく、未来を予言するのもやぶさかではない「神の人」が治療師となった。皇太子はツァールスコエ・セローの庭園で転んでしまい、またもひどい出血の症状におそわれたばかりだった。枕もとに診察に訪れた医師たちには、ほどこす手がなかった。そこでアレクサンドラは、ラスプーチンをよびよせた。深夜近くに宮殿にやってきたラスプーチンは、幼い病人が横になった寝台のそばで、ずっと祈りつづけた。翌日、皇太子の具合がよくなった。その夜、ラスプーチンは不可欠な存在になったのだ。

ほかにも「長老」ラスプーチンの奇跡の力によるめざましい逸話の数々がうわさにのぼっている。一九一二年の秋、ポーランドのスパワで、皇太子は散歩中に身体に衝撃がかかったため、またもや出血症状を起こした。苦痛にうめく声は、両親の心をさいなんだ。ここでもまた、医学はお手上げだった。もはや命の保証ができない事態におちいったアレクセイは、最期の聖傅機密［カトリックでいうところの臨終の秘跡］を受けた。ラスプーチンは遠方にいた。だが息子のために祈りを捧げてほしいと懇願する皇后からの知らせを受けて、彼は電報をよこした。「その病気は危険なもののようには見えません。医師たちが［皇太子を］わずらわせないよう」。翌日、出血は自然に止まってしまった。心痛にたえない母親なら、これで奇跡を信じずにいられようか。

数か月たったのちのクリミア滞在中に、皇太子は転んで、また出血症状を起こした。ラスプーチンは皇帝一家と行動をともにしていた。そこで彼をよぶと、磁気を放つという手さばきと祈りによって、この小さな病人を救った。一九一五年、皇太子は激しいくしゃみをしてしまい、またも発症した。「息子の寝台の前でひざまずいた皇后は、途方にくれてしまった」。そこで、ラスプーチンをよんだ。彼は寝台に近づくと「皇太子に向かって十字架を切り『これは深刻な症状ではまったくなく、（皇帝夫妻は）心配してはならない』と言って去った。出血は止まった。（…）医師たちは思わず、『どうしてそうなるのかてんでわからない』と言った[31]」

こうした成功の数々は、いずれおとらず超自然的な力を示し、ラスプーチンの存在は不可欠となった。皇帝は「神の人」に息子を救うこと以外のことを頼むのは拒否していたが、アレクサンドラは、「長老」の見解をとり入れるよう夫に勧めるのをやめなかった。「わたしたちの友人は、あなたにもわたしたちの国にも有益なアドバイスをあたえてくれる神さまから授かった才能があるし、未来を見ることができるのよ[32]」。しかしながら、ニコライは妻に抵抗し、治療師に政治にかんする相談をするのを拒否したのである。そもそもラスプーチンの俗人としての生活の乱れぶりは、多くの敵をつくっていた。

ラスプーチンの品行の悪さにかんする報告書は、政府関係者の机の上にも、正教会の主教の机の上にも山積みになっていた。はったり屋、詐欺師、ペテン師、肉体と魂に堕落をもたらす者、カルトもどき、色狂いといった非難は、ストルイピン首相のみならず、ラスプーチンを世に送り出した修道司祭イリオドールや主教ゲルモゲン、掌院フェオファンがくりかえし書きつづっている。新聞はこぞって、あの「長老」から性的被害を受けた女性たちの証言を書きたてた。卑猥でふしだらな男だというのに、いまや皇帝一家から家族同然の扱いを受けているのだ。皇后が娘たちの部屋にラスプーチンがこもりきりになるのを許可したときには、さすがに警告を受けた。だが、アレクサンドラは彼に悪意を感じていなかったのである。彼女は口やかましい人々に「そんなことは、聖人として生きる人々へのよくある誹謗中傷ですわ」と答えた。ツァーリも同じように考えていた。ラスプーチンに対して厳しい報告書をよこしてきた書き手にこう言い放った。「あれは善良で、ロシア人らしいロシア人で、素朴で敬虔な男だ。不安や疑問を感じるときに彼と語りあうのは好きだ。彼に会ったあとは、心に穏やかさとおちつきをとりもどすことができる」[33]。側近の一人が、あの「長老」は宮殿に迎えるのに値しないと主張したとき、業を煮やした皇帝は「［わたしの家族が］善人だと思う者ならだれを招待しようと自由だ」と答えた。

ニコライとアレクサンドラは、彼ら自身の評判を傷つけているうわさに鈍感なのか、すべての非難を一蹴した。しかもときには、ラスプーチン自身がうわさを流していたのである。これまでにないほどの厚かましさで、皇后と自分は親しい仲だとうそぶきたがったのだ。ある晩の酒宴で、いわば恋武勇伝を詳細に語り、ものにした女性たちの名前をあげ、彼女たちの身体の秘密を明らかにしてから、「ばあさん」と彼があだ名をつけた皇后について話し出すと、「おれは彼女をやりたいようにやっている」と言い立てた。警察に正式に報告されても、ニコライは肩をすくめただけで、妻とともにその張本人を許した。ラスプーチンの数々の乱交の証言や、皇后とどうやら親密らしいという推測は新聞紙面を埋めつくし、攻撃文書にかっこうの話題を提供するばかりであったが、それでも皇帝夫妻は気にとめなかった。ニコライはあいかわらず、警察の報告に耳を傾けなかった。一方、ラスプーチンを「迫害された第二のキリスト」とよんでいたアレクサンドラは、このような事態は彼の敵である悪魔の力によるものであり、自分はまさにその力をまのあたりにしているのだと思っていた。

皇帝夫妻は、息子の救い手には多大な恩義があると感じていたため、いつでも彼のことを許したり弁護したりする用意ができていた。そのうえアレクサンドラは、ラスプーチンのことをいつも敵の脅威にさらされた聖人だと考えていたため、彼に敵対するすべての人々をうらんでいた。彼女の狂信的な崇拝は、もはやフェティシズムの域に達してしまい、夫にこんなことを勧める一文を書くまでになっていた。「閣議の前に、主［ラスプーチン］の肖像画を手にもち、主［ラスプーチン］の櫛で何度か髪をとかすのを忘れないでください」[34]。皇后が花一輪とリンゴを「わたしたちの友に代わって」皇帝に送ったこともあった。またあるときは、ラスプーチンの持ち物であった、彼自身がさわった杖を皇帝に送って「あなたがこれをときおり使ってくれればいいのに。あなたの身近に彼がいることになるのだから」といった調子であった。

聖なるロシアを守るために神に遣わされた守護天使が、こんなふうに皇后にほめそやされたら、政治にもかかわりたいという誘惑に負けてしまっても不思議ではない。

過大評価された影響力

ロシアのオカルト信仰の教祖として祭り上げられたラスプーチンの意志や気まぐれにふりまわされたのは、しばしば皇帝夫妻の側に非があるとされていた。彼の影響力はいたるところにみられる。「神の人」のとりことなった妻に従順なツァーリがあやつり人形の役まわりに甘んじさせられている一方で、帝国政府もラスプーチンが私物化していたのだろう、というのだ。だが真実は、そこまで単純ではない。この「長老」が政治に影響力をおよぼしたというのは事実であるにしても、誇張された見方が広まってしまったのだ。
たしかに一九一三年にラスプーチンは、新聞記者に対して、ヨーロッパ諸国の外交筋が懸念しているロシアのバルカン戦争介入に自分は反対である、と語っている。[35] これは、彼が公然と国事に口出しをした嚆矢《こうし》であり、アレクサンドラはすぐさまその意見に賛同した。だがニコライ二世としても、ほかの列強諸国と同じく介入をひかえて中立を選択しようとしていたため、ラスプーチンの意見などまったく必要としていなかった。そもそもラスプーチンの見解は、高度に外交的な熟慮によるものではなく、戦争の災禍と苦しみを知っている一農民としてゆずれない良識にもとづくものだった。「戦争は悪いことです」と彼は明言したという。[36]
ラスプーチンは、第一次世界大戦にも参戦しないようにツァーリに懇願した。その当時、彼はサンクトペテルブルクではなく出身地シベリアの村にいた。というのも、彼のことを反キリストだと考えたある女性から、ハンマーの一撃を腹にみまわれたために怪我を負ってしまったのだ。その療養のために帰郷していたのである。襲撃されたという知らせを聞いて不安に感じたアレクサンドラは、毎日自分専用の礼拝堂でラスプーチンの治癒を願う祈祷をしてもらい、彼の健康状態を確かめるために、毎日電報を打った。そのうえラスプーチンに、さしせまった戦争についてもうかがいを立てた。彼は「まだそのときではない」と返事をよこしてきた。だが彼自身も、ロシアが敗北するであろう戦いにロシアを参加させないように懇願した預言的な手紙を、皇帝に送っていた。皇后は絶望していた。頼みの治療師は遠くにいるのに、苦しむ息子の容態はよくなかった。七月一九日、ドイツから宣戦布告を受けた日、アレクセイは起き上がることができず、国民の前に姿をあらわすこともできなかった。

だが、ラスプーチンの助言も、アレクセイの症状の再発も、ニコライ二世が自分のつとめを果たすのを止めることができなかったのである。[37]

「わたしたちの友人」（皇后はラスプーチンをそうよんでいた）から、口頭だろうと手紙だろうと皇后は助言を受けていたが、皇帝は、それにもとづいた彼女の政治にかんする提案には抵抗してみせることができた。アレクサンドラが気に入らなかった閣僚の登用や解任の例は、あげたらきりがなかったが、ニコライは一九一五年七月、「ラスプーチンの男」とよばれたウラジーミル・サブリェルを更迭したことがあった。サブリェルは、ラスプーチンの推薦のおかげで聖務会院の長官の地位を得て、強硬な采配をふるっていたのである。ニコライは後任に、モスクワ出身で、だれからも敬意をいだかれているアレクサンドル・サマリンをすえた。サマリンはラスプーチンには批判的で、「神の人」は悪名高いカルト集団の一員であり、こりない女たらしだとみなしていた。[38] ニコライは、サマリンの任命について知らせるにあたり、妻がどのように反応するかは心の準備ができていた。「君が気に入らないのは、重々承知している。彼はモスクワ出身だからね。それでも、この異動はやらねばならなかったのだよ」。翌日、アレクサンドラは、ニコライに対して激しい口調でこう答えた。「ええ、あなた。サマリンについては悲しいなんてものではなくて、ただ絶望しましたわ。（…）わたしがあの人のことを大嫌いなのは当然よ。なぜって、彼はいつも、軍人たちにわたしたちの友人の悪口を話してばかりでしたし、いまもなお、変わらず悪く言う。[39] これでは、なにもかもがうまくいくわけないわ。（…）彼は『わたしたち』に、そしてグリゴリーに敵対しているの。あんなに了見が狭くて、頭でっかちで心がない男なんて。わたしの心は鉛のように重く沈んでいます」。二日後、アレクサンドラは話を蒸しかえした。「モスクワ派」で「わたしたちのまわりに網を張る、まぎれもないクモの巣」を糾弾し、「わたしたちの友人の敵はわたしたちの敵」である、とここでもくりかえし、ラスプーチンの運命を哀れんだ。それから「このことを知ってから、わたしはあまりにも不幸せで、心をおちつけることができない」と言いながら「長老」の長所を列挙した。アレクサンドラに言わせれば、ラスプーチンの「言葉に、わたしたちはじゅうぶん耳を傾けておらず」、しめくくりにはこう断じるありさまであった。「もしあなたがここにいたのなら（ニコライは当時、軍総司令部にいた）、わたしはあなたを説得するのに、あらゆることができたはずだわ。きっと神も、わたしを助けてくださったことでしょう。あなたもわたしたちの友人の言葉を思い出したはず。彼がなにもするなと言うのに、それでもわたしたちがなにかをしてしまって、あとになってそれはまちがっていたとわかるのよ[40]」

ニコライはラスプーチンをべたぼめする妻の意見にはかならずしも賛同していなかった。一九一六年九月九日付の皇后に宛てた手紙では「君もわかっているだろう？　わたしたちの友人はときどき奇妙な意見を述べることを。だから慎重になったほうがいいのだ。とくに重要な役職の任命のときには」とニコライはつづっている[41]。だが、しつこいアレクサンドラは、めったに矛《ほこ》をおさめなかった。弱さからなのか、家庭円満を望んだせいなのか、皇帝は皇后が大臣や将軍を更迭するよう強く求めると、毎回といっていいほど最終的にはその要求に屈してしまっていたが、それでも後任を選ぶさいには、彼女が勧める候補者を考慮に入れずに決める自由は保持していた。中途半端な裁量権を行使していたのだ。

アレクサンドラやラスプーチンのごり押しによる解任とされるものも、実際にはもっと深刻な要因にもとづいていた。たとえば、一九一四年二月に首相を罷免されたココフツォフ伯爵である。皇后は、国が混乱しストライキが起こるのは首相の責任だとして、敵意をいだくようになっていた。一方ラスプーチンとしては、自分の品行を糾弾した伯爵の報告書の仕返しをしたかった。そこで「長老」は、ウォッカの専売制によってココフツォフが、農民を破滅に追いこみながら国庫を潤していると非難したのである。ココフツォフ自身も、ニコライ二世の身近で自分を執拗に責め立てている者の素性がわかったつもりになっていた。「どう考えても、あの方（ツァーリ）はむりやりそうさせられたのだろう。何日もつきまとわれて、わたしを更迭する決断をしないかぎり、休憩すらとらせてもらえなかったのだと思う」。だがラスプーチンは、実際にはこれにかんして、いわば脇役しか演じていなかった。むしろ首相の財政政策、同僚のあいだでの足の引っぱりあい、真の立法権を有するドゥーマという主張への賛同が、更迭の引き金になったのである。それにラスプーチンにとっては、自分が推薦したウィッテ伯爵が後任にならなかったために、満足いく結果は得られなかった。皇帝のウィッテに対する敵意は強いままだったのだ[42]。

それが第一次世界大戦の勃発によって、「神の人」が皇后をとおして意見を表明することが、公認されているような印象をあたえるようになった。動員が遅かったロシア軍は、それでも当初、オーストリア帝国領のガリツィア地方［現在のウクライナ南西部付近］ではいくつか勝利をおさめたが、その後東プロイセン［現在のロシア、ポーランド、リトアニアの一部にあたるバルト海南岸地域。当時はドイツ帝国領］で惨憺《さんたん》たる敗北を喫した。ポーランド、リトアニア、クールラント［現在のラトヴィア西部］から撤退するあいだに、数多くの犠牲を出し、一九一五年には死者が二五〇万人にものぼった。ところが、ドイツ軍の攻撃はいくつか成功していたにもかかわらず、ロシア軍の前線を決定的に打ち負かすことができなかった。[43]

そのような状況下で、ニコライ二世はみずからが軍の最高司令官として指揮をとることを決断した。その立場にあった、身長二メートルの巨漢で兵士たちにも慕われていた従叔父のニコライ・ニコラエヴィチ大公を解任したのである。戦争の継続と君主制の未来に重要だとしてツァーリがみずから指揮をとるというやり方は異例だった。それまでニコライの先祖としては、ピョートル大帝とアレクサンドル一世しかその手段に訴えたことはない。[44] 閣僚たちも皇太后も、出陣するのはあきらめるよう皇帝に懇願した。ニコライには戦略を立てるといった経験はなにもなく、敗北した場合には、一人で責任を負うことになってしまう。ところで皇帝は、自分の先祖と同じ栄光を勝ちとろうと野心に燃えていたわけではまったくなかった。妻の要求に屈したのである。

ニコライ大公の公務への影響力を長いあいだ妬《ねた》んでいたアレクサンドラは、大公がラスプーチンを軽蔑していたことを許すことができなかった。「おわかりにならないのですか？『神の人』にそむいたのですから、彼［ニコライ大公］は天の恵みを享受することなどできません。彼のやることはけっしてうまくいくわけがない」と夫に書き送っている。ごていねいに皇后は、大公の人物像を風刺的に描写してみせた。知性はほとんどみられず、頑固者で、影響力ばかりあり、国を正しく理解しておらず、しぐさと雷のような大声でしか存在感を出すことができず、「わたしたちの友人」に対して憎しみをいだきつづけているが、その憎しみは不運しかもたらさないだろう。その呪いを解くには、ニコライが彼のかわりに最高司令官にならねばならない、と。一九一五年八月二三日、ニコライ二世は、自分の良心のみにしたがって行動していると主張しつつ、次のように言いわけしている。「わたしたちの友人に言われたこととはまったく関係なく、内なる声がわたしに決断を働きかけ、その決断をニコライ大公に知らせるようにうながした」[45]。ニコライ二世の心に、皇后はときおり、ちょっとしたオカルトじみた魔法をかけることに成功していたのだろう。

皇帝がモギリョフ［現ベラルーシのマヒリョウ］の軍総司令部におもむき、作戦を指揮する参謀長を任命しているあいだ、サンクトペテルブルクでの民政は皇后にまかされることになった。したがって、アレクサンドラはこれまでになかったほど、国事において決定的な役割を果たすことになり、軍事にかんするラスプーチンの助言を皇帝に伝えたのである。一九一五年一一月一五日、皇后は「昨晩わたしたちの友人の目に映った幻影にもとづくメッセージをあなたに伝えなければなりません。リガ付近をただちに攻撃するよう命令してください、と彼はあなたに頼んでいます。かならずそうせねばならない、と言っているのです」と手紙に書いている。一二月二二日になると、ラスプーチンが「戦争のためにずっと祈りを捧げているから」だいじょうぶだと皇后は保証しつつ、彼が「なにか変わったことが起こったら、わたしたちはただちに彼に知らせなければならない、と言っている」と書いている。そして一九一六年一月六日には、彼が「自分に意見を求めずに攻撃をはじめたことを遺憾に思っており、［攻撃に出るのは］待つようにと助言したのに［と言っている］」と打ち明けている[46]。ラスプーチンの皇后に対する影響力と出しゃばり具合がロシアのエリート層を怒らせた一方で、彼の戦略家のようなふるまいは、参謀本部の大きな怒りを買った。

すべてが心配の種であった。皇帝は首都から離れたところにいる。皇后はとんでもない神秘主義風味の信仰に入れあげてしまっており、飛ぶ鳥を落とす勢いのように見えるラスプーチンの言いなりである。[47] 宮廷では陰謀がめぐらされ、官僚たちは小細工をし、第四回ドゥーマとは軋轢《あつれき》を起こし、食糧難が続き、一九一六年の夏の勝利にもかかわらず軍が大敗を喫するかもしれないというおそれもあった。[48] そのような空気が、うわさを助長していた。いまだかつてないほど、こき下ろされたトロイカ体制のなかで、ニコライ二世はまだ傷が浅かったが、やり玉にあげられたのはアレクサンドラとラスプーチンである。二人は愛人同士だとか、ヴィルヘルム二世から買収された工作員で、ドイツと単独講和をもくろんでおり、ツァーリに謎の薬を飲ませてその準備をさせているなどと言われていた。だれもがそんな妄想にとりつかれるままになっていたそのとき、ラスプーチンが死んだというニュースが飛びこんできた。一九一六年一二月一七日、皇族の一員、アレクサンドル二世の孫にあたるドミトリー大公と共謀したユスポフ公に暗殺されたのである。

ラスプーチンの死に、都市部の住民たちは喜ぶ一方で、[49] アレクサンドラは打ちひしがれていた。聖人が暗殺されてしまったのだ。しかしながら、あいかわらず軍総司令部にいたニコライは、さほど衝撃を受けているようには見えなかった。ある人の証言によれば、皇帝はほっとしたかのように口笛を吹いて立ちさったという。皇帝の驚くべき自制心については周知のとおりであるが、ラスプーチンがくりかえし介入してくることが、もはや皇帝の重荷になっていたことも知られている。暗殺の少し前にも、彼は妻に「お願いだから、大臣をだれにするかについて、わたしたちの友人が口を出すままにするのはやめてほしい…。わたしは自由に選びたいのだよ[50]」と伝えている。かたやアレクサンドラは、自分にとっての導き手、賢者、預言者、そして息子の治療師を失ったのだ。ラスプーチンが生きていたときは、この「神の人」の祈りのおかげで、皇太子は苦痛をのりこえていた。だがその当の「長老」がこの世を去ったいま、アレクサンドラは、アレクセイに残された日々は数えるほどしかないと思うようになった。皇帝の子どもたちの家庭教師は、このように書き残している。このときから「あらゆる災害、あらゆる大惨事が起こりえるようになってしまったのだ。そして、もはや避けようもない不幸を、苦しみながら不幸を待つことがはじまったのである[51]」

「宮宰[52]」アレクサンドラ

ニコライ二世がモギリョフの軍曹司令部で指揮をとるようになってからは、皇宮に残ったアレクサンドラが政治を行なった。といっても実際のところ皇帝は、たとえば過去に出征したフランスの国王たちのように摂政を置いたわけでもなければ、公式に皇后と実権を共有したわけでもなく、自分の特権を保持したままだった。勅令の署名も、大臣たちを引見するのも、彼の役割であることには変わらなかった。つまり皇帝として、みずからの権限を最大限に使える状態のままであった。しかしながら、ツァールスコエ・セローでアレクサンドラは、日々の政務を手際よく処理するだけにあき足らず、必要な政策決定に関与した。フランスのアンシャンレジーム下では、アンリ二世やルイ一三世はパリを不在にするあいだ、王妃のカトリーヌ・ド・メディシスやアンヌ・ドートリッシュが決定権をにぎるのを抑えていたが（国王不在時はいずれも摂政になったが、ほとんど権力をもたなかった）、優柔不断のきわみの君主であったニコライ二世は、妻が自分のかわりにてきぱきと判断をくだすことができるのを好ましく思っていた。アレクサンドラは一人で決める権限をあたえられてはいなかったが、ニコライが採用しそうな決定を提案するように求められたのだ。したがって、皇帝からの指示は、皇后に裁量の余地を残すものであり、彼女にとって都合がよかった。「ここにわたしがいるあいだ、首都に残る君はわたしの目と耳になってほしい。閣僚たちのあいだで合意を保ち、一つにまとめることこそ、君のつとめになる。そうすることで、わたしにも、わたしたちの国にも、君は多大な助けをもたらしてくれることになる」とモギリョフからニコライは書き送り、さらには自分が派閥間の仲裁をしなくてすむようになって安堵したようすを見せている。そして「いまやわたしは穏やかにすごせるし、すくなくとも内政にかんしては苦しい思いをしなくてもすむようになった」と手紙をしめくくった。[53]権力にともなう苦痛を味わわずにすませようと、ニコライ二世は皇后を一種の宮宰［フランスのメロヴィング朝時代の王室の私事と公務双方をつかさどる最高責任者］にしたのである。

アレクサンドラは、その役目にふさわしい真剣さをもって責務にとり組んだ。これまでも国事に関心をよせなかったことは一度もなかったが、いまや彼女はすべての情報が入る中枢におり、すべてに耳を傾け、すべてを知り、ニコライによりよい提案をし、働きかけ、助言をあたえるために、自分の理解したことや熟慮した結果を報告しなければならなくなったのだ。熱心な彼女は、手帳を片手に閣僚たちを迎え、彼らの言葉を書きとめ、知識を吸収した。ツァーリが意図したように、アレクサンドラは頼りになる存在になりたかったのだ。「あとに残していくことについては心配しないでください。用心するようにいたしますから。（…）わたしは周りにおもねるような人間ではありませんし、老人（ゴレムイキン首相）にも精力的に働くようにさせます」。[54]ニコライはご機嫌だった。「もっと前から、すくなくとも戦争がはじまった当初から君にこのつとめを引き受けてもらっておけばよかった！ それを思うとまったく残念きわまりない。君のことを誇りに思う。こんなにも気分がよいことなど、これまでなかったよ」[55]と心のうちを明かしている。

アレクサンドラは、モギリョフにいる夫にときおり合流し、短期間の滞在をしたが、そうでなくとも毎日彼とは連絡をとっており、やりとりした手紙はおよそ四〇〇通を数えた。宮廷での問題や政府がかかえる事案についての報告、緊急のアドバイス、控えの間でのうわさ話のみならず、いつも断固とした態度をとるよう厳しく叱責するなど用件はさまざまであった。それとは対照的に、皇帝からの返事は、延々と陳腐な決まり文句がつらなっている。軍総司令部でニコライは軍事作戦の進行に口をはさむのをさしひかえていた。戦略における決定は司令官たちにまかせたのである。高貴な身分の訪問者よろしく、彼は隊列のなかを歩き、兵士たちを励まし、負傷者を慰め、部隊の前で誇らしげに皇太子の姿を見せたが、それ以上のことはなにもしなかった。めずらしく戦略について妻に語るときは、戦術の天才だったクトゥーゾフ将軍［ナポレオンのロシア遠征を失敗に終わらせた軍人］というよりもプリュドム氏［風刺戯画作家アンリ・モニエの作品に登場する俗物的なブルジョワの代表的なキャラクター］のようにつづっている。「もし一か月戦闘がなければ、われわれの形勢はずっとよくなるだろうに！」とあきれるほどのおめでたさで書いているのだ。平時のときにそうであったように、ニコライ二世の関心の中心は、自然の移ろいと天気の変化だった。散歩相手で軍総司令部では寝起きをともにしていた皇太子の健康状態のほうが、自軍の多数の戦死者よりも気になっていた。そう遠くないところでロシア兵たちが死んでいくなかで、ニコライは感傷的な小説を読みながら退屈をまぎらわせていた。『青衣の少年』という本を読みながら涙したという。[56]

その一方で、アレクサンドラは政治を行なっていた。政治屋らしい政治も行なっていたのである。大臣の交代に余念がなく、あいもかわらず、亡くなったラスプーチンの敵の処罰を求め、ドゥーマの代議士たちの要求を腹立たしく思っていた。だからこそニコライへの手紙は、くどくどと説教じみていたのである。「すぐにこれをやってください」、「それについて電報で知らせてください」、「あなたのためを思うからこそ言っているのよ」、「毅然としなければなりません。ゆずってはいけませんわ」、「神から遣わされていない、臆病者の話は聞かないこと」、「わたしたちがまた会うときまで、人事はいっさい変えてはいけません」……。彼女は喜んでツァーリの代役を果たした。ある大臣の解任を要求したかと思えば、「かつてはこれよりもはるかに深刻でない理由でそうしていた」のだからと言って、別の大臣のシベリア送りを求めた。謙虚なようでけっしてそうではない言い分も共通していた。「わたしはじゅうぶんに賢くないかもしれませんけど、正しくものを見ることができます。ときにはそのほうが、優秀な頭脳があるよりも助けになります」。あるいは「わたしはただの女ですが、わたしの頭も心も、これがロシアにとって救済になると言っています」といった調子だった。[58]

つまり、この救済という言葉にすべて集約されている。アレクサンドラは、自分の使命とは帝国を救うことだとこれまで以上に確信していたのだ。彼女はニコライに対して断固たる姿勢をとるように要求していたが、それは彼女が非人間的な性格の持ち主であったからではない。彼女は自分こそがロシアの利益のために行動していると信じていたのだから。そして専制君主制をなんとしてでも死守しようと、それればかり考えていたために、いかなるすきも、いかなる妥協も許さなかった。厳格さ、頑迷さ、権威主義がこれまで以上に彼女の考え方を支配していた。アレクサンドラに言わせれば、軍が失敗したのは、経済的な困難でも輸送用燃料の不足のせいでもなければ、弾薬が危機的に足りないせいでもなかった。その責任は司令官たちだけにあり、彼らの無能さは罰に値するものであった。「絞首刑にできればいいのに！　なぜ、あんなに無力なのですか？　彼らには厳しく接しなさい！」厳しくといえば、皇帝と権力を共有したいと願うという罪をおかしているドゥーマの議員たちにも厳しく接するよう、皇后は要求していた。代議制は、彼女にはおぞましい代物《しろもの》であった。「これは、あなたの戦争、あなたにとっての平和、わたしたちの国の名誉のためでなければならないの。どんなことがあってもドゥーマのためであってはなりません。わたしたちの問題にかんして、議員たちに一言たりとも口をはさませてはいけない[59]」。アレクサンドラは、ドゥーマを解散したほうがよいと自分の言い分をしつこく展開した。「ドゥーマは腐敗しているわ」、「統治するのはツァーリであってドゥーマではありません」、「ドゥーマを解散するのです」……

民衆による騒乱を目撃してきた慧眼《けいがん》の識者たちは、ロシアがおちいろうとしている政治の手づまりに警鐘を鳴らし、フランスやイギリスといった連合国の大使たちは、革命が起きればロシアが単独で和平を結ぶ危険があるとおそれていた。いずれもみな、皇帝が譲歩すべきだと主張していた。「急進主義者全員にショックをあたえて、出しぬいてやるためにも、憲法制定を宣言しなさい」と冷静にもニコライの叔父にあたるパーヴェル大公は提案した[60]。だが、現実離れしてしまって、そんな状況にあることに無自覚で不見識な皇帝夫妻は、断固として拒否した。

ニコライは専制君主制の神話に囚《とら》われたままで、横柄にこう言ってのけた。「わたしがわが国民の信頼に値するかいなかの話ではない。国民のほうこそ、わたしの信頼に値しなければならないのだ」。しかしながら、ときおりその横柄な口調が、おめでたさに代わることがあった。「状況はさほど悲惨なものではなく、そのうちすべてがうまくいくだろう」。ツァーリはあきらかに無関心のなかに逃避しているように見えた。

皇帝よりはやる気があったアレクサンドラは、閣僚を解任させては選任にも口を出していた。一九一六年一二月には、ラスプーチンの敵対者であるという意味で罪深かったアレクサンドル・トレポフ首相を解任させ、無礼にも皇帝夫妻にたてついたかどでパーヴェル・イグナチェフ公教育大臣も罷免させ、自分が主宰していた慈善事業に献身的であったという理由でニコライ・ゴリツィン老公爵を首相に任命させた。皇后は、自分と考えを同じくする人々しか信頼しなかった。考えが同じでありさえすれば、その人々の能力の有無は気にしなかったのだ。ラスプーチンが暗殺されても、だれ一人として更迭されなかったために、かつて「長老」のうしろだてがあった政府重鎮のアレクサンドル・プロトポポフにいたっては、情緒不安定になってしまったにもかかわらず、内務大臣の職についたままだった。一九一七年初頭、ほぼ全体が皇后の手中にあった当時の政府は、長引く戦争による危機を回避することができなかった。

世論はアレクサンドラに対して怒り心頭だった。彼女はこれまでもけっして人気者ではなかったが、いまや憎まれていた。さまざまなうわさが飛びかうようになった。そのなかでももっとも危険で、同時に不当でもあったうわさは、ドイツ出身だという理由をこじつけて皇后をドイツびいきだと責めるものであった。ところが当の本人は、ヴィクトリア女王のもとでイギリスの教育を受けていたため、自分のことをむしろイギリス人だと感じていた。彼女は、占領下のベルギーでのドイツ帝国軍の残虐な行状に憤慨しており（「ドイツ人であることが恥ずかしい」とまで明言している）、ヴィルヘルム二世にがまんならなかったために、戦争真っただなかに送りこまれてきた彼の密使の一人に会うことすら拒否したのだ。しかもそれがヘッセンから来た自分の兄であったにもかかわらず、である。なによりもアレクサンドラは、自分が君臨する国こそ自分の国だとみなしていた。自分はロシア人で、ロシアを愛し、ロシアに愛されていると信じていたのである。傷病兵たちに対する彼女の見上げた献身ぶりは、なんの役にも立たなかった。かつてのフランス王妃マリー・アントワネットが「オーストリア女」だとみなされつづけたように、人々の目には彼女は「ドイツ女」のままであった。

ドゥーマ議長ミハイル・ロジャンコは、そのような中傷こそしなかったとはいえ、国がどれほど危機と脅威にさらされた状態にあるかを皇帝に伝える勇気はもっていた。政治システムの改革が必要とされている。真の立憲民主主義体制への第一歩である議会への説明責任を果たす政府の誕生が、この国では望まれている、と。ロジャンコは、改革に向けた行動を起こすよう皇帝に訴えた。凡庸な側近には不可能で、皇后が拒否する以上、それができるのは皇帝しかいない。そして「皇后陛下が皇帝陛下に知らせることなく命令をくだし、閣僚たちは国事について皇后陛下に意見を求め、彼女が快く思わない人々は彼女の意向にそって職を失い、無能な者や経験の浅い者に置き換えられることを知らない者などおりません」と続けた。「皇后陛下に対する憤りと憎しみが全国で高まっています。（…）皇帝陛下は、ご家族を救うためにも、皇后陛下が政治に影響力を行使するのを防ぐ方法をお探しになるべきです[61]」

アレクサンドラを権力から遠ざけることについては、皇太后も長いあいだ考えていた。「どのようにしたらそれができるのかはわかりませんが、そうしなければならないでしょう。［皇后は］完全に頭がおかしくなったことにする、修道院に入ってもらう、もしくは、消えてもらうことが考えられます[62]」。皇族も、皇太后と同じように、アレクサンドラをたとえばクリミアに追放するなり、修道院に入れるなりして、ニコライ二世を妻の危険な影響力から引き離したいと思っていた。なかには、ニコライが皇太子に譲位し、ニコライ大公か皇帝の弟にあたるミハイル大公に摂政をまかせるよう説得しようと考えていた人々もいた。というのも、皇帝の近い親戚たちはせまりくる大惨事にまきこまれたくなかったからだ。ドゥーマにも権力を渡すのを拒否して意固地になっている皇后に対して、皇帝の従叔父で、かつ妹の夫でもあったアレクサンドル大公は、歯に衣着《きぬき》せずに警告した。「つまりあなたは、ご夫君といっしょにくたばる覚悟でいるということなのでしょう。でもいいですか？　わたしたちはあなたの狂った盲信にはついていきたくありません。（…）あなたには、この大惨事にわたしたちをまきぞえにする権利はない[63]」。宮殿のなかでくわだてられつつあった皇族による革命は、その大惨事を防ぐためのものだった。マルク・フェロー［ロシア・ソ連史および映画史が専門のフランスの歴史家］によれば、かくして、皇族は実際の革命が起こる前に皇帝を見放していたことになる。

悲劇のなかでの再会

譲歩することを頑としてこばみつづけ、身内からの警告にもうんざりしたニコライ二世は、一時的に離れていた軍総司令部に戻ることに決め、一九一七年二月二二日、ツァールスコエ・セローをあとにした。食糧価格の高騰がきっかけとなった民衆によるひんぱんな集会もストライキも、ペトログラード[64]［サンクトペテルブルクから改称］の労働者たちによるデモのよびかけも、ドゥーマで行なわれた急進派の演説も、皇帝が首都を去るのを思いとどまらせなかったのだ。反対に、「最前線」に残ったアレクサンドラは、議員に対して激怒していたが（「あんな不愉快な演説をしたのだから、ケレンスキーは首を吊るされればいいのに」）、平穏な状況に戻ることを期待して、デモ隊を刺激しないように気をつかっていた（「群衆に向かって銃を撃ってはいけません」）。だが、事態はすばやく展開していった。二月二四日、ネフスキー大通りで人々は「労働者のラ・マルセイエーズ［フランス国歌にロシア語の歌詞をつけた社会主義革命歌］」を歌い、翌日二五日にはペトログラードの町全体が機能を停止し、その晩に警察部隊は発砲したが、二六日には部隊は暴徒と意気投合し、二七日に冬宮殿への乱入のすえに革命が達成された。

　モギリョフにいた皇帝は、しっかり知らされていなかったこともあり、明白な現実を信じることをこばんだ。彼は本気にしないまま、毅然とした態度をつらぬき、反乱をたたきつぶすために首都に戻ることに決めた。ところが鉄道員たちが列車をさえぎった。どこに行くにも、ペトログラードもモスクワも革命派の手に落ちてしまった。そこで彼は、北部方面軍の司令部があったプスコフに退避する。三月二日、まず皇帝は皇太子アレクセイに譲位しようとしたが、息子がいつの日か帝位につくというあらゆる希望を打ちくだいてきた宮廷侍医のフョードロフ博士の助言にもとづいて、弟にあたるミハイル大公に帝位をゆずりなおした。側近たちは、一見したところ無関心に見える皇帝のようすに驚いた。「まるで部隊長を辞任するかのように、彼は帝位からしりぞいたのだ」

アレクサンドラはプスコフでの出来事をまったく知らず、「すべてうまくおさまるでしょう。（…）憲法だろうと、同じたぐいのおぞましいものだろうとなんであれ、あなたがなんらかの書類に署名しないかぎり、［周囲が］わたしをあなたに会わせたがらないのは明らかです。（…）もしむりやり譲歩させられそうになっても、絶対にそうしてはなりません[65]」と依然としてニコライに手紙を送っていた。最後までアレクサンドラは、あきらめの早いニコライに影響力を行使しようとするのをやめなかった。

現実を見ようとしないのは二人に共通していた。退位の知らせがツァールスコエ・セローにとどいたとき、皇后はまず、それを信じるのをこばみ、次に神の御心にゆだねようとした。「わたしは神の御慈悲を信じています。神はけっしてわたしたちをお見すてにならない」。再会した夫妻に忠実な人々は、ごくわずかしか残っておらず、二人はクリミアに隠居するか外国にわたりたいと願っていた。だがその望みはかなわなかった。ペトログラードで群衆は口々に「血も涙もない暴君」と「ドイツ女」をののしっていた。七月三一日、不穏な政情から皇帝一家を守るためではあったとはいえ、逃亡のおそれもあったために、一家はシベリアのトボリスクの人里離れた地域につれていかれた。ペトログラードもモスクワも、ボリシェヴィキの手に落ちており、レーニンは人民委員会議［当時の内閣に相当する組織］議長に選出され、ドイツと休戦協定を結び、ロシア・ソヴィエト連邦社会主義共和国が誕生した。トロツキーは赤軍を創設し、モスクワが首都になった。

一九一八年四月三〇日［ロシアではユリウス暦が同年一月三一日をもって廃止。これ以降の日付はグレゴリオ暦による」皇帝一家はウラル地方のエカテリンブルクへ移送された。イパチェフ館［地元の商人ニコライ・イパチェフの邸宅だったが接収された］が彼らの幽閉場所になった。だが白軍の侵攻をおそれるあまり、ボリシェヴィキたちはツァーリとその家族を消すことに決めた。全員、急いで服を着ると、地下の小さな部屋に誘導された。皇帝一家は、一六日から一七日に変わろうとしていた深夜に寝ていたところを起こされた。全員、急いで服を着ると、地下の小さな部屋に誘導された。ニコライは息子を抱きかかえて降りた。だれもあやしいとは思わなかった。隣の部屋には分隊の兵士たちが待機していた。アレクセイを抱きかかえたニコライとアレクサンドラのために椅子が運ばれてきた。皇女たちと、彼らと行動をともにしていた忠実なボトキン医師と三人の召使いたちは、そのままならんで立っていた。全員を銃殺刑に処する、というウラル人民委員会の決定を隊長が手短に言うと、ニコライは「なんだって？」とたずねた。そして兵士たちに背を向けるようにしてアレクセイを見た瞬間に、銃撃がはじまった。「分隊は、各自がだれに引き金を引くか、そして血が大きく飛びちるのを避け、さっさとかたづけるためにも心臓のあたりを狙うように、と事前に指示を受けていた」。「銃弾を受けた人々が苦痛にわめき出すと射撃はさらに激しくなった」。一斉射撃が終わったとき、アレクセイと姉妹のうちの三人と二人の召使いたちはまだ息があるように見えた。銃弾を少女たちの身体が跳ね返していたのだ［下着にぬいつけていた宝石が防弾の役割をはたしていたといわれている］。そこで兵士たちは銃剣で息の根を止めようとしたが、コルセットをつき刺すことができない。隊長はこう続けている。「そこで、われわれは彼らにとどめを刺すことにした。アレクセイはおびえきってしまい座りこんだままだったので、わたしがかたづけた。ほかの者たちが女子たちを銃撃しても、なにも変わらない。（…）そこで、彼女たちの頭を撃って終わらせた[66]」。それから、遺体を町の外に運び、硫酸などの酸性物質をそれらにふりまいて、いかなる証拠も消しさり、聖遺物になる可能性のあるものを残さないようにした。

オリガは二二歳、タチアナは二一歳、マリアは一九歳、アナスタシアは一七歳、そしてアレクセイは一三歳だった。ニコライ二世は五〇歳になったばかりであり、アレクサンドラは四六歳だった。

看守役の証言によると、一家の幽閉中、ニコライはいつも冷静を保っており、礼儀正しく、辛抱強く返答し、静かで人あたりがやわらかく、適切な話しかたをすることができたが、アレクサンドラは「高飛車で尊大きわまりない」態度のままだったという。処刑に先立つこと一年前の一九一七年四月、当時野党党首で、短期間であるがのちにロシア首相になったアレクサンドル・ケレンスキーが、没落した皇帝夫妻を軟禁先［ツァールスコエ・セローの宮殿］に訪ねたことがあった。ニコライは淡々と、この専制君主制の敵対者を出迎えた。握手をしてから、アレクサンドラにケレンスキーを紹介した。「誇り高く傲慢で、いかめしいアレクサンドラ・フョードロヴナは、まるで強制されたかのようにしぶしぶとわたしに手を差し出した。（…）彼女がどんなに打ちひしがれて、どんなに腹をたてていたとしても、わたしはすぐに、彼女が強い意志をもった聡明な女性であると感じた。（…）この夫婦の性格や気質の違いが、典型的な形でわたしの目の前にあらわれたのだ。（…）瞬時にしてわたしは、宮殿のなかで何年にもわたってくり広げられていた心理劇を理解したのである[67]」

生涯を通じて、ニコライとアレクサンドラは、近しい人々に対して一貫して変わらないイメージをあたえていた。愛情深い夫婦で、子どもに気を配る両親であり、彼らの立場が強いる皇帝皇后としてのありかたよりもブルジョワ的な生活を好むというイメージである。忠実な夫であり、やさしい父親、単純な性格で、よくも悪くも好奇心をもたない人物であったニコライは、義務をつくそうと腐心していたが、その知性には限界があり、いわば冴《さ》えた頭をもっておらず、意欲を出してもとぎれがちだった。（フランスで国王ルイ＝フィリップがそうよばれていたように）彼はブルジョワ的な皇帝であったが、アレクサンドル一世のような華やかさも、農奴を解放したツァーリであったアレクサンドル二世のような寛大さももちあわせておらず、アレクサンドル三世のように専制的で、自由主義の敵なる存在だった。

アレクサンドラは、私生活の面では夫と同じ長所の持ち主だった。愛情深い妻で、立派な母親だった。だが、延々となにも決断できない男に対する自分の影響力を意識するようになると、自分には使命があたえられていると信じるようになり、政治に介入するようになった。しかも政治を行なううえで、神秘主義的な高揚を熟考ととり違え、頑迷を行動力だと思いちがいをする、単純な考えだけをよりどころにしていたのである。二人とも、過去から受けついだとはいえ、自分たちが生きた時代にはそぐわない専制君主制にしがみついていた。

一個人として生きることを望んでいた二人の私生活における悲劇は、これまで見てきたように、帝位継承者である息子の不治の病であった。それを秘密にしておかねばならなかっただけにいっそう苦しみがつのったのである。アレクサンドラは、まさしく精神的に耐えがたい苦痛におそわれ、まちがいなく自分の責任だと罪悪感をいだいていたために、その悲しみのなかに閉じこもっていた。息子の痛みをやわらげ、治癒してほしいと願うあまり、政治に口をはさむこともやぶさかではなかった治療師を盲信してしまった。期待していた救いが得られたからこそ、その「長老」に頭が上がらなくなった。こうして彼女は、世界をラスプーチンの味方と敵に分断し、前者を出世させ、後者を遠ざけることで政府を不安定にさせるという、災いを避けようとしてそれをまねいてしまう愚かな手法をとった。

ニコライも同じように、皇太子の健康を心配していた。妻の言いなりとなった皇帝は、彼女の熱意と憎しみを支持し、あるいはそれらに加担するあまり、祈祷治療師が皇帝夫妻を引きずりこんでいるのは破滅への道だと見通していた国のエリートたち、さらには皇族とのあいだに溝をつくってしまった。皇帝夫妻はそれぞれ二人とも、先祖から受けついだ政治権力という遺産を守り、アレクセイがつつがなく生きることができるならば、それを無傷のまま引き継がせることしか考えていなかった。だからこそ、ロシア帝国を立憲君主制に導くような譲歩はいかなるものでも、彼らにとっては忌まわしいものであり、自由主義者だろうと社会主義者だろうと「関係なく」、変化を擁護する者たちは敵であった。

片方は弱く影響を受けやすい性格で、もう片方は得体のしれない神秘主義にしたがった権威主義的な性格というその二つが合体したために、ニコライ二世とアレクサンドラ・フョードロヴナは時代に合わない異質な存在となった。二人に共通していた盲目的な現実逃避こそが、彼らが破滅した理由である。

〈原注〉

1　ロマノフ朝最初のツァーリの息子、アレクセイ・ミハイロヴィチをさす。一六二九年生、在位一六四五―一六七六年。
2　いくつかの正教会修道院における修道士の最高位の称号。
3　Yves Ternon, *Raspoutine. Une tragédie russe*, Bruxelles, André Versaille, 2011, p. 43-44.
4　アンナ・ヴィルボヴァ『ロシア宮廷の回想（*Memories of the Russian Court*）』。Marc Ferro, *Nicolas II*, Paris, Payot, 1990, p. 68より引用。
5　Comtesse Kleinmichel, *Souvenirs d'un monde englouti*, Paris, 1927, p. 157.
6　アンナ・ヴィルボヴァの証言。Marc Ferro、前掲書、p. 69より引用。
7　Henri Troyat, *Nicolas II, le dernier tsar*, Paris, Flammarion, 1991が再録された*La Grande Histoire des tsars*, t. II, Paris, Omnibus, 2009, p. 901より引用。
8　Henri Troyat、前掲書、p. 914より引用。
9　ランツァウ伯爵夫人への手紙。Constantin de Grunwald, *Le Tsar Nicolas II*, Paris, Berger-Levrault, 1965, p. 75およびCatherine, princesse Radziwill, *Alexandra Feodorovna, la dernière tsarine*, Paris, Payot, 1934, p. 45にも引用されているアンナ・ヴィルボヴァの前掲書より。
10　軍事戦略を教授していたレア将軍の証言。Catherine, princesse Radziwill, *Nicolas II. Le dernier tsar*, Paris, Payot, 1933, p. 29より引用。
11　シューン男爵の証言。Constantin de Grunwald、前掲書、p. 61より引用。
12　Henri Troyat、前掲書、p. 910-911およびCatherine, princesse Radziwill、前掲*Alexandra...*、p. 39より引用。

13 大公とは皇帝の息子や男孫であり、ここでいう「皇帝の血筋の公」とは皇帝の曾孫にあたる男性をさす。
14 Catherine Durand-Cheynet, *Alexandra. La dernière tsarine*, Paris, Payot, 1998, p. 42-44.
15 アレクサンドラによるヴィクトリア女王への手紙。Constantin de Grunwald、前掲書、p. 82.
16 一八九五年三月一五日付。Catherine, princesse Radziwill、前掲 *Nicolas II...*、p. 100.
17 Hélène Carrère d'Encausse, *Nicolas II. La transition interrompue*, Paris, Fayard, 1996 et Pluriel, 2004, p. 157-158.（エレーヌ・カレール＝ダンコース『甦るニコライ二世——中断されたロシア近代化への道』、谷口侑訳、藤原書店、二〇〇一年）
18 Constantin de Grunwald、前掲書、p. 30およびHenri Troyat、前掲書、p. 918.
19 Catherine, princesse Radziwill、前掲 *Nicolas II...*、p. 94以降参照。
20 Catherine, princesse Radziwill、前掲 *Alexandra ...*、p. 63.
21 Catherine, princesse Radziwill、前掲 *Nicolas II...*、p. 142-147.
22 Marc Ferro、前掲書、p. 115.
23 Michel Heller, *Histoire de la Russie et de son empire*, Paris, Flammarion, coll. « Champs », 1999, p. 885より引用。
24 Catherine, princesse Radziwill、前掲 *Nicolas II...*、p. 152.
25 Constantin de Grunwald、前掲書、p. 196より引用。
26 Marc Ferro、前掲書、p. 132-155.
27 Henri Troyat、前掲書、p. 1028より引用のAlexandre Spiridovitch, *Les Dernières Années de la cour de Tsarskoïe Selo*, Paris, Payot, 2 vol, 1928-1929.

28　Constantin de Grunwald、前掲書、p. 80.
29　ラスプーチンについては、Yves Ternon, *Raspoutine. Une tragédie russe, Bruxelles*, André Versaille éditeur, 2011など参照。
30　Constantin de Grunwald、前掲書、p. 245-250.
31　アンナ・ヴィルボヴァの証言。Yves Ternon、前掲書、p. 176より引用。
32　Yves Ternon、前掲書、p. 174.
33　Marc Ferro、前掲書、p. 176より引用。
34　ニコライ二世への手紙。Marc Ferro、前掲書、p. 208より引用。
35　大国によってあおられた形で、バルカン半島のキリスト教国とオスマン帝国が対立したバルカン戦争（一九一二—一九一三）では、伝統的にオスマン帝国の宗教マイノリティのうしろだてとしての役割を果たしてきたロシアは介入しなかった。
36　Yves Ternon、前掲書、p. 123.
37　同書、p. 110-111およびMarc Ferro、前掲書、p. 196.
38　じつのところラスプーチンは鞭身派（フリスト派）ではなく、正統派のロシア正教会信徒だった。なお鞭身派とは、「生ける神の崇拝者」だと自称する宗派、あるいはむち打ち苦行者による結社の一つである。
39　ラスプーチンのファーストネーム。
40　一九一五年六月一五日付のニコライの手紙と一六日、一七日付のアレクサンドラの返事。Catherine, princesse Radziwill、前掲*Nicolas II…*、p. 217-221に掲載。
41　Yves Ternon、前掲書、p. 204.

42 Constantin de Grunwald、前掲書、p. 275-276およびHélène Carrère d'Encausse、前掲書、p. 280-285ならびにYves Ternon、前掲書、p. 125-126.
43 Michel Heller、前掲書、p. 927-929.
44 しかしながら一八一二年七月、アレクサンドル一世は軍事顧問の要請により作戦本部を離れざるをえなくなり、バルクライ・ド・トーリ将軍を総司令官に任命した。
45 Constantin de Grunwald、前掲書、p. 298-301.
46 Henri Troyat、前掲書、p. 1079-1080.
47 ラスプーチンは、一九一六年一月にボリス・スチュルメルを首相に、同年九月にはアレクサンドル・プロトポポフを内務大臣に任命させている。
48 西部戦線に向かう多くのドイツ師団の移動のタイミングをとらえて、ロシア軍は一九一六年七月に大規模な攻撃を開始し、それによってオーストリア・ハンガリー軍を南カルパティア山脈まで一〇〇キロメートルほど後退させた。このロシア軍の勝利により、ルーマニアは同盟国側で参戦することになった。だがロシア軍の攻勢は翌月の八月で止まった。
49 農民出身のラスプーチンの暗殺について、地方農村部では大きな怒りがわき起こったのとは対照的だった。
50 Marc Ferro、前掲書、p. 222.
51 Hélène Carrère d'Encausse、前掲書、p. 390.
52 マルク・フェローによる表現。
53 一九一六年九月二三日付の手紙。Henri Troyat、前掲書、p. 1077-1078より引用。
54 Marc Ferro、前掲書、p. 209.

55 Henri Troyat、前掲書、p. 1077より引用。
56 Catherine, princesse Radziwill、前掲 *Nicolas II...*、p. 229, 246.
57 一九一二年一一月一五日から開催された第四回ドゥーマをさす。
58 Catherine, princesse Radziwill、前掲 *Nicolas II...*、p. 253-257.
59 Catherine, princesse Radziwill、前掲 *Alexandra...*、p. 202-203.
60 Hélène Carrère d'Encausse、前掲書、p. 381.
61 Catherine, princesse Radziwill、前掲 *Nicolas II...*、p. 262-263.
62 ドゥベンスキー将軍の日記。Constantin de Grunwald、前掲書、p. 329-330より引用。
63 Marc Ferro、前掲書、p. 225より引用。
64 ドイツとの第一次世界大戦中に、サンクトペテルブルクではあまりにもドイツ風な名前なのでペトログラードと改名されたことが知られている。
65 Henri Troyat、前掲書、p. 1111-1112.
66 分隊長であったヤコフ・ユロフスキーは、処刑について二つの微妙に異なる話を書き残した。一つめは一九二〇年に書かれた彼のメモにあり、もう一つは一九三四年に発表されたものである。Hélène Carrère d'Encausse、前掲書、p. 495-497参照のこと。
67 Henri Troyat、前掲書、p. 1116より引用の Alexandre Kerenski, *La Vérité sur le massacre des Romanov*, Paris, Payot, 1936.

◆著者略歴◆

ジャン＝フランソワ・ソルノン（Jean-François Solnon）

フランシュ・コンテ大学名誉教授。近代史が専門で、旧体制《アンシャンレジーム》のもっともすぐれた研究者のひとりである。著書に、『君主たちの嗜好』、『アンリ３世伝』、『カトリーヌ・ド・メディシス伝』、『ルイ14世——伝説と真実』、『ヴェルサイユ宮殿——39の伝説とその真実』（土居佳代子訳、原書房）ほか多数。

◆訳者略歴◆

神田順子（かんだ・じゅんこ）…７、８章担当

フランス語通訳・翻訳家。上智大学外国語学部フランス語学科卒業。訳書に、ラズロ『塩の博物誌』（東京書籍）、ペルニエ＝パリエス『ダライラマ 真実の肖像』（二玄社）、ヴァンサン『ルイ16世』、ドゥデ『チャーチル』（以上、祥伝社）、共訳書に、デュクレ『女と独裁者——愛欲と権力の世界史』（柏書房）、ビュイッソンほか『王妃たちの最期の日々』、ラフィ『カストロ』、ゲニフェイほか『王たちの最期の日々』、ビュイッソンほか『敗者が変えた世界史』、ビュイッソン『暗殺が変えた世界史』、ゲズ『独裁者が変えた世界史』、バタジオンほか『「悪」が変えた世界史』、ドゥコー『傑物が変えた世界史』（以上、原書房）、コルナバス『地政学世界地図』（監訳、東京書籍）などがある。

清水珠代（しみず・たまよ）…９章担当

上智大学文学部フランス文学科卒業。訳書に、ブリザールほか『独裁者の子どもたち——スターリン、毛沢東からムバーラクまで』、デュクレほか『独裁者たちの最期の日々』、ダヴィスほか『フランス香水伝説物語——文化、歴史からファッションまで』（以上、原書房）、ルノワール『生きかたに迷った人への20章』（柏書房）、共訳書に、タナズ『チェーホフ』（祥伝社）、ラフィ『カストロ』、ブレゼほか『世界史を作ったライバルたち』、ビュイッソンほか『敗者が変えた世界史』、ドゥコー『傑物が変えた世界史』（以上、原書房）、コルナバス『地政学世界地図』（東京書籍）などがある。

村上尚子（むらかみ・なおこ）…10章担当

フランス語翻訳家、司書。東京大学教養学部教養学科フランス分科卒。訳書に、『望遠郷９ ローマ』（同朋舎出版）、オーグ『セザンヌ』、ボナフー『レンブラント』（以上、創元社、知の再発見双書）、共訳書に、ブレゼほか『世界史を作ったライバルたち』、ビュイッソンほか『敗者が変えた世界史』、ゲズ『独裁者が変えた世界史』、バタジオンほか『「悪」が変えた世界史』（以上、原書房）などがある。

松永りえ（まつなが・りえ）…11章担当

上智大学外国語学部フランス語学科卒業。訳書に、ブランカ『ヒトラーへのメディア取材記録——インタビュー 1923-1940』、モワッセフほか『ワインを楽しむ58のアロマガイド』（以上、原書房）、プイドバ『鳥頭なんて誰が言った？——動物の「知能」にかんする大いなる誤解』、ジャン『エル ELLE』（以上、早川書房）、共訳書に、マクロン『革命 仏大統領マクロンの思想と政策』（ポプラ社）、ヴィラーニ『定理が生まれる——天才数学者の思索と生活』（早川書房）、ドゥコー『傑物が変えた世界史』（原書房）などがある。

ロイヤルカップルが変《か》えた世界史《せかいし》
下
フリードリヒ・ヴィルヘルム三世《さんせい》とルイーゼから
ニコライ二世《にせい》とアレクサンドラまで

●

2021年5月5日　第1刷

著者………ジャン＝フランソワ・ソルノン
訳者………神田順子《かんだじゅんこ》／清水珠代《しみずたまよ》
村上尚子《むらかみなおこ》／松永《まつなが》りえ

装幀………川島進デザイン室
本文組版・印刷………株式会社ディグ
カバー印刷………株式会社明光社
製本………小泉製本株式会社
発行者………成瀬雅人

発行所………株式会社原書房
〒160-0022　東京都新宿区新宿1-25-13
電話・代表 03(3354)0685
http://www.harashobo.co.jp
振替・00150-6-151594
ISBN978-4-562-05931-7